JN237297

西洋史とキリスト教

ローマ帝国からフランス革命まで

黒川知文

教文館

はじめに——問題提起

世界経済フォーラムが毎年まとめる「国際競争力報告」を見ると、以下のことが判明する。すなわち、現在と将来において経済力を高く維持する国は、欧米諸国が中心となっていることである。これを宗教の観点から見ると、上位諸国のうち、フィンランド、アメリカ、オランダ、ノルウェー、オーストラリア、カナダ、スウェーデン、イギリスはキリスト教国であり、教派別に見るとプロテスタント国が圧倒的多数であることがわかる。

二〇〇八年のIMF発表によるGDP（国内総生産）の上位十国は以下の通りである。1アメリカ、2日本、3中国、4ドイツ、5フランス、6イギリス、7イタリア、8ロシア、9スペイン、10ブラジル。上位十国のうち六か国は欧米諸国である。さらにアメリカと欧州連合のGDPを合計すると、世界全体のGDPの半分以上になる。

今日、過去と比較して、確かに、日本や中国、ブラジル、ロシア、インドの台頭により世界は多元化の時代になってはいる。だが、それでも欧米諸国が他の諸国を凌駕していることは否定できない。それは、経済の面だけではなく、科学技術をはじめとする学問、文化、教育、政治の面においても、欧米諸国は世界を先導する立場に今もあるといえよう。

人種も民族も言葉も文化も多様である欧米諸国に共通するものは、何であろうか。

歴史的に見ると、欧米諸国の多くはローマ帝国に属しており、古代ギリシアとローマの文明が継承されているといえる。だが、ライン川以東のドイツをはじめとする諸国はローマ帝国の支配下ではなかったために、これに当てはまらない。

欧米諸国に共通するものは、明らかにキリスト教である。東欧ではギリシア正教、西欧と米国ではカトリックとプロテスタントが主に信仰されてきた。教派に違いはあれ、欧米諸国に共通するものは、キリスト教であることがわかる。

ところで、パレスチナという中東地域において発生したキリスト教が、どのように西欧に受け入れられ、また、どのように変化して今日まで継承されてきたのであろうか。

本書は、この問題提起にもとづいて、西洋の歴史をキリスト教の観点から考察するものである。時代では、ローマ帝国から近代の市民革命までを扱う。

本書の方法に関して、以下の三点を述べておく。

第一に、本書は、主にプロテスタントの観点から西洋史を見るものである。したがって、宗教改革の周辺が考察の中心となり、ギリシア正教やユダヤ教の歴史は本書の考察の主な対象ではない。それらに興味ある読者には、拙著であるなら『ロシア・キリスト教史』（教文館）、『ユダヤ人迫害史』（教文館）、『ロシア社会とユダヤ人』（ヨルダン社）を読んでいただきたい。

第二に、本書は、世界史の基礎的知識を持っている者を対象にしている。したがって、あらゆる側面から歴史を叙述する、「世界史の教科書」ではない。政治史とか文化史、科学史等に関してはほとんど触れていない。

第三に、本書は、基本的に、経済的側面と宗教的側面から歴史を見ようとするものである。具体的には、経済的利害状況と宗教思想という二つの観点から考察するM・ヴェーバーの方法と、民衆に視座を置く社会史の観点から、歴史を考察する。

本書の概要は、以下の通りである。

第一章では、ローマ帝国の中でキリスト教がどのようにして受容されていったのか、第二章では、先住文化をキリスト教はどのように取りこんでいったのか、また、どのようにそれを変えていったのか、第三章では、宗教改革はどのように生起し展開し、歴史を変えていったのか、を扱う。後半は、市民革命を扱う。第四章ではピューリタン革命、第五章ではアメリカ独立革命、第六章ではフランス革命を対象にして、それぞれの革命とキリスト教との関係を究明する。終章では、歴史から判明する教訓と、現地を旅行して確認した事項を提示する。

目次

第六章　フランス革命とキリスト教　265

装丁　熊谷博人

第一章　ローマ帝国とキリスト教

図１　殉教するローマ時代のキリスト教徒
（Jean-Léon Gérôme, 1883 年）

ローマのティベル川下流に小都市国家を樹立したローマ人は、前六世紀末には、先住していたエトルリア人の王を駆逐して、共和政を樹立した。ローマは、貴族と平民との間の身分闘争を内包しつつ、農民からなる重装歩兵によって、周囲の都市を征服していった。そして前二世紀前半には、南部ギリシア植民市を制圧して、イタリア半島最大の国家になった。

古代において地中海世界は、第一に、地中海の存在により商業交易が発展する状況にあった。廉価な海上輸送費によって商業が大いに発展した。しかし第二に、慢性的に戦争状態にあり、第三に、奴隷制が発達していた。このような状況において、ローマ帝国は発展していった。

ローマはどのようにして世界帝国へと発展し、また衰退したのであろうか。また、キリスト教はどのようにして帝国内に進展したのであろうか。

社会・経済状況	宗教状況
王政	
前七五三　ローマ市建設伝説	前五八七　エルサレム陥落
貴族共和政	バビロン捕囚
前五〇九　共和政開始	前五一五　エルサレム神殿再建
前四九四　護民官設置	

前四七一頃　平民会設置
前四五〇頃　十二表法制定
前三六七　リキニウス・セクスティウス法
前二八七　ホルテンシウス法

民主共和政

前二六四　第一次ポエニ戦争（—二四一）
前二一八　第二次ポエニ戦争（—二〇一）
前一四九　第三次ポエニ戦争（—一四六）
前一三三　イスパニアの領有

内乱の一世紀……奴隷の反乱多発

前一三三　グラックス兄弟の改革（—一二一）
前一〇七　マリウスの軍制改革（—一〇一）
前九一　同盟市戦争（—八八）
　平民派と閥族派の抗争
前七三　スパルタクスの反乱（—七一）

三頭政治

前六〇　**第一回三頭政治**（—五三）
　カエサル独裁
前四三　**第二回三頭政治**（—三一）

帝政前期（元首政）

二七　オクタヴィアヌス、元老院からアウグストゥスの尊称

前三世紀　サマリア教団成立
前二世紀　『七十人訳聖書』
前一七五　エピファネスによるユダヤ人迫害（—一六三）
前一四二　ハスモン国家成立
前六三　ユダヤはローマ支配下に
前三七　ヘロデ大王即位

社会・経済状況	宗教状況
最盛期（パックス・ロマーナ） **アウグストゥス帝**（在位前二七―後一四） ティベリウス帝（在位一四―三七） カリグラ帝（在位三七―四一） クラウディウス帝（在位四一―五四） **ネロ帝**（在位五四―六八） ガルバ帝（在位六八―六九） ウェスパシアヌス帝（在位六九―七九） ティトゥス帝（在位七九―八一） ドミティアヌス帝（在位八一―九六） **五賢帝時代**（九六―一八〇） ネルウァ帝（在位九六―九八） トラヤヌス帝（在位九八―一一七） **帝国領最大** ハドリアヌス帝（在位一一七―一三八） アントニヌス＝ピウス帝（在位一三八―一六一） マルクス＝アウレリウス帝（在位一六一―一八〇） 一七七　コンモドゥスとの共治（―一八〇） コンモドゥス帝（在位一八〇―一九二） **動揺・衰退期** **軍人皇帝時代**（二三五―二八四）	前四頃　イエス誕生 後三〇頃　イエスの十字架刑 ユダヤ人に皇帝礼拝強要 六四　ローマ大火によりキリスト教徒迫害 六六　第一次ユダヤ反乱（―七三） 七〇　エルサレム神殿崩壊 七三　マサダ要塞陥落 一三一　第二次ユダヤ反乱（―一三五） 一三五　ユダヤ人、エルサレムから追放 セプティミウス＝セウェルス帝、マクシミヌス＝トラクス帝、デキウス帝、

帝政後期（専制君主政）

ディオクレティアヌス帝（在位二八四―三〇五）
二九三　四帝分治制度　専制君主的性格強まる
コンスタンティヌス帝（副帝三〇六―正帝三二四―三三七）
三三〇　ビザンティウムに遷都しコンスタンティノポリスと改名
三三二　コロヌスの身分規定

分裂・解体期
三七五　ゲルマン人大移動開始
テオドシウス帝（在位三七九―三九五）
三九五　ローマ帝国、東西に分裂する
四七六　西ローマ帝国滅亡

ウァレリアヌス帝、アウレリアヌス帝、ディオクレティアヌス帝によるキリスト教徒迫害
三一三　ミラノ勅令（キリスト教寛容令）
三二五　第一ニカイア公会議
三九二　キリスト教を国教に

第一節　ローマ帝国の発展と衰退

1　発展の背景

ローマ帝国発展の背景として、三点を挙げることができる。

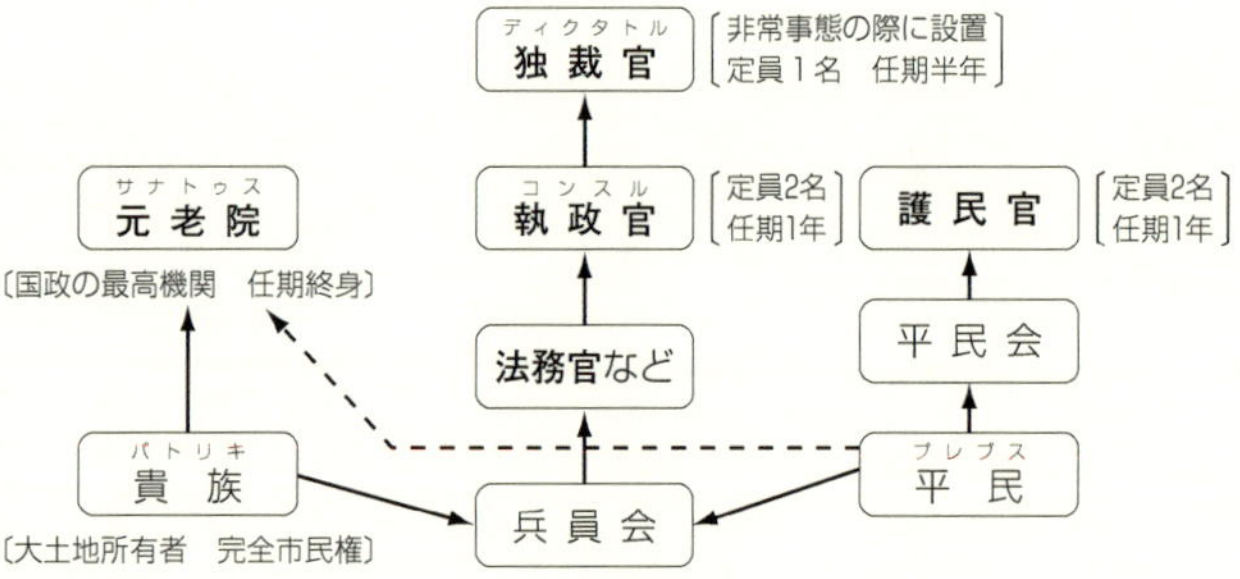

図2　ローマの共和政

第一に、共和政が適用されたことである。共和政とは、平民が中心になった政治のことである。ローマ帝国は、元老院と平民会からなる共和政を生み出し、継承した。元老院は、当初は百人の議員であったが増加し、四世紀には二千人の議員から成り、終身制で国政全般を扱った。元老院は貴族中心であり、柔軟さを併せ持っていた。他方、平民会は護民官を選出した。護民官は、平民の指導者出身であり、平民の生命と財産を守り、拒否権と身体の不可侵権も保持した。民会を招集し、後には元老院議員にもなれた。このような共和政は公正に民意を実現するものであり、紀元前五〇九年からは貴族共和政に、紀元前三世紀からは民主共和政となっていった。

第二に、奴隷制度が帝国を支えていたことが挙げられる。ローマ帝国における経済の基礎は農業にあり、商工業は機能していなかった。貧しい同業組合が結成されていたが、それは葬儀等の相互扶助的なものであり、基本的には社交的なものであった。

ローマの社会は、皇帝を頂点とした身分制社会であった。農民のほとんどは貧しく、奴隷であり、大土地所有（ラティフンディウム）が属州に拡大されるにしたがって奴隷制度も拡大した。ローマの共和政は、奴隷制を基盤として成立したものである。

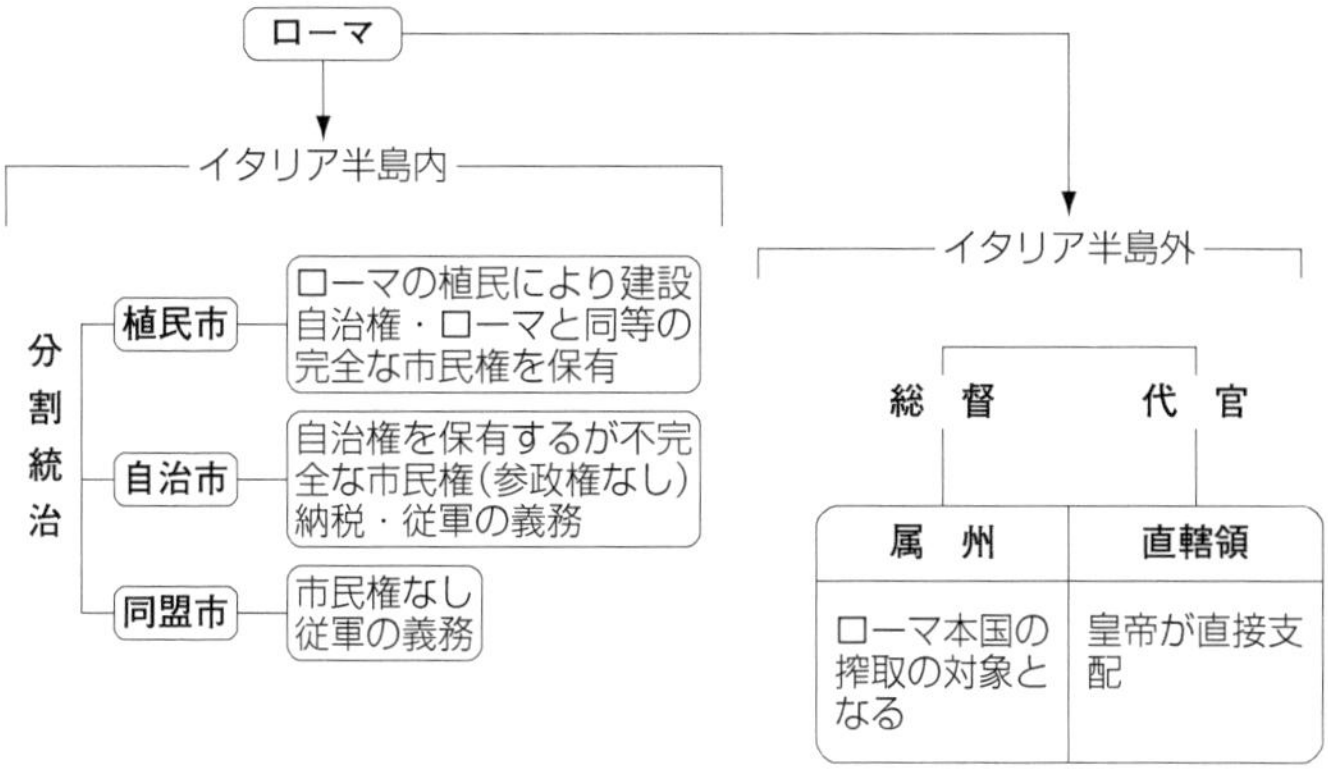

図3　ローマの支配

第三に、ローマ市民権が付与されていたことが挙げられる。紀元前二〇〇年から一五七年にかけてローマ帝国の総収入六億一〇六〇デナリウスの四分の三は、海外からのものであった。すなわち、それは、戦利品、賠償金そして属州からの税金であった。ローマ帝国は、ポエニ戦争等の戦争によって莫大な収入を得て発展していった。そして属州も拡大していった。

このような全属州の自由民にも、ローマは市民権を与えた。市民権を取得する条件は、二十五年間の兵役の義務であった。その結果、軍備が増強されることにもなった。異民族を平等に扱い、異民族との共存を求めた。

その結果、紀元一世紀から二世紀にかけてアウグストゥス帝の時代に「パックス・ロマーナ」と呼ばれる平和状態がおとずれた。五賢帝の時代には全盛期を迎える。この時期には、「海のシルクロード」を伝って、文化融合が進んだ。

そして、帝国内のキリスト教徒に対する迫害を終止して、ローマ帝政末期には、キリスト教を国教にした。

2　衰退の原因

四七六年に西ローマ帝国が滅亡した背景には、内因と外因とが指摘される。

内因としては、属州が増加したことによって、イタリア中心から属州中心へと大きく変化したことが挙げられる。具体的には、ラティフンディウムが第二回ポエニ戦争後に急激に進展して、海外の属州にも及んだ。その結果、中小自営農民を没落させ、貧富の差を拡大させた。さらに、戦争の減少により戦利品としての奴隷が減少して、解放奴隷や没落農民が増加した。その結果、都市中心から属州における大所領の村落中心へと変化し、奴隷制からコロヌス制（小作制）へと変わっていった。また帝国軍は異民族や傭兵によって組織されなければならない状況になった。貴族に富が集中し、悪徳、不正、浪費、美食が流行していった。一方、紀元後一〇〇年頃には、ローマ市民のうち、三分の一から半分が国費依存の貧窮者であった。一二〇万人の市民うち、経済的自立者は十万から三十万人にすぎなかった。

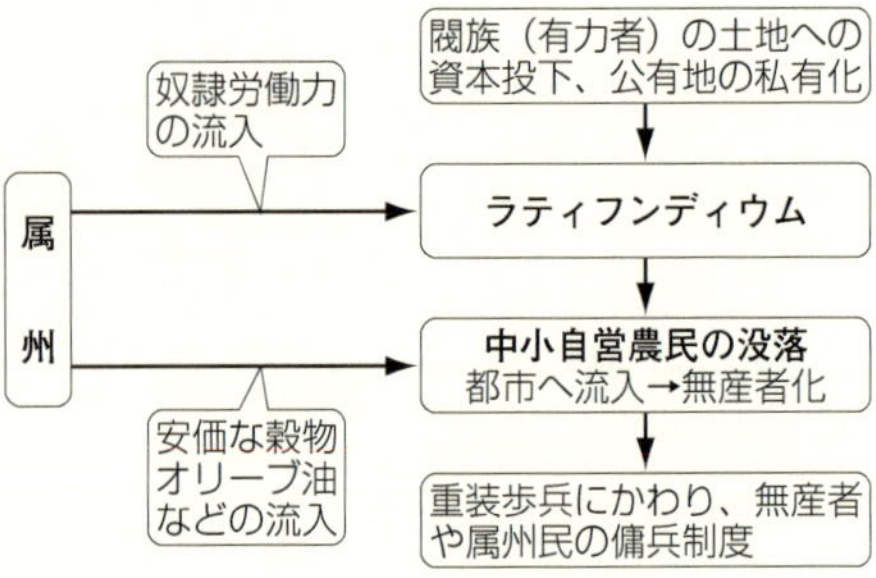

図4　ローマ社会の衰退

　このように、経済格差の広がりが帝国の求心力を弱化させていった。

　四世紀には、ローマ帝国を経済的に支えていたラスメドラス金山の金脈が枯渇して、貨幣経済から自給自足の現物経済へと歴史が逆流したことも、帝国の衰退を推進した。

政治的にも、かつての元首政から専制君主政となり、民意が反映しない状況になった。皇帝の後継者争いも激しくなり、社会不安が強まった。そのため、政治指導者は、「パンとサーカス」といわれるように、市民に娯楽を勧めて、快適な市民生活を保障することで市民の不満をおさえ、帝国に対する反乱を防止しようとしたが、効果はなかった。

ディオクレティアヌス帝（Gaius Aurelius Valerius Dioclctianus, 在位二八四—三〇五年）以降、帝国は四分化され、内乱が頻発するようになった。

外因としては、帝国周辺部に「バーバリアン」（蛮族）と呼ばれる異民族がいて、既にローマ帝国内に一部共住していたが、四世紀末に大挙して帝国内に侵入したことが挙げられる(1)（地図1を参照）。

第二節　キリスト教の進展

「時は満ち、神の国は近づいた。悔い改めて福音を信じなさい」（マルコ福音書一・一五）。

紀元三〇年にガリラヤにおいて、イエスの公的生涯が開始された。イエスにとってこの年は、「神の時」として福音宣教の条件が満たされていたと考えられる。実際に、キリスト教が誕生したのは「パックス・ロマーナ」の時代であり、イエスの復活を中心内容とする福音は、この平和で恵まれた状況下で広がっていった。

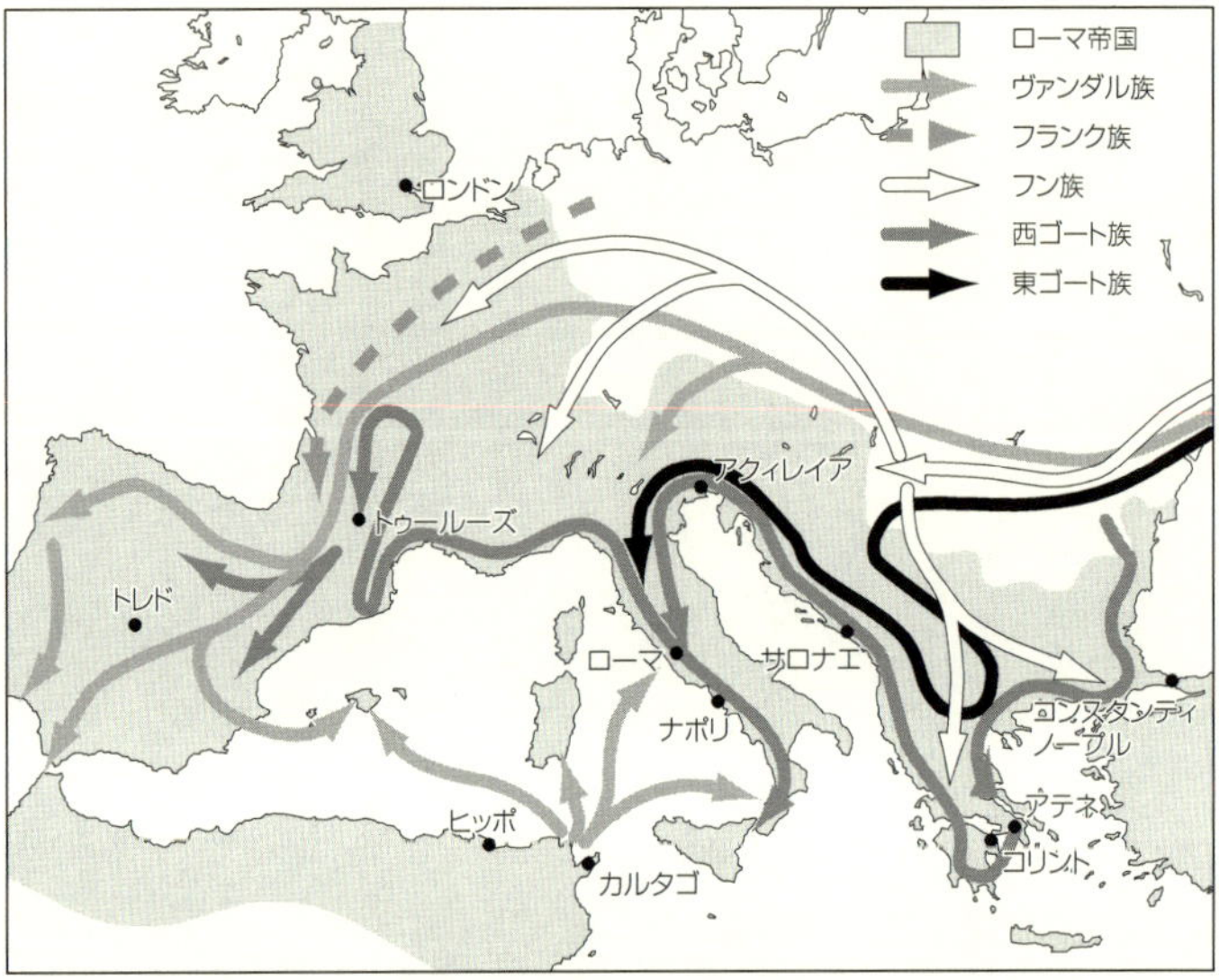

地図1　ゲルマン民族侵入図
(参考：『キリスト教の歴史』BL 出版、72 頁)

イエスの教えは旧約聖書に基づいたものであったが、イエスがユダヤ教指導者層を批判し、ユダヤ民衆の支持を得、自らを「神の子」としたことによりユダヤ最高議会において冒瀆罪だと判決された。イエスは最終的に十字架刑に処せられた。初期のキリスト教徒の多くはユダヤ人であるが、ユダヤ教側から異教徒とみなされ迫害を受け、ステファノを契機に十二使徒の大半、そしてパウロも殉教した。

ローマ帝国の宗教政策は、基本的に伝統的宗教を認めて寛容に扱うものであった。しかし、キリスト教徒がローマの宗教や特に皇帝礼拝を拒否することを知り、彼らを「人類の敵」「頑迷の者」と呼び、伝統的宗教ではなく新興宗教を信じる者、また異教徒として弾圧するようになった。

ローマの大火の犯人だとして多くのキリ

スト教徒を殺害したネロ帝（在位五四―六八年）を最初に、ドミティアヌス帝（八一―九六年）、トラヤヌス帝（九八―一一七年）、マルクス＝アウレリウス帝（一六一―一八〇年）、セプティミウス＝セウェルス帝（一九三―二一一年）、マクシミヌス＝トラクス帝（二三五―二三八年）、デキウス帝（二四九―二五一年）、ウァレリアヌス帝（二五三―二六〇年）、アウレリアヌス帝（二七〇―二七五年）、ディオクレティアヌス帝に至る十人の皇帝による迫害があり、多くのキリスト教徒の血が流された。キリスト教徒は、国家に対して反乱を起こさずに、迫害に耐え、宣教し、民衆の中に着実に支持者を得ていった。天国を信じて殉教するキリスト教徒の姿を見て、キリスト教に改宗する者も増大した。三一三年にキリスト教が公認され、三九二年にローマ帝国の国教になり、世界宗教として発展していった。キリスト教は他の宗教と異なり、なぜ、これほど短期間においてローマ世界の一大宗教へと発展していったのであろうか。

この問題に対して、キリスト教史の立場からは、イエスの教えが貧しき民に受け入れられ、パウロの教えが知識階級に支持者を得たからだとか、ローマ帝国による平和な状況やヘレニズムの普遍的思想背景がキリスト教宣教に効果的であったこと等が指摘された[2]。

ところで、キリスト教が生起し発展した時代は、聖書の中間時代と呼ばれる。旧約時代の最後の大祭司ヤドア（ネヘミヤ記一二・一一）から、新約時代のバプテスマのヨハネ誕生（ルカ福音書一・五以下）までの約四百年にわたる時代である。ユダヤ史においては、第二神殿時代と呼ばれる。この時代は、聖書の観点からみれば、啓示の途絶えた「沈黙の時代」である。しかし、ユダヤ史の観点からみれば、「激動の時代」であった。

以下ユダヤ史の観点から、キリスト教発展の背景を考察する。

1　離散ユダヤ人

中間時代において、ユダヤ人は地中海沿岸地域を中心とする世界に離散して定住していた。この離散ユダヤ人は、宗教上、政治上の理由によりユダヤの地を追放された者、ユダヤにおける政治的圧迫や宗教的迫害を回避した者、エジプト等の経済都市に移住して職業に就く者、異邦の地へユダヤ教改宗運動を推進する者等から成っていた。

離散ユダヤ人のほとんどは、ヘレニズム・ローマ文明の支配下に生活した。特にエジプトには、百万人以上のユダヤ人が定住していた。そのために、エルサレム神殿に代わるオニアス神殿やエレファンティネ神殿が築かれた。オニアス神殿は、紀元前二世紀の中頃に、オニアス四世によりレオントポリスに築かれた。これは、エジプトに離散ユダヤ人のセンターを築き、アンティオコス・エピファネス（Antiochos Epiphanes, 前二一五？―一六三年）により汚されたエルサレム神殿の代用にしようとする目的で建設された。しかし、エジプトのユダヤ人の多くにより、この神殿はエルサレム神殿の代用とはみなされず、オニアス家は祭司と認定されず、七四年に、ローマ帝国のウェスパシアヌス（Titus Flavius Vespasianus, 九―七九年）の軍隊により閉鎖された。エレファンティネ神殿は、紀元前五二五年以降、ユダヤ人植民者のためにアスワンに建設されたが、後には閉鎖された。

アレクサンドリア市は経済都市でありユダヤ人が多く移住し、人口の四割を占めた。

エジプト以外にも、キュレナイカ、小アジア半島、キプロス島、ローマ等に離散ユダヤ人の比較的

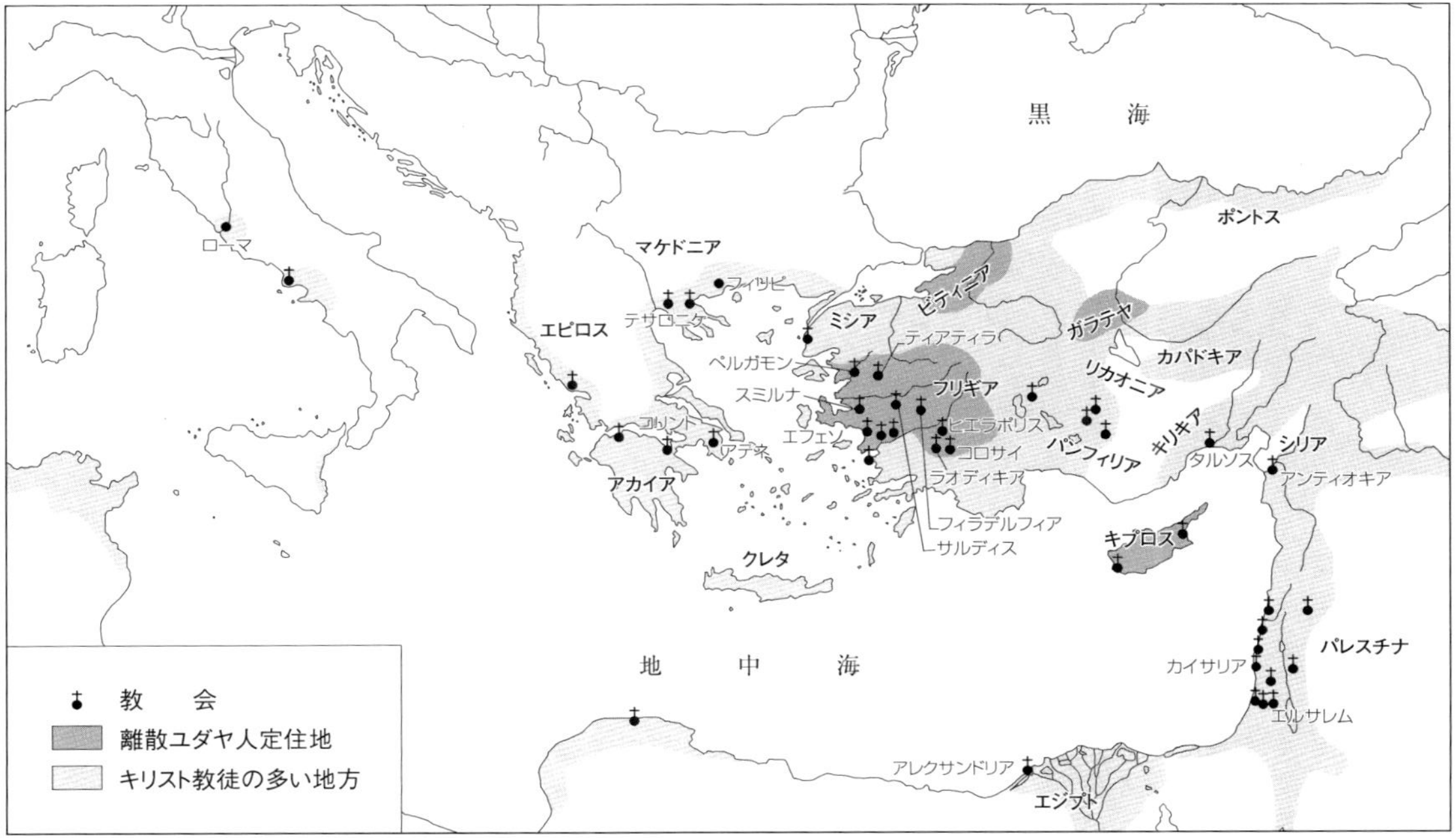

地図２　１世紀の教会とユダヤ人の分布（参考：『キリスト教大事典』教文館、地図７頁）

大きな共同体が形成されていた。

これらの地において、ユダヤ教は寛大に扱われ、ユダヤ人の自治が保護された。また、ユダヤ人は農業を中心とするあらゆる経済的活動に従事していた。

ローマ帝国の支配下になっても、ユダヤ教は伝統的宗教とみなされて寛大に扱われ、ユダヤ人は皇帝礼拝参加を免除された。このユダヤ教寛容政策の背景には、ユダヤ人の経済活動や人口の多さがあったと指摘できる。

離散ユダヤ人は、エルサレム神殿と強い絆で結ばれていた。まず、エルサレム神殿献金の半シェケルを毎年納めた。また、献品物を携えて、年に三度エルサレムに巡礼した。これは、「年に三度、男子はすべて、主なる神の御前に出ねばならない」（出エジプト記二三・一七）、「男子はすべて、年に三度、すなわち除酵祭、七週祭、仮庵祭に、あなたの神、主の御前、主の選ばれる場所に出ねばならない。ただし、何も持たずに主の御前に出てはならない。あなたの神、主より受けた祝福に応じて、それぞれ、献げ物を携えなさい」（申命記一六・一六―一七）の命令によるものであった。離散ユダヤ人は、各地から巡礼してきたユダヤ人と会食し歓談し、生きた交わりを持った。

エルサレムのユダヤ教神学院に律法を学ぶ目的で、留学する離散ユダヤ人もいた。ガマリエル（使徒言行録二二・三）の下で学んだパウロがその例である。なお、ガマリエルは、ユダヤ教指導者の立場から間接的に使徒たちの真実性を証しした（同五・三三―四〇）。

また、離散の地から、逆にエルサレムに移住するユダヤ人もいた。彼らは、出身地別の集団を形成して移住した。彼らはギリシア語を話すヘレニストと、ヘブライ語、アラム語を話すヘブライストとに区別される。イエスの十字架を運んだシモン（マタイ福音書二七・三二）は、キュレナイカから来たヘレニストのユダヤ人と考えられる。

歴史家ストラボン（Strabo, 前六三年?―後二三年頃）は、「人が居住している世界で、ユダヤ人の力が感じられない場所はほとんどない」と記した。それほど広い地域に離散ユダヤ人は定住していた。地図2からもわかるように、キリスト教は、このような地中海沿岸地方にすでに形成されていた離散ユダヤ人の社会の中に信奉者を見いだしていった。

離散ユダヤ人の存在が、キリスト教発展の大きな要因だということができる。

2　シナゴーグの成立

「シナゴーグ」とは、ギリシア語で「ともに導かれる所」という意味があり、「集会所」「会堂」と訳される。ユダヤ教において、エルサレム神殿とともに最も重要な制度である。シナゴーグは、キリスト教の教会やイスラームのモスクにも影響を与えた。(3)

ユダヤ教史において、第二神殿はバビロン捕囚から帰還したユダヤ人により紀元前五一五年に建設され、ローマ帝国軍により七〇年に破壊された。したがって、約六百年間、神殿は機能していたが、シナゴーグはそれよりも長い期間、機能していたと考えられる。

シナゴーグの起源に関する史料はほとんどないために、確実な根拠は得られない。しかし、一世紀に既にシナゴーグは確立していたということはできる。

シナゴーグの起源に関しては、モーセの時代説、バビロン捕囚期説、第一神殿期説、ヘレニズム期説、マカバイ期説等がある。エゼキエル書八章六節、一一章一六節にある「聖所」をシナゴーグと解し、ネヘミヤ記八章をシナゴーグ礼拝と理解して、バビロン捕囚時代にユダヤ人が「聖所」に集まり礼拝をし、それを帰還時に持ち帰ったということは、十分に考えられる。マカバイ記Ⅰの三章四六節には「一同は集まって、エルサレムの向かいのミツパに行った。イスラエルは以前ミツパで祈っていたからである」と記され、シナゴーグ礼拝が推定される。同書三章四八節には「律法の巻物を開いたのである」と、公衆の面前において聖書朗読が行われたことが記されている。さらに、同書四章二四節では神への賛美がささげられている。これらの記述から、動物の犠牲を伴わない、祈りと律法書朗読と賛美から成るシナゴーグ礼拝が行われていたと考えられる。

　離散ユダヤ人が増加するにつれて、地方における礼拝の場が必要になった。そのためにシナゴーグも多く設立されていった。

　シナゴーグは、一世紀において、すでにユダヤ人の宗教生活、社会生活の中心として機能していた。ユダヤ人哲学者のアレクサンドリアのフィロン（Philon, ?—四五年頃）は、「アレクサンドリアの大多数の者は、同市の多くの場で多くのシナゴーグを有していた。大シナゴーグは、あまりに大きくて、律法朗読者の声を聞くこともできなかった」と記している。ユダヤ人歴史家ヨセフス（Flavius Josephus, 三七年？—一〇〇年頃）も、カイサリアにシナゴーグがあったと記している（『ユダヤ戦記』二・二八五—二八九）。また、タルムードによれば、七〇年において、エルサレムには四八〇のシナゴーグがあり、歴史家S・W・バロンは、シリア、小アジア半島、フェニキア、キプロスに三十一、バルカン半島に十九、北アフリカに二十一、イタリア半島に一八一、スペインとハンガリーに五、シナゴーグがあったと述べている。

新約聖書では、以下の地にシナゴーグがあったと記されている。主なものを列挙する。

・ナザレ（マタイ福音書一三・五四、ルカ福音書四・一六）

・カファルナウム（マルコ福音書一・二一、ヨハネ福音書六・五九）

・サラミス（使徒言行録一三・五）

・イコニオン（同一四・一）

・ピシディア州のアンティオキア（同一三・一四）

・ベレア（同一七・一〇）

重要なことは、イエスと使徒たちは、これらのシナゴーグを拠点として、宣教活動を展開したことである。以下のように述べられている。

「イエスはこれらのたとえを語り終えると、そこを去り、故郷にお帰りになった。会堂で教えておられると、人々は驚いて言った。『この人は、このような知恵と奇跡を行う力をどこから得たのだろう』」（マタイ福音書一三・五三―五四）。

「イコニオンでも同じように、パウロとバルナバはユダヤ人の会堂に入って話をしたが、その結果、大勢のユダヤ人やギリシア人が信仰に入った」（使徒言行録一四・一）。

パウロとバルナバは、それぞれの伝道旅行において、地中海沿岸地方の離散ユダヤ人の形成したシナゴーグの安息日礼拝にユダヤ人として参加して、そこで福音を語った。その結果、多くの者が信仰に導かれた。

このように、シナゴーグは、初代キリスト教徒の宣教の場となり、その結果、ユダヤ人だけでなく非ユダヤ人もキリスト教信仰に入った。シナゴーグの存在が、キリスト教進展に大きく利用されたということができる。

ところで、ユダヤ教にはシナゴーグ規定がある。それは旧約聖書にもとづくものであるが、独特な解釈が見受けられる。シナゴーグには十二の窓がなければならないとする規定は、十二がユダヤ人の十二部族を象徴し、窓は、ダニエルが窓際にひざまずいて祈ったこと（ダニエル書六・一一）を根拠としている。シナゴーグの入口を東側に、すなわち、エルサレム向きにする規定は、ダニエルがエルサレムに向かって開かれた窓際にひざまずいたことに由来する。同じ理由から東側の席は上席であり、富裕者や名誉ある者の席になる。したがって、シナゴーグ礼拝に参加すれば、その地域のユダヤ人の社会的地位を知ることができる。

また、ファリサイ派の人々が「会堂では上席に座ることを好む」（マタイ福音書二三・六）というイエスのファリサイ派非難の内容や、「その立派な身なりの人に特別に目を留めて、『あなたは、こちらの席にお掛けください』と言い、貧しい人には、『あなたは、そこに立っているか、わたしの足もとに座るかしていなさい』と言うなら、あなたがたは、自分たちの中で差別をし、誤った考えに基づいて判断を下したことになるのではありませんか」（ヤコブの手紙二・三―四）というヤコブの指摘も理解できよう。

シナゴーグは、その地域において最も高い場所に建てられ、最も高い建物でなければならないという規定もある。これは、「こうして、ユダとエルサレムでわたしたちの神の神殿を再建し、廃墟を復興し、城壁を得るようにしてくださいました」（エズラ記九・九）によるものだが、「城壁」を「最も高い場所」とするのは、拡大解釈だと言わざるを得ない。

ユダヤ教ではシナゴーグにおいて禁止される行為も規定されている。これは、今日のキリスト教徒の集会規定にも適用できると考えられる。禁止行為は以下の通りである。

・雑談する
・うわさ話をする
・飲食する
・身繕いや化粧をする
・眠る
・武器を持ち込む
・商売行為をする
・お世辞を言う
・雨宿りや近道をするために入る

これ以外に「シナゴーグに走って入ってもよいが、走って出てはいけない」という規定もある。礼拝に対する熱心さを判別する優れた規定だといえよう。

3　ユダヤ教改宗者

使徒言行録を注意深く読むと、キリスト教信仰を受け入れた者の中には、ユダヤ人だけでなく「神を畏れる者」「神をあがめる者」と呼ばれる者もいたことに気づく。彼らは、非ユダヤ人でユダヤ教に改宗した者である。

ユダヤ教改宗者は、五旬祭の日にエルサレムに集まった人々の中にいた。「ユダヤ人もいれば、ユダヤ教への改宗者もおり」（使徒言行録二・一一）と記されている。また、使徒たちにより、祈りと御言葉の奉仕に専念するために選ばれた評判の良い七人の中にも「アンティオキア出身の改宗者ニコラオ」がいた（同六・五）。ピシディア州アンティオキアのシナゴーグで、パウロが説教するのを求められた時、パウロは「イスラエルの人たち、ならびに神を畏れる方々、聞いてください」（同一三・一六）と呼びかけ、同シナゴーグにユダヤ教改宗者もいたことがわかる。テサロニケにおいても、パウロはシナゴーグの安息日礼拝に三回出席して、イエスの復活を説教した。その結果、ユダヤ人だけでなく「神をあがめる多くのギリシア人や、かなりの数のおもだった婦人たちも」（同一七・四）信じている。アテネにおいて、偶像があるのを見て憤慨したパウロは、シナゴーグで、ユダヤ人と「神をあがめる人々」（同一七・一七）と論じている。

これら以外にも、エチオピア女王カンダケの高官（同八・二七）、イタリア隊のコルネリウス（同一〇・一―二）、フィリピにいた女性商人リディア（同一六・一四）もユダヤ教改宗者であった。

このように、初代キリスト教徒の中にはユダヤ教改宗者も数多くいたことがわかる。

改宗者は「義の改宗者」と「門の改宗者」に区別される。「義の改宗者」は、「新生児のような改宗者」とも呼ばれ、改宗のために必要な儀式である割礼ときよめの洗い（洗礼）と犠牲を行った者である。このうち、犠牲は家畜か二羽の若鳩の犠牲であったが、七〇年のエルサレム神殿崩壊後は廃止された。割礼ときよめの洗いは、ユダヤ教法廷において三人の証人の前にて行わなければならない。他方、「門の改宗者」は、割礼を受けずにきよめの洗いを受け、ユダヤ教の教理に従う者である。彼らは、神殿の中に入れず、門の所で礼拝を垣間見ていたために「門の改宗者」と呼ばれた。

「義の改宗者」になるためには、割礼を受けなければならなかった。しかし割礼は、成人男性にとって肉体的苦痛をともなうことから避けられていた。そのために、「内面がユダヤ人である者こそユダヤ人であり、文字ではなく〝霊〟によって心に施された割礼こそ割礼なのです」（ローマの信徒への手紙二・二九）というパウロの言葉は、「門の改宗者」の心をとらえて、その多くがキリスト教信仰を受け入れることになった。

このように「義の改宗者」であれ「門の改宗者」であれ、彼らが初期キリスト教徒の中に多くいて、福音宣教の働きに大きく貢献したということができる。

4　ユダヤ教のヘレニズム化

神の祝福と呪いは、旧約聖書においては、即物的であり民族的であった。それが、霊的で普遍的であるキリスト教へと継承されていった。いわば岩のようなユダヤ教が砂のようなキリスト教に継承されるにあたり、ヘレニズム化されたユダヤ教が、その継承を推進したと考えられる。換言すれば、岩のようなユダヤ教がヘレニズム化により砕かれ、砂のようなキリスト教に転化しやすくなっていたと考えられる。

ヘレニズム化は、ユダヤ社会のあらゆる領域において見られた。

中間時代におけるユダヤ教のヘレニズム化は、諸神混同崇拝の傾向、すなわち、異なる宗教は基本的にはひとつの神の現れにすぎない、とみる傾向に現れた。ユダヤ教の神は、ギリシアの神々であるゼウスやサバオスに、またエジプトの神であるアモンに、さらにスキタイの神であるパパエオスと同一視された。ユダヤ人歴史家ヨセフスは「彼ら〔ユダヤ人〕もわれわれも、宇宙を創造した神を礼拝するのであるが、われわれは、彼が全被造物に生命を吹き込んだという事実から、語源的に正しくゼウスと呼ぶのである」(『ユダヤ古代誌』一二・二二)とさえ述べている。

アレクサンドリアのフィロンは、ユダヤ貴族出身でヘロデの家系であった。彼の哲学はプラトン哲学の傾向の強いストア主義であり、ヘレニズム化されたユダヤ思想を、そこに見いだすことができる。フィロンによれば、神はロゴスであり、「憐れみ」と「正しさ」というふたつの内在的力を持つ。これを説明するのに彼は、創世記一八章に記されたアブラハムを訪れた三人の人をもちだし、三人は「神」と「憐れみ」と「正しさ」の顕現だと解釈した。

さらにフィロンは、神と人間世界との間に存在するイデアの概念を強調した。これは伝統的ユダヤ教にはない、ギリシア思想からの影響による概念である。このイデアをフィロンはロゴスと呼び、ロゴスは神の属性であり、神と人間世界との間に存在する形のないものであり、世界に内在するものだとした。神は、最初にロゴスを創造し、次に知的世界、知覚世界、知覚できる世界を創造したと、フィロンは考えた。

このようなフィロンのロゴス論は、後にキリスト教神学者が取り入れ、ロゴス=キリスト論へと発展した。これはヨハネ福音書第一章のキリスト論にも適用されるものである。フィロンの著作はキリスト教会によって保存され、利用された。

5 『七十人訳聖書』

この時期に、特に重要なのは、ギリシア語訳聖書が編集されたことである。

プトレマイオス二世は、エルサレムから七十二人のユダヤ人長老をアレクサンドリアに招き、聖書をヘブライ語からギリシア語に訳させたと伝えられている。この作業は紀元前三世紀中頃から紀元前二世紀にかけて行われた。その結果編集されたのが、『七十人訳聖書』である。この聖書は、第一に最古の聖書完訳本として、第二にユダヤ教宣教活動の武器として、第三に古代語訳聖書の元本になったことに、その歴史的意義がある。紀元二世紀以降は、キリスト教会が『七十人訳聖書』を使用した。「改宗者を一人つくろうとして、海と陸を巡り歩く」（マタイ福音書二三・一五）とあるように、ファリサイ派はユダヤ教宣教活動に熱心であった。彼らは『七十人訳聖書』を使用して、ユダヤ教改宗者を生み出していった。

このように、『七十人訳聖書』も、間接的に福音宣教に影響したということができる。

6　神学と教会の確立

キリスト教がローマ帝国の国教になると、キリスト教徒とユダヤ人の状況が逆転した。ユダヤ人は、六六年と一三一年と二回にわたりローマ帝国に対する反乱を起こしたために、その多くが殺され、また一三五年にはエルサレムから追放され離散の民となった。

一方、キリスト教に関しては、七回にわたる公会議によって基本的信条が成立した（表1参照）。すなわち、三八一年の第一コンスタンティノポリス公会議で三位一体論が、四五一年のカルケドン公会議ではキリスト両性論が確立した。以後、多くの宣教師の働きによって、キリスト教は西洋各地へと広がっていった（地図3参照）。

	公会議（開催地）	開催年	参加者数	決定事項
1	第一ニカイア	三二五年	三一八人	アレイオス派（キリストは神でなく人間）を異端と宣告 キリストの神性、神と本質は同じ（ホモウシオス）
2	第一コンスタンティノポリス	三八一年	一八〇人	アレイオス派の異端を再確認 聖霊の神性、三位一体論の確立
3	エフェソス	四三一年	二〇〇人	ネストリオス派（キリストの神性と人性を区別）を異端と宣告 マリアの称号「神の母」
4	カルケドン	四五一年	六三〇人	キリストの神性と人性　両性論 エウティケスの単性論（神性だけ）を退ける
5	第二コンスタンティノポリス	五五三年	一六五人	ユスティニアヌス帝時代の異端文書を弾劾
6	第三コンスタンティノポリス	六八〇年	二八一人	キリスト単意論（神性と人性あるがエネルギーと意志は一つ）を異端と宣告 キリストには、神意と人意の二つがある
7	第二ニカイア	七八七年	三五〇人	聖像破壊運動を異端と宣告 聖像への崇拝は、聖像の原型に向けられるものとする

表1　公会議の推移
（参考：米田治泰・森安達也『世界の宗教』第4巻、淡交社、69頁）

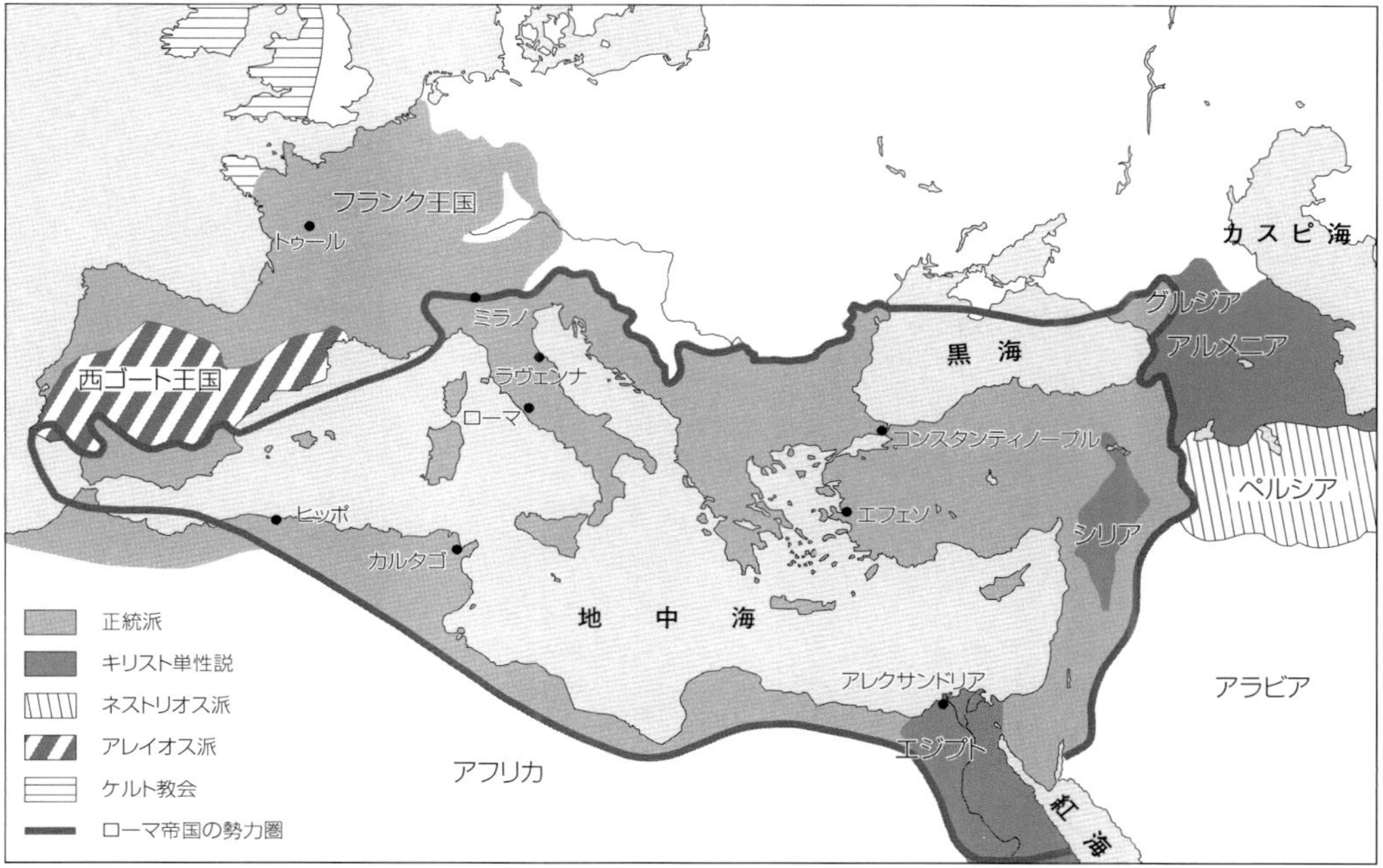

地図3　565年頃のキリスト教（参考：『キリスト教の歴史』BL 出版、78 頁）

第二章　西洋中世の世界

図５　人間に影響を及ぼす大宇宙の力（左）と小宇宙の力（右）
（ビンゲンのヒルデガルト『聖業の書』 13 世紀）

「西洋中世を色で表現すると、何色になりますか?」

講義において西洋中世を講じる時、私はこの質問を学生にすることにしている。学生はだいたいにおいて、黒色、灰色といった暗黒色や、赤色、オレンジ色といった暖色、時には青色といった寒色だと答える。答えた色によって、学生が中学や高校で学んだ世界史の教師の中世にたいする見方も知ることができる。

私が中学や高校の時の世界史の教師は、暗黒色を答えたであろう。しかし、現代の歴史家の多くは「オレンジ色」と答えるにちがいない。西洋中世の研究には、そのように大きな変化があったのである。

「黒色」と答えた者は、十七、八世紀の啓蒙主義者であった。「中世」という言葉を最初に使用したのは、十七世紀のドイツのユマニスト(人文主義者)であった。彼らは、中世は「粗野で野蛮で暗黒の」時代であると定義した。ブルクハルト(Jacob Burckhardt, 一八一八―九七年)は、「反文化」とさえ規定している。理性を重んじる啓蒙主義者にとって、中世は人間の理性を軽視した啓蒙以前の時代であった。また、中世は、古典古代と近代との間にはさまった中間の時代であり、通過期間とされていた。

マルクス(Karl Heinrich Marx, 一八一八―八三年)やレーニン(Vladimir Il'itch Lenin, 一八七〇―一九二四年)もまた、中世は「黒色や灰色」であると答えたであろう。彼らの発展段階説によれば、中世は、奴隷制社会の古代と資本主義の近代との間に位置する封建的農奴制社会である。マルクス主義の歴史家は、社会構造の変化だけに考察の中心がおかれすぎている傾向にあるが、彼らにとっても中世は独立した時代ではなくて、通過期間にすぎない。

文明史家たちは、古典時代は地中海が舞台となった時代であり、中世はアルプス以北の北西ヨーロッパが舞台となる時代であると定義した。しかし、この定義は、地理的観点によるものであり、ヨーロッパ文明は、ギリシア・ローマ文明とキリスト教文明とが融合されたものであるので、問題がある。地理による歴史は区別できない。

オランダの歴史家ホイジンガ（Johan Huizinga, 一八七二－一九四五年）は、『中世の秋』において、中世を豊かな生き生きとした時代として描いている。「オレンジ色」の中世である。中世は決して通過期間ではなく、それ自体独立した一つの世界であったとする見方は、フランスのアナール学派も継承している。

社会史研究者たちは、西洋中世を主な研究対象とした。そして、多くの成果を挙げてきた。その結果、西洋中世は、決して古代から近代への通過期間ではなくて、それ自体独立し、一つの世界を持っていたという結論に導かれたのである。

本章の記述は、主に阿部謹也の研究成果に多くを負っている。

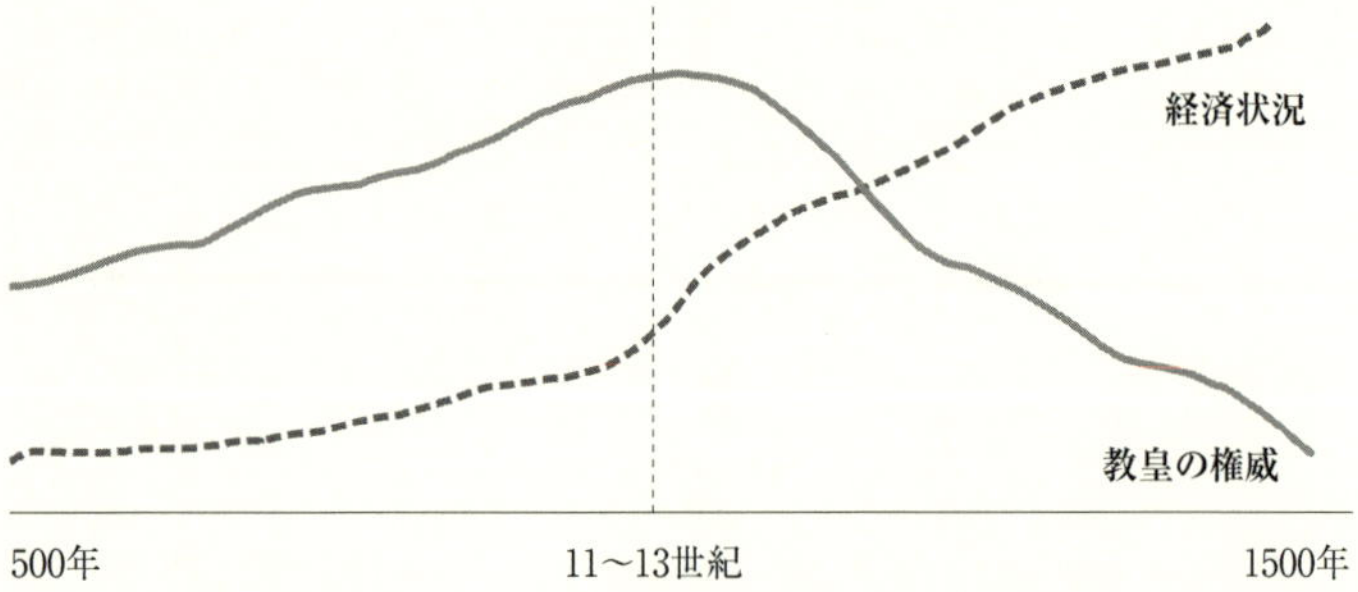

十字軍運動

古典荘園制
騎士と農奴

純粋荘園制　貨幣経済
東方植民運動
内陸の開墾と干拓　農業生産の高まり

●都市の成立

①北欧型都市
激しいコミューン運動
領主は農村に移住　都市と農村の対立
②南欧型都市
貴族が市民として都市内に住み商人化
農村まで都市の支配領域　都市国家

●ハンザ貿易と地中海貿易の発展

●商業の発達→農民・領主間の変化

イギリスに独立生産者：農民と手工業者
フランス北部に独立自営農

●教皇権の衰微　王権の伸長

●先進文化の流入　ルネサンス

ユマニスム→宗教改革

図6　中世の変貌　イメージ図

第一節　西洋中世の経済と社会構造

1　封　建　制

民衆の視座から中世を考察する前の作業として、経済と社会構造の観点から中世を概観する。中世は封建制の時代であった。

封建制とは、第一に、村落共同体という土地占取関係を基礎にしている制度であり、第二に、土地所有にもとづく領主・農民関係を基軸にしている。

封建的な村落共同体の土地制度をフーフェ制と呼ぶ。これは、宅地と庭畑、耕地、共同地（入会地《いりあいち》）から成立する。耕地には、他の農家と混在する混在耕地制と、刈り入れが終わると全村民に開放される開放耕地制とがある。また、共同地とは、森林、放牧地、沼などのことである。

中世においては、農民は形式上、平等に一フーフェずつの土地を持っていた。これを、M・ヴェーバーは、「形式的平等」と呼んでいる。

2　荘　園　制

中世の荘園は、中世前期の古典的荘園制と、中世後期の純粋荘園制に分けて考えられる。

古典的荘園制は、北フランス、西ドイツにおいて主に発達した。これらの地域では、荘園の土地は、領主直営地と農民保有地とから成り、隷属農民は荘園管理人の監督を受けて、領主直営地で無償の賦役労働に従事していた。また、隷属農民は農奴身分におかれて、結婚や相続や移動などに関して、領主の人身支配に服し、領主は荘園内の裁判権を行使した。

一方、十二、三世紀に発達したのが純粋荘園制であった。この荘園においては、領主直営地における賦役労働が廃止され、直営地は分割して農民に貸し出された。農民保有地が農業生産の場であり、領主は貨幣地代の取得者となった。また、隷属農民は農奴身分にともなう人身支配から解放され、領主・農民関係は契約にもとづく物的関係に移った。農民の経済的・法的地位が高くなったといえる。

このような、古典的荘園から純粋荘園に移行した背景には、都市の発達と貨幣経済への移行、都市と農村との分業、村落の自治、農民身分の成立などを挙げることができる。

3　都市の成立

中世において、三圃制度の導入、有輪犂等の発明により、特に、十一世紀から十三世紀にかけて農業生産が増加した。この時期には、内陸の開墾と干拓も進み、スラヴ人の居住する東方への植民運動も大きな成果をあげた。歴史家マルク・ブロック（Marc Léopold Benjamin Bloch，一八八六―一九四四年）は、「大開墾の時代」と呼んでいる。

中世前期において、商人は遍歴して活動していた。しかし、しだいに彼らは定着し、商人集落を形成するようになった。そこに市場を開き、領主や地主、さらには農民、手工業者、巡歴職人が定着するようになり、都市が成立した。都市は外敵からの防衛のために城壁に囲まれていた。古い城壁の周りに外郭市区が成長した。

都市の住民は、さらに封建領主と闘って都市の自治権を獲得しようとした。この運動はコミューン運動と呼ばれる。この運動により自治権を得たのが自治都市であった。自治都市において、都市は裁判権を有し、徴税権、都市法、さらには民兵をも組織した。自治都市こそ市民文化の中心であり、商人ギルドも組織され、ひとつの誓約団体でもあった。

自治都市は、北欧型と南欧型に分類することができる。北欧型は、北フランス、ドイツ、フランドル地方に見られる型である。そこでは、コミューン運動は激しく、領主は商人の力に押されて農村に移住するのを余儀なくされた。そして、都市と農村との対立があった。

図7　スイスのベルン市建設の様子（12世紀）

他方、南欧型自治都市は、イタリアを中心に発展した。そこでは、貴族が市民として都市内に居住し、商人化していた。そして農村まで都市の支配が及び、都市国家的な存在になっていた。

4　中世の世界経済

中世においては、大きく二つの圏における商業が発展していた。ひとつは地中海を舞台とする東方貿易であり、イタリア商人が従事していたために、南欧商業と呼ばれるものである。香料、胡椒などがヴェネツィアを中心に取引された。これらの輸入品は、関税や持参金や土地の支払いにも使われた。

もう一つの商業圏は、北欧商業と呼ばれるものである。北海、バルト海を舞台とするハンザ貿易であり、ドイツ商人がその担い手であり、毛皮、ニシン、タラ、木材などが取引された。中心地は、リューベック、ハンブルクなどであった。

これら二つの圏において取引された産物は、シャンパーニュの大市において交換された。さらに、定住した商人は、しだいに金融業を発達させたり、羊毛を輸出したりして、会社の形態をとる者も現れた。

5　領主・農民関係の変化

中世後期における商業の発達は、農民と領主との関係も変化させた。

特に、イギリスにおいては、十四世紀において直営地が農民に貸し出され、賦役労働も金納化された。十四世紀末にはペストの蔓延により労働力が激減し、しばしば農民一揆が発生したが、農民や手工業者はしだいに富を蓄積するようになっていた。そして、領主から完全に独立した独立生産者が出現する。この独立生産者が、後代において産業資本の担い手となり、イギリスではプロテスタントの中でも急進的なピューリタンであり、革命を推進する者となるのであった。

フランスにおいても、特に北部において独立自営農民が現れた。彼らもまた、プロテスタント信仰を持ち、ユグノーと呼ばれた。しかし、ドイツにおいては、諸状況から、十九世紀まで封建的土地所有制が存続することになる。
商業の発達は、都市と農村とを区別することになり、社会階層も分化するようになった。

第二節　先住文化とキリスト教

ヨーロッパの教会を訪れると、教会堂になんらかの怪物の像が彫られているのに気がつく。もっとも、すべての教会に見られるわけではないが。怪物は、主に教会の入口に彫られている。教会は、キリストの復活を太陽が昇ることにたとえて、東向きに建てられている。したがって、怪物像は、西、すなわち、失われた楽園、デーモンの世界を表す所に彫られていることになる。こういうわけで、教会の西の入口には、アダムとエバの像、最後の審判の像、また、悪魔と戦う天使である聖ミカエル像も彫られている。

怪物像は、さらに、教会の柱の下にも、その柱を支えるように彫られている。

彫られた怪物には、竜、ライオン、キノケファーレン（インドにいたと言われる、頭が犬である怪物）、パノティヤ（スキタイ地方にいたと言われる怪物）などがある。これらから、怪物はキリスト教がもたらされる以前のギリシア・ローマ世界やゲルマン世界などの先住の文化の産物であることがわかる。

いったいなぜ教会堂にこのような「異教」の怪物が彫られているのであろうか。

この答えは、キリスト教が、このような先住の文化を征服し、それだけでなく、みずからに取り込

写真１　パリのノートル・ダム
大聖堂鐘楼の怪物像

写真２　同、壁面の怪物像
（筆者撮影）

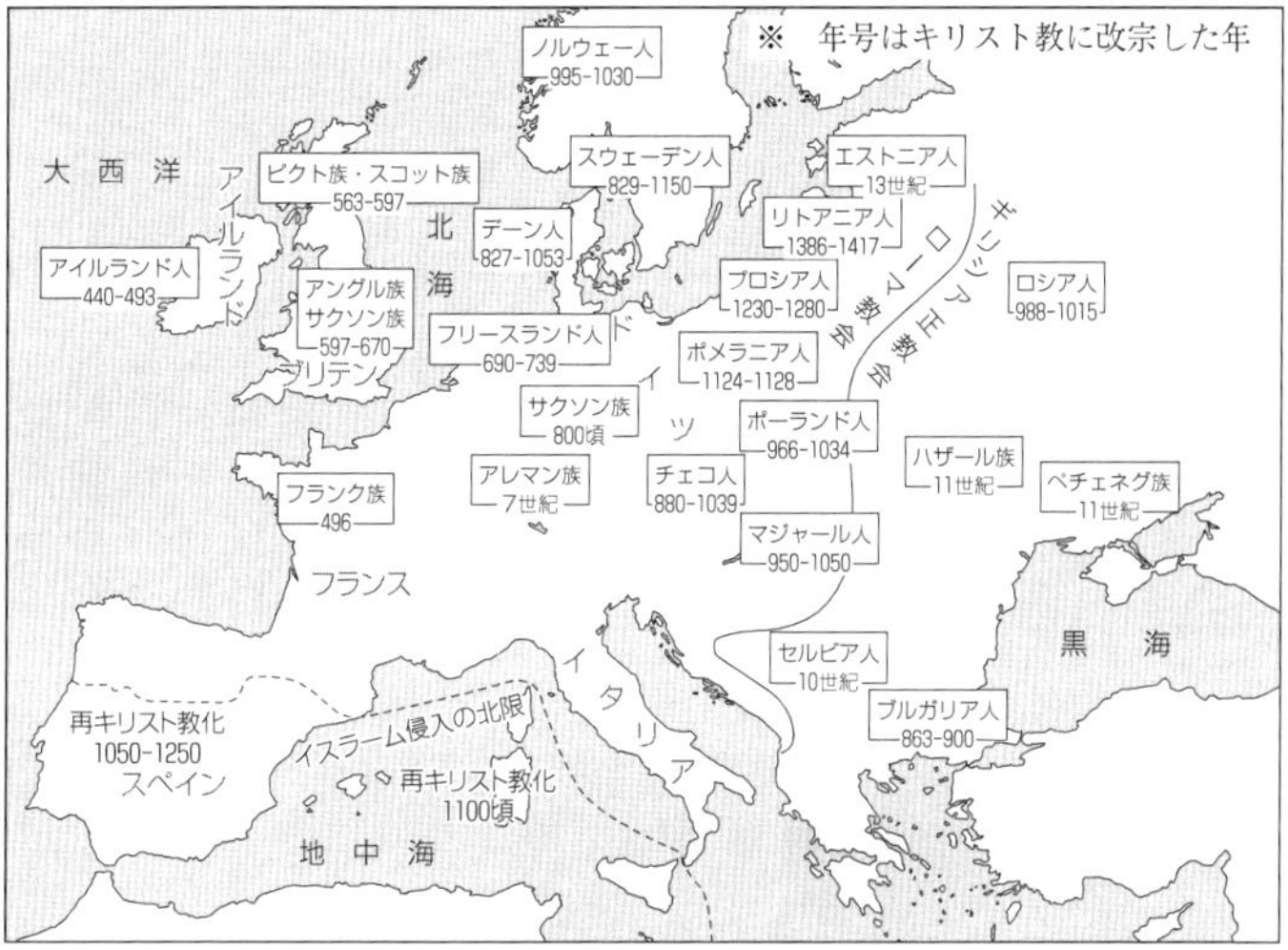

地図4　中世におけるキリスト教の宣教
（参考：『キリスト教大事典』教文館、地図15頁）

んでいったこと、すなわち、キリスト教の「異教」に対する勝利を示しているということである。かつて敵であった「異教」の怪物は、今はキリスト教に降参して、キリスト教を守る者になったことを示しているのである。怪物が柱の下で教会を支えているのは、まさにこの所以である。また、このような怪物像が生き生きとしているのも、征服されただけでなく、進んでキリスト教を守る者になったことの表れである。

中世初期において、西洋は宣教師の活動によって大ブリテン島からスラヴ、スカンディナヴィアにいたるまで、キリスト教への改宗が進んだ（地図4参照）。十一世紀までにキリスト教は西洋のほぼ全域に定着し、各地に教会が建設されていった。

八〇〇年には、ローマ教皇レオ三世（Leo III, 在位七九五—八一六年）から戴冠して、カール大帝（Charlemagne, 七四二—八一四年）の下に、キリスト教国家である、東ローマ帝国に対する新たな「西ローマ帝国」が、誕生した。東方では、七世紀以来イスラーム勢力が拡大して、神学だけでなく言語や文化の差もあって、キリスト教会は一〇五四年に東西に分裂した。

このように西洋は、表面的にはキリスト教文化圏になったが、先住文化はキリスト教によってどのように変化したのであろうか。民衆に視座をおいて考察する。

1　死生観の変化

キリスト教が入る前のヨーロッパのゲルマン社会において、死者は生者と同じように扱われていた。六世紀の『サリカ法典』によれば、死者から何かを盗むと、生者から盗んだのと同額の罰金を払うように決められていたこと、また、ローマの歴史家タキトゥス（Tacitus, 五五?―一一五年頃）によれば、戦闘後に味方の死体は運び帰ることになっていたこと、さらに、『ザクセンシュピーゲル』によれば、裁判においては、被害者の死体が原告として裁判所に運びこまれたこと、さらには、埋葬品に故人の愛用していた物があったこと、などからも明らかである。

死者の人格は、死後も生き続けると考えられていたのである。

一方、中世カトリック教会は、煉獄の存在を規定した。カトリック教会は外典も正典と同様に扱う。したがって、以下の外典であるマカバイ記の言葉が煉獄の根拠とされた。

「もし彼が、戦死者の復活することを期待していなかったなら、死者のために祈るということは、余計なことであり、愚かしい行為であったろう。だが彼は、敬虔な心を抱いて眠りについた人々のために備えられているすばらしい恵みに目を留めていた。その思いはまことに宗教的、かつ敬虔なものであった。そういうわけで、彼は死者が罪から解かれるよう彼らのために贖いのいけにえを献げたのである」（マカバイ記Ⅱ・一二・四四―四五）。

カトリック教会は、さらに正典であるマタイ福音書一二章三一節や第一コリント書三章一一―一五節を、煉獄の根拠と解釈している。

歴史的に見れば、ギリシア教父、アレクサンドリアのクレメンス（Clemens, 一五〇?―二一五年頃）が、二世紀の終わりに、死者のための祈りと礼典を行っていた。また、ラテン教父のアウグスティヌス（Augustinus, 三五四―四三〇年）も、死後の苦難を通してのきよめを教えていた。

図８　天使による煉獄の火の川からの救出（『ベリー公のいとも豪華なる時禱書』 15世紀）

中世においては、教皇グレゴリウス一世（Gregorius I, 在位五九〇―六〇四年）やトマス・アクィナス（Thomas Aquinas, 一二二五?―七四年）などにより、煉獄思想が発展した。そして第一に、煉獄における最小の苦しみは、この世の最大の苦しみに匹敵し、第二に、教会の祈りやミサにより、死者は煉獄から救われると教えられた。

一四三九年のフィレンツェ公会議において、煉獄は存在することと、死者のための祈りは有効であることとが決議された。さらに、一五四五年から六三年のトリエント公会議において、煉獄についての事項が以下のように再確認されている。

「煉獄は存在する。そして、そこに留められている霊魂を信者の代禱によって、また特にミサ聖祭によって助けることができる」(1)。

2 中世の貧民

中世社会において、民衆の間でもっとも尊敬されていた者は誰であったか。多くの人は、教皇、司教、あるいは国王、騎士などと答えるであろう。しかし、正解は、隠者である。隠者とは、私有財産を持たずに禁欲生活をして放浪生活を行う者のことである。中世の貧民とは、このように、経済的、社会的に無力であるだけでなく、禁欲的な、あるいは神秘主義的な理想を求めて、自発的に世俗から逃れた者であった。その多くは、孤児、病人、乞食、身体障害者、そして貧民であった。

貧民登録

古代末期において、教会は社会福祉事業も行っていた。たとえば、三世紀中頃から五世紀にかけて、ローマにおいては、七つの教区に助祭がそれぞれ配置されていた。そして、助祭が教区内の貧民の世話にあたった。

グレゴリウス一世は、貧民名簿を作成し、貧民に対して、毎月、ぶどう酒、穀物、ラード、魚、油、

図9　修道院の前で施しを受ける貧民たち

野菜、チーズを与える制度を開始した。六世紀以後には、貧民登録制度が発展し、登録された貧民には、食糧、衣服、住居が与えられ、教会の庇護の下におかれることとなった。登録された貧民は、原則として一教会に十二人、あるいはその倍数人であった。この中には健康な者もいた。貧民の仕事は、教会に遺棄された捨て子の売却と、教会、修道院の護衛であった。

修道院の貧民救済

九世紀以後、修道院が貧民救済活動の担い手となった。そして、中世末には、都市に貧民立法ができるまでに発達した。

代表的な修道院の貧民救済の例として、クリュニー修道院をみてみよう。

クリュニー修道院には、商人や貴族などの馬で来る人と、旅人、巡礼などの歩いてくる人とがあった。旅人、巡礼に対しては、一夜の宿と食事とお金とが与えられた。

同修道院には、二種類の貧民がいた。すなわち、修道院のまわりに群れている貧民と、修道院に住む貧民とである。前者に属する貧民には、毎日三十六人か七十二人に対して施しが与えられた。後者の貧民は、定数が十八人となっていた。

貧民に対しては、貧民受け入れの儀式が行われた。この儀式においては、修道士が貧民の前にひざまずき、手を合わせて祈った。この祈りは、貧民の中におられるキリストに向けられるものであった。朝には、貧者のためのミサが行われた。このミサにおいては、修道士が貧民の足を洗い、布でぬぐって口づけした。

貧民救済活動は、十二世紀以後に設置された孤児院、養老院、救貧院においても、行われた。さらに、都市においても、貧民税が集められて、貧民に対してぶどう酒が与えられた。また、農村においても水曜日、金曜日、土曜日が貧民に施しを与える日とされた。

このように貧民救済制度が発達した結果、貧民は職業の一つに数えられるようになった。そして、みずから貧民となる者も多く現れるようになった。十五、六世紀は、貧民の黄金時代であり、貧民は修道院や教会を求めて全国を放浪した。

功徳宝財説

「貧民は司教の善行の生ける実例となり、……一種のサクラとして救済活動を称賛の拍手によってつつむことを仕事としている」と言われているように、貧民救済は、貧民のためだけのものではなく、それを行う教会のためのものでもあった。

中世には、功徳宝財説がとられていた。これは、善行を行い、それが功徳となって、人は救われるとする教えである。教会への喜捨や貧民への施しは、この功徳の典型であった。教会は死者の霊の救いを保証する機関であった。したがって、死者の財産はすべて教会にささげられた。それが天国へ行く功徳になるからであった。

このように、貧民救済は、今日我々がいうところの社会福祉の思想からだけではなく、功徳をたくわえるためからも成立したものである。

3　二つの宇宙

西洋中世の人々は、二つの宇宙の中に生活していた。たとえば、ヒルデガルト（Hildegard von Bingen, 一〇九八－一一七九年）の『聖業の書』（図5参照）を見ると、中央部分に二重の円が描かれている。内側の円が、人間が生活する空間である。人間、木々、家、庭などがそこには描かれている。これを小宇宙と呼ぶ。一方、外側の円には、この小宇宙に対して、大宇宙から息を吹きかけている様々な者が描かれている。

大宇宙には、様々なものが存在する。たとえば、火、水、風、土といった古代以来の世界の四大元素、人間に敵対する霊、怪物、病気や災害の根源、死者、運命などがそこに存在して、たえず人間の住む小宇宙に働きかける。それは時には、戦争や災害といった形をとって、襲いかかってくる。

中世においてカマドは家の中心にあり、聖なる場所とされていた。カマドの下にできる穴は、地中深く燃えている大宇宙の火とつながっているとされていた。近世においても、このような信仰は続い

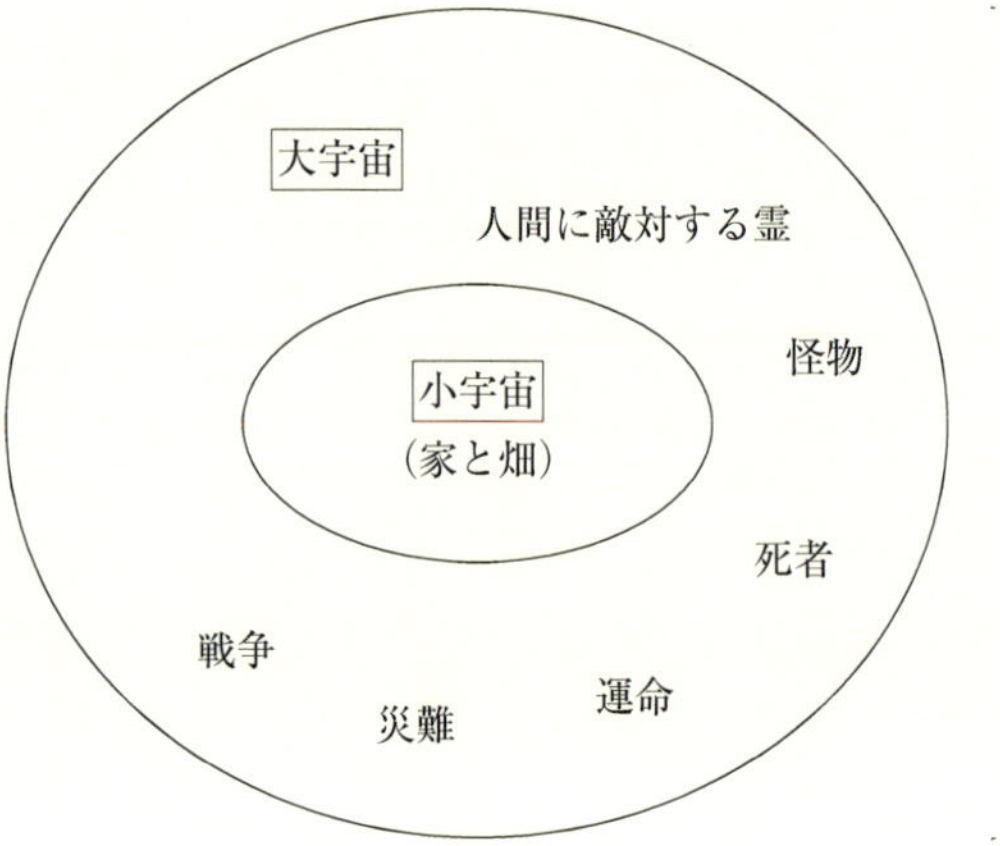

図10　中世における二つの宇宙図

ている。それは、たとえば、嫁入りした女はカマドのまわりを三回まわる習慣があったこと、家長は、重大な命令を下す時には、カマドに手をおいて行ったこと、などに表れている。

また、大宇宙からの水に関しては、泉は決して汚してはならないとされていたこと、川は冥界に通じるとされていたことなどを挙げることができる。

さらに、森は大宇宙そのものであった。そこには恐ろしい山の民がいると信じられていた。

『グリム童話集』には、大宇宙に住む妖精や霊たちが登場してくる。たとえば、「カエルの王様」では、森や山にでかけた時に、魔法をかけられて人がカエルになるとされている。森は大宇宙であるので、小宇宙の住民である人が、森の中に入ると、変貌する。『グリム童話集』では、森において人は、動物や石、植物や木に変わる。

メーテルリンク（Maurice Polydore Marie Bernard Maeterlinck, 一八六二―一九四九年）の『青い鳥』では、『カエルの王様』とは逆に、森の住民である青い鳥が、人の住む小宇宙に連れられてくると、醜く変貌している。

中世において大罪を犯した者への宣告は、平和喪失の宣告と呼ばれる。この宣告を受けた者を、だれでも殺すことができた。この宣告を受けた者は、小宇宙では住むことができない。そこで、大宇宙の森に逃げる。森の中で、変貌して、狼となる。今でも祭りなどに残る「人間狼」となるのである。

被差別民

小宇宙と大宇宙とを区別する境界線は、村では垣根、都市では城壁であった。そして、この二つの宇宙の間を行き来して生活する者がいた。

死刑執行人や墓掘り人は、大宇宙の死にかかわる職業に従事する者であった。皮はぎ職人、皮なめしも、大宇宙の動物をその仕事の対象（材料）にした。森番、木の根売り、煙突掃除人、こなひき職人は、それぞれ、森、火、水を扱う者である。さらに、ユダヤ人、ジプシーと呼ばれた人々、旅芸人も小宇宙に定住しない者であり、二つの宇宙を行き来する者とされた(2)。

ヴェルナー・ダンケルトは、その著『被差別民』の中で、このような二つの宇宙の間で仕事をする者が被差別民にみなされたと述べている。ただし、ユダヤ人に関しては、「キリスト殺し」とみなされたことが、差別された主因である。

4　空間革命と時間革命

中世において、裁判権は領主や村落共同体にあった。しかし、これらは警察力をともなわなかったので、自分自身は自分で守らねばならなかった。また、復讐は公的に認められていた。

さらに、中世において現代と異なることは、江戸時代に日本にあった「かけこみ寺」に類似する場所があったことである。そこにおいては、いかなる公的権力、警察権をも行使してはならなかった。この、他とは異なる聖なる空間がアジールであった。

アジールは、過失によって殺人を犯した者が逃げ込む所でもある。その起源は、旧約聖書の「逃れの町」にある。

「人を打って死なせた者は必ず死刑に処せられる。ただし、故意にではなく、偶然、彼の手に神が渡された場合は、わたしはあなたのために一つの場所を定める。彼はそこに逃れることができる」（出エジプト記二一・一二―一三）。

イスラエル人がカナンに入る時、この神の言葉があり、それに従い、ベツェル、ラモト、ゴラン、ケデシュ、シケム、ヘブロンの六つの町が「逃れの町」に選ばれた。

過失殺人者は、「逃れの町」に逃れて、正当な裁判を受けることができた。しかし、「逃れの町」から外へ出れば、命の保証はなかった。

「もし、人を殺した者が、逃げ込んだ逃れの町の境の外に出た場合、血の復讐をする者が逃れの町の境の外でこれと出会い、血の復讐をする者が、人を殺した者を殺したとしても、彼には血を流した罪はない。なぜなら、人を殺した者は、大祭司が死ぬまで、逃れの町のうちにとどまらねばならないからである。大祭司が死んだ後はじめて、人を殺した者は自分の所有地に帰ることができる」（民数記三五・二六―二八）。

大祭司が死ねば、過失殺人者は家にもどることができたのである。

この「逃れの町」の概念は、ギリシア・ローマ時代にも受け継がれていった。

中世においては、古代ゲルマン時代から未知の霊が存在する所とされていた大宇宙の中の森、墓地などがアジールとされた。さらに、後には、教会や修道院もアジールとされた。『レ・ミゼラブル』において、銀の燭台を盗んだジャンバルジャンを許したミリエル司教にたいして、警察が何も反論できなかったのは、教会がアジールであったからである。また、ミュージカル映画「サウンド・オブ・ミュージック」において、トラップ一家が修道院にかくまわれたことも、修道院がアジールだからであった。もっとも、ナチスの軍隊はこの習慣を踏みにじってしまったが。

アジールに代表される大宇宙は、中世後期においてしだいになくなっていく。十二世紀を中心に行われた十字軍運動により、ヨーロッパ以外の世界がしだいに明らかになってきた。それまでの地図には、世界の四隅には死を表す文字モース（MORS）や、息や風、大宇宙の住人である怪物などが描かれていたが、十字軍運動による地理的拡大により、これらが消えていった。伝統的なTO図では、小宇宙がヨーロッパとアジアとアフリカに拡大した（図11参照）。

三十二本の方位線を持つかなり正確な海図も作成され、その後の地図には、もはやエデンの園や大宇宙の住人が描かれなくなった。

小宇宙が拡大して未知の世界がなくなり、大宇宙が消えていく。アジールでもしだいになくなっていく。これが、空間革命と呼ばれるものである。

時間の概念も、また、変化した。

ゲルマン時代において、時間とは「人間の時」のことであった。たとえば、距離の単位である一ラ

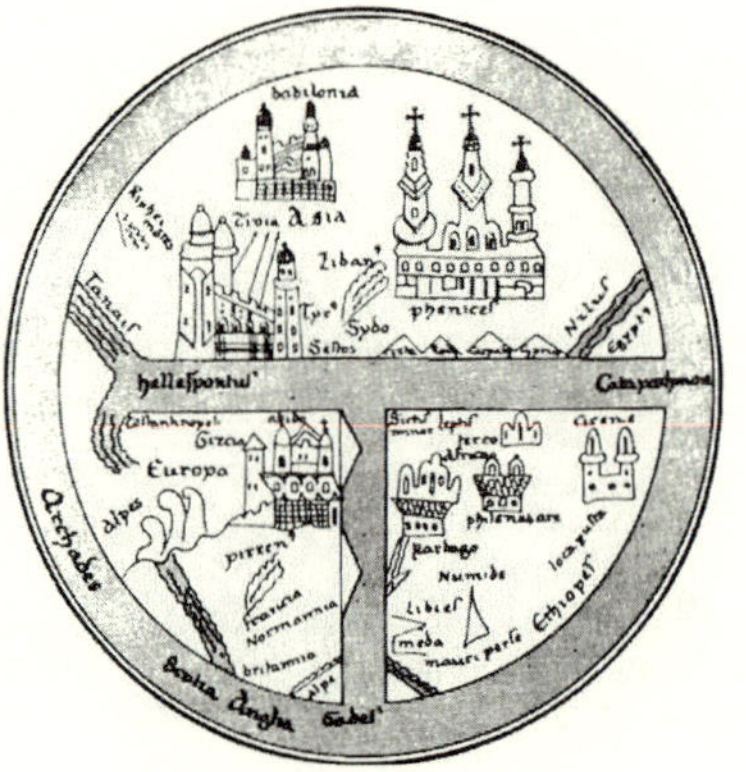

図11　TO図（11世紀）

ストは、千歩の距離のことであり、年齢においても性別においても人により異なっていた。さらに、火時計や水時計や砂時計などにより時間を計測した。これらは「自然の時」であった。

十三世紀になってはじめて「計測される時」として、歯車の機械時計が発明された。これを初めて使用したのは、修道院であった。祈りと勤労と睡眠の生活を厳格に守り行うために、時計が使用されたのである。機械時計は、さらに、商人や手工業者により、使用されるようになった。

フランスの著名な歴史家のマルク・ブロックは、「十二世紀の大いなる断絶、かつてヨーロッパ諸教会の発展に痕跡を残した断絶のなかで最も深刻なもののひとつ」（『社会経済史年報』一九三六年）が、時間革命であったと述べている。

ここでも、小宇宙が拡大した結果、キリスト教の創造から終末に向かう直線的時間感覚が、大宇宙の「自然の時」を征服したのである。

5　魔女事件

西欧において、魔女は古代ギリシア、ゲルマン時代に既に存在していた(3)。社会現象として魔女が多く出現したのは、十五世紀から十七世紀にかけてである。この時期は、中世から近代への過渡期であり、戦争、飢饉、ペスト等による社会不安が激しかった時期ともいえる。

魔女はあらゆる災害を人にもたらす者であり、動物、たとえばネコ、カエル、三本足のウサギに変身する。五月一日の夜に、魔女はほうきにまたがり飛行して集まり、宴会を開く。魔女の外見は、曲がった鼻、ただれた目、赤毛、猫背、痩身、つえ、ずきんで特徴づけられる。しかし時には魅惑的な美女であることもある。魔女は魔法によって人を動物や植物に変身させる力を持つ(4)。

このように魔女は、人間の住む世界を小宇宙、怪物等の住む世界を大宇宙とすれば、元来、大宇宙の住人であり、時として小宇宙に到来して、害を与える存在になることがわかる。

魔女裁判

中世は、先住の異教文化とキリスト教とが混在した時代であった。民衆は教会に属しておりながら同時に異教的な神々、デーモン、怪物の存在を信じ、また恐れていた。初期中世においては、こうした民衆の異教信仰については比較的寛容であった。

十世紀以後、東方植民運動、農業技術の発達による経済の発展、商業の進展に基づく都市の出現という社会変化とともに、十字軍を最盛期とする教会権力は、民衆の信じる異教についても厳しく取り締まるようになっていく。そのひとつが魔女裁判である。

十三世紀以後、神の対立物としての悪霊の存在が公認され、悪霊に対する闘争が開始された。一二七五年の南フランス・トゥールーズにはじまり、一七八二年のスイス・グラールスに終わる約五世紀間の魔女裁判が、この闘争の典型であった。この間、数万人から数十万人が犠牲者となった。

一四八四年に、教皇インノケンティウス八世が魔女禁圧の勅書を発行し、一四八七年にドミニコ会修道士によって『魔女の槌』（*Malleus maleficarum*）という魔女裁判の理論と方法とを内容とする書が公刊された。特に十七世紀後半に、魔女裁判は最高潮に達する。

魔女裁判は自白が証拠となるために、自白させるためのあらゆる拷問手段が用いられた。この拷問にしばしば用いられたのは、〈魔女の秤《はかり》〉と〈水審判〉であった。

前者は、被疑者を秤にかけ、彼女が予想した体重、またはそれ以上であれば無罪、予想以下の体重であれば有罪とするものである。後者は、被疑者を縛って水中に入れ、沈めば無罪、浮かべば有罪とするものである。いずれの場合も有罪と決まれば、火刑に処せられた。

大規模な魔女裁判は、一五九〇―一六一〇年、一六二五―三五年、一六六〇―八〇年の三期にかけて発生し、合計約十万人が処刑された。

第三節　修道院の歴史と霊性比較

現在の霊性（スピリチュアリティ）に関する研究動向は、大きく二つに分類される。[5] ニューエイジや心霊主義、オカルトなどのサブカルチャーに起因する社会現象としての霊性を扱う場合と、医療におけるターミナルケアなどの場面で、個人の内面において生起する超越的志向としての霊性を扱う場合である。ところで、霊性とは、本来、キリスト教の修道思想と歴史の中において現れたものである。

修道院はどのように発展し、そこにおいて霊性はいかなる形で保たれてきたのであろうか。修道院の歴史と思想を検討してキリスト教の霊性を考察し、今後はそれをユダヤ教やイスラームの霊性と比較する。さらに、仏教や、ヒンズー教等とも比較していく。この作業により、霊性の本質が解明されると考えられる。

本節では、西洋における修道院の歴史と思想を概観することにより、霊性を考察する。具体的には、カトリック教会とギリシア正教会の修道院の歴史と思想に焦点を当てる。その際、同時代史料の詳細な分析に基づく歴史研究ではなく、歴史を巨視的に見て本質を考察する歴史研究の方法を採用する。(6)

1　修道院の起源

修道院に類似した信者の共同体としては、古くは旧約時代の「預言者のともがら」(7)や、中間時代におけるエッセネ派、クムラン教団、テラペウタイ等が挙げられる。(8)

すでに西方教父として、キリスト教とギリシア哲学との調和を求めたユスティノス（Iustinus, 一〇〇？―一六五年頃）、キリスト教信仰は合理性を超えるとしたテルトゥリアヌス（Tertullianus, 一六〇？―二二〇年頃）、聖書の統一性と使徒の権威を強調したエイレナイオス（Irenaeus, 二世紀中頃―二〇〇年頃）、他方、東方教父としては、ニュッサのグレゴリオス（Gregorius, 三三五？―三九四年頃）、エジプトのマカリオス（Macarius, 三〇〇？―三九〇年頃）に、修道思想の萌芽が見られる。マカリオスは、ナイル河口西部の砂漠で修道士の共同体を建設した。

修道院の起源は、三世紀のエジプトにおける隠修士にあると考えられる。

アントニオス（Antonius, 二五一？―三五六年）は、ナイル河畔の砂漠で禁欲的修行を行い、「修道者の父」と称せられた。彼は、マタイ福音書六章三四節の「明日のことを思いわずらうな」の言葉に従って財産を売り払い、修行に励んだ[9]。隠修士とは、人が住まない地で孤独と静寂の中で禁欲的生活を送るキリスト者のことであり、アントニオスはそれに当たる。また、隠修士による孤独な修行を隠修制と呼ぶ。共住型は、共同生活によるものである。パコミオス（二九〇?―三四六年）は、テーベで修道生活を送り「貞潔・清貧・従順」の修道規則を作成した。彼は、労働を重視し、共住型修道院を立て、それは、その後の修道制の主流になった[10]。アウグスティヌスも修道生活の思想を説いた[11]。

カッパドキアのバシレイオス（Basilius, 三三〇?―三七九年）は、修道院付属施設を建設して、「東方修道者の父」と称せられる。バシレイオスは、アントニオスの隠修制を踏まえて、パコミオスの共住型修道制を確立した。バシレイオスは、「神は人間を孤独な野生的存在として創造したのではなく、温和な仲間的存在として創造した[12]」と考えて、共住型を推進した。

2　中世前期の修道院

中世において、修道院は大きく発展していく[13]。

ベネディクトゥス（Benedictus, 四八〇?―五五〇年頃）は、西欧の修道院制度の創設者であった。彼は、ベネディクトゥス会修道院規則を作成した。それは、「貞潔・清貧・従順」を目標とし、「祈り、働け」に基づく共同生活からなる修道院であった。十二の小さな修道院があり、各修道院は、十二名以内の修道士から構成され、それぞれ一人の長の指導のもとにおかれた。五二九年にはモンテ・カッシノ山に移り住み、そこに修道院が創設された[14]。

七世紀には、教皇グレゴリウス一世によって派遣された修道士により、大ブリテン島に修道院が創設されていった。

東方では、柱頭行者シメオン（Simeon, ?—四五九年）が不眠行者として活動したが、八世紀に聖像《イコン》画論争で東西教会が対立するにいたった。九世紀には、聖霊発出（フィリオクエ）問題で、東西教会が対立した。この頃、東方ではストゥディオス修道院が設立し、禁欲主義で清貧を求め、規律ある修道生活が行われた。ストゥディオス修道院は、バシレイオスの修道規則を導入して、労働を重んじ、清貧・貞潔を堅く守ることを目標にした。

図12　柱頭行者シメオン

西方では、九一〇年にクリュニー修道会が設立された。これは、ベネディクトゥス精神に還る運動であり、修道院改革を断行した。具体的には、聖職者の生活改善、縁故者起用の排斥、聖職者の結婚禁止、聖職売買禁止、修道院付属学校設立などを内容とするものであった。クリュニー修道会は、ローマ教皇直属であり、多くの修道院を統括し、修道院長の任命権を有し、以後二百年の間に西洋に千五百の従属修道院を建設した。規律の遵守、祈りの重視、そして集団で活動する団体的精神が、クリュニー修道会の最大の特徴であった[15]。だが、中世末期には、規律の弛緩と堕落のために批判されて、衰退した。

同時期の東欧では、九八八年にキエフ公国のウラディーミル大公がギリシア正教に改宗して国教とした。十世紀末には、アトス山修道院が設立した。十一世紀には、キエフにストゥディオス修道院方式のペチェルスキー修道院が設立された。いずれも団体生活ではなくて、修道士個人の禁欲的修道生活を重視する隠修制であった。

一〇五四年、東西教会は、相互に破門状を公布し、ローマ・カトリック教会とギリシア正教会に分裂した。一〇九六年から一二七二年にかけて十字軍運動が展開した。特に一二〇四年の第四回十字軍はコンスタンティノープルを攻撃して、東西教会は敵対関係に陥った。

その後、修道院は、ローマ・カトリック教会において発展する。

3　ローマ・カトリック教会の修道院

ローマ・カトリック教会の修道院は、歴史的に見て、以下の四段階の進展が見られる[16]。第一段階はアントニオスに始まる隠修士的独居生活、第二段階はパコミオスの村落的共同生活、第三段階はベネディクトゥスの共同生活による隠世修道院生活、そして第四段階は十二世紀以来の使徒的修道生活である。

この修道院の進展区分に従うと、中世後期から第四段階が始まると考えられる。

中世後期

十字軍運動とレコンキスタが展開した時期には、騎士修道会が設立された。ヨハネ騎士団、テンプル騎士団、ドイツ騎士団などがそれである。これらは、騎士道と修道制を融合しようとするものであった。いずれも、十字軍が終結し、レコンキスタが完成すると、消滅した。

一〇八四年に、フランスのグルノーブル郊外に創設された修道院がカルトゥジア会である。これは、古代の隠修士を模範とし、ベネディクトゥスの精神に基づく共住制の修道院である[17]。

一〇九八年には、モレームのロベール（Robert, 一〇二七?―一一一〇年）により、シトー修道院がフランスの森林の中に設立された。彼は、当時のクリュニー修道会が堕落していると非難して、ベネディクトゥスの精神にもどり、世間から離れて自分自身の手で労働し、質素な白い衣服を着用して共同で苦行生活をした[18]。クレルヴォーのベルナール（Bernard, 一〇九〇?―一一五三年）の主張によりシトー修道院は十二世紀末には、西洋各地に広がり五百を超えた。

図13　説教するベネディクトゥス

十二世紀に、パレスチナのカルメル山で始められた清貧と独居による禁欲生活を起源とするのがカルメル会である。会の主な目的は、孤独と隠遁、神との神秘的合一、観想、祈りによる奉仕である。

十三世紀には、托鉢修道会として、一二〇九年にフランシスコ会、一二一五年にクララ会、一二一六年にドミニコ会が許可された。これらは、修道する場所への結びつきではなくて、人的団体として世俗の中にあって、様々な活動をした。

フランシスコ会は、アッシジのフランチェスコ（Francesco, 一一八二－一二二六年）により設立され、「イエスにならう」のを求めた。具体的には、福音の遵守、所有権の放棄、金銭受納の禁止、托鉢生活、説教と労働、聖職者への敬意がうたわれている。正式名称は、「小さき兄弟の会」であり、民衆の間に支持を広げ[19]、十三世紀末には、六万人を超えた。

クララ会は、フランシスコ会の第二会であり、クララ（Clara, 一一九四－一二五三年）がフランチェスコとともに創設した。女子修道院であり、福音的清貧の生活、托鉢、祈りと奉仕に生きた。

ドミニコ会は、ドミニクス（Dominicus, 一一七〇－一二二一年）により創立された。「観想し、観想の実りを他に伝える」という精神に基づき、キリストを預言的に観想する生活と、説教などの活動をする生活の二面から成る。「説教者兄弟会」として説教や神学研究を重視した。

近代以後

一五一七年に始まる宗教改革により、カトリック教会の修道院は危機的状況となった。プロテスタントが「万人祭司」の理念の下、修道院を否定したからである。

これに対して一五三四年、イグナチオ・デ・ロヨラ（Ignacio López de Loyola, 一四九一－一五五六年）は、フランシスコ・ザビエル（Francisco de Gassu y Javier, 一五〇六－五二年）ら数人とイエズス会を創設した。一五四〇年には教皇から認可を受けて、イエズス会は対抗宗教改革の先鋒として活動した[20]。「より大いなる神の栄光のために」を目標にして、宣教活動と青少年の教育事業に従事した。柔軟性と合理性を持って、カトリック教会を改革していった。

十六世紀には、対抗宗教改革の中、信徒信心会系統の修道院としてのテアティーノ会、ウルスラ会、オラトリオ会、また、原始会則遵守系統の修道院としての女子カルメル会、カプチン会が創設された。十八世紀以後、カトリック教会の修道院は、再び攻撃される。フランス革命が非キリスト教、特に反カトリック教会の運動として展開し、修道院を廃止しようとしたからである。フランスにおいて教会は旧体制における支配者であった。人間理性に価値を置く理神論を行動原理としたフランス革命は、カトリック教会を攻撃した。修道院はそのために壊滅的打撃を受けた。

二十世紀になって、修道院は整理統合され、安定した時期を迎えている。

4　ギリシア正教会の修道院

すでに述べたストゥディオス修道院を創設したテオドロス（七五九―八二六年）は、聖像画破壊運動に強く反対した。彼は、バシレイオスの修道規則を採用して、禁欲主義、清貧、規律を徹底した。彼の修道院は、十世紀にアトス山に創設された修道院にも影響を与え、アトス修道院は、東方教会の修道院制度の中心になった。

ロシアにおける修道院の発展

十世紀に修道院はスラヴ地方にも広がっていった。

十一世紀に、アントーニー（九八三？―一〇七三年）とフェオドーシー（一〇〇八？―七四年）により、キエフにペチェルスキー修道院が創設された。この二人は、「ロシアの修道院の父」と称せられている。二人ともキエフの洞窟で修道生活に入り、一〇五七年に修道規則を導入した。これはストゥディオス方式の規則であり、完全に世俗から分離された場における隠修的修道生活を標榜するものであった。

十三世紀に始まるモンゴル支配下において、修道院のいくつかは破壊されたが、十四世紀になると復活した。その契機になったのが、一三九二年に創設されたトロイツェ・セルギエフ修道院であった。ラドネジのセルギー（一三一四―九二年）は、両親の死後、兄とともにモスクワに近いラドネジの森に入り、修道生活を開始した。弟子が増え、一三四四年に修道院を開いた。これがトロイツェ・セルギエフ修道院であった。これは、ストゥディオス方式の規則であり、以後、ロシア正教会の総本山になった。セルギーは、その後も弟子たちと四十の修道院を創設した。

十四世紀以後、北東ロシアにおいて新たな都市が建設された。これらの多くは、修道院が形成したものであった[21]。

修道士は、世俗を離れて静かな禁欲生活を送れる場を希求した。そのために僻地に修道院が建設された。修道士のあとには農民や商人が修道院の周りに移住した。その結果、都市が建設された。修道院は、さらに諸侯より、土地所有権、修道院領内の農民裁判権、免税などの特権を得ていた。

一三四七年から一三五三年にかけて、ロシアにペストが流行し、人口の四分の一が犠牲になった。ペストの流行は、僻地型修道院の建設を促した。さらに、土俗信仰より精神性の高いキリスト教信仰への希求を高め、修道院の発展を結果とした。

一二四〇年から一三四〇年にかけて三十の修道院が、一三四〇年から一四四〇年にかけて、実に一五〇の修道院が建設された。

一五八八年には、モスクワに総主教が置かれ、ロシアが今日に至るまでギリシア正教の指導者的位置を占めることになった。

ヘシカスムと修道院

ロシアにおける修道院の発展は、ヘシカスムの普及と密接に関連している。

ヘシカスムとは、静寂主義とも訳される修道思想である。福音書において、キリストが変容した記事がある。「イエスの姿が彼らの目の前で変わり、顔は太陽のように輝き、服は光のように白くなった」（マタイ福音書一七・二）。この光を実見することができる、というのがヘシカスムの教えである。実見するには、「主イエス・キリスト、神の子、罪人なる我を憐れみ給え」というイエスの祈りを絶えず唱えること、とされた。

ヘシカスムは、ギリシア教父であるニュッサのグレゴリオスやエジプトのマカリオスにも遡る思想である。

グレゴリオス・パラマス（一二九六―一三五九年）は、コンスタンティノープルの貴族の家庭に生まれ、若くして修道生活に入った。一三一八年にアトス山修道院で修行した時にヘシカスムを学んだ。イエスの祈りを集中して何度も唱えれば、神の恵みにより、神の光を実見し、神との合一に至るというものである。

一方、イタリアのバルラアム（一二九〇?―一三五〇年）は、コンスタンティノープル大学教授として、ヘシカスムを批判した。神の本質は不可知であるから、人間は神の光を実見することはできない、と彼は主張した。これに対して、パラマスは、三位一体の神の本質は見ることはできないが、神の恵みの働き（エネルゲイヤ）として万物を照らす神の光は、実見可能であると反論した。

一三四一年にコンスタンティノープルで開催された会議において、パラマスの主張が認められて、ヘシカスムは正当化された。

ロシアにおいては、ラドネジのセルギーがヘシカスムを信奉していたので、ロシア全土の修道院にヘシカスムは広がっていった。

世俗から隔絶した自然の中で、禁欲的な隠修的生活を行って、神の光を実見しようとする。このようにして、ロシアにおける修道院の発展に、ヘシカスムの普及が強く関係していたと考えられる。(22)

5　結　論――整理と課題

ローマ・カトリック教会とギリシア正教会の修道院の歴史と思想を概観した結論として、共通点と相違点から両者を比較すると以下のようになる。

共通点は、基本的な修道思想にある。すなわち、両者とも、パコミオスやバシレイオスの修道思想に起源がある。そして、清貧・貞潔・従順を掲げ、「祈り、働け」という禁欲的生活の中で修行する。

相違点は、第一に、修行の仕方にある。ローマ・カトリック教会では、主に都市において、共住型、すなわち共同体的生活により修道生活が行われた。他方、ギリシア正教会においては、共住型よりはむしろ隠修型修道院が支配的であった。さらに、主な修道院は都市よりも辺境に建設された。

<table>
<tr><th>ローマ・カトリック教会</th><th>ギリシア正教会</th></tr>
<tr><td>キリストにならう
世俗化した教会の内部改革として活動
共同体的生活中心
都市型中心
宣教活動に積極的</td><td>神との神秘的合一　ヘシカスム
国花と教会と協調して活動
隠修制中心（半隠修制・共修制）
辺境型中心
宣教活動に消極的</td></tr>
<tr><td colspan="2">パコミオスとバシレイオスに起源
福音的勧告、清貧・貞潔・従順、禁欲倫理、「祈り、働け」
「イエスの祈り」
隠修士への崇敬</td></tr>
</table>

表２　東西修道院の比較

第二に、修道の目的に違いがある。カトリック教会では、キリストにならう者になり、世俗に対して慈善活動と福音宣教をすることが、修道の目的である。これに対して、ギリシア正教会では世俗への活動は基本的にはなく、ヘシカスムに見られるような個人の神秘的体験、神との合一等をひたすら求めることに目的がある。

第三に、霊性は修道院の中で保持されてきたが、その保持の仕方にも違いがある。それは、修道院と教会、国家との関係が影響していると考えられる。すなわち、ローマ・カトリック教会の修道院は、教会を改革する運動として創設されてきた。修道士が堕落した教会を刷新しようと、自由に修道会を結成して修道院を創設する。その後、ローマ教皇の認可を得るという形で成立した。ギリシア正教会では、教会と国家権力とは互いに同等な権威を有し、それをもって国家を支えるというビザンチン・ハーモニー（帝国教皇制）が機能していた。修道院は教会に対立する位置にはなく、教会の部分を成していた。したがって、修道院が教会を批判して教会を改革することは、まずなかった。

ところで、霊性の担い手に関しては、ローマ・カトリック教会

	ローマ・カトリック	ギリシア正教	プロテスタント
霊性の中心	ミサにおける聖体	イコン・礼拝	聖礼典・聖書説教
霊性の担い手	聖人・聖職者	聖人・聖職者	信徒

表3　キリスト教諸派の霊性比較

も、ギリシア正教会も、修道士を含む聖職者だと考えられる。霊性の中心は、両者とも聖礼典にあるが、ローマ・カトリック教会ではミサにおける聖体であり、ギリシア正教会では礼拝とイコンだと考えられる。

プロテスタント教会の霊性の担い手は、万人祭司に基づいて信徒にあると考えられる。それでは、プロテスタント教会の霊性の中心はどこにあるのであろうか。聖礼典、神の言葉である聖書、聖書の説き明かしである説教などが挙げられるが、教派によって異なると考えられる。

第三章　宗教改革の時代

図14　宗教改革の指導者たち
後列：左からフス、メランヒトン、グスタフ・アドルフ、ツヴィングリ
前列：左からヒエロニムス、カルヴァン、ルター、ウィクリフ

宗教改革

先駆者：自由心霊派、ウィクリフ、フス、ユマニスム

⇩

ルター派

『アウグスブルク信仰告白』1530年
「信仰のみ」
「聖書のみ」
「恩寵のみ」
「万人祭司」

改革派

ツヴィングリの改革　聖餐論争
カルヴァンの改革　『キリスト教綱要』1536年
『教会規則』
「全ては神の栄光のため」

再洗礼派

自覚的信仰に基づく成人洗礼
聖書的福音　この世からの分離　聖霊体験
メンノーシモンズ　メノナイト派
バプテスト派、フッター派、アーミッシュ派

聖霊主義的急進派

トマス・ミュンツァー　終末論的千年王国建設
農民戦争を指導

図15　宗教改革の概要

プロテスタンティズム

世俗化に抵抗

●**ドイツ敬虔主義**
シュペーナー　フランケ　ツィンツェンドルフ
敬虔な祈りと聖書の学び

●**理神論**
信仰よりも理性

●**ユニテリアン**
三位一体の否定　神の単一性

●**ピューリタン運動**

●**メソジスト運動**
聖霊体験による回心　信徒説教　世界宣教

●**米国の信仰復興運動**
第一次:J. エドワーズ　G. ホイットフィールド
第二次:T. ドワイト
第三次:D. L. ムーディ

近代化を推進

○**西欧の文化的テイクオフ**

○**自然科学**

○**人権思想**

○**政教分離の原則**

○**産業社会の職業倫理**

○**個人主義・合理主義・倫理主義**

図16　近代化とプロテスタンティズム

カトリック教会	一四一四　コンスタンツ公会議（—一八） 一四一五　フス処刑 一四一六　ヒエロニムス処刑
ルター派	一三七六　ウィクリフ、教会批判 ロラード派の活動 一四〇二　フス、教会改革 一四〇九　フス、プラハ大学総長就任 一四一〇　ヒエロニムス、教会批判 一四八三　ルター生まれる
改革派	
社会・経済状況	一四四五　グーテンベルク、活版印刷発明 イタリア・ルネサンス最盛期 一四五三　百年戦争終結 一四七九　スペイン王国成立

カトリック教会	ルター派	改革派	社会・経済状況
一五〇六　聖ピエトロ大聖堂建築開始（―六七） 一五一三　教皇レオ十世即位（―二一）	一五〇五　ルター、修道会入会 一五〇六　ロイヒリン『ヘブライ語教科書』 一五一一　エラスムス『痴愚神礼讃』 一五一七　ルター「九十五箇条の提題」 一五一八　メランヒトン、宗教改革に参加 一五二一　ヴォルムス国会 一五二二　ルター『九月聖書』 カールシュタット、過激な改革運動	一五〇九　カルヴァン生まれる 一五二三　ブツァー、ストラスブールで改革 ツヴィングリ、チューリヒで改革	一四九二　コロンブス、新大陸到達 一四九八　ヴァスコ・ダ・ガマ、カリカットに到着

一五三四　イエズス会創設 一五四〇　イエズス会公認 対抗宗教改革 一五四二　フランシスコ・ザビエル、布教活動 一五四五　トリエント公会議（—六三）	一五二四　ドイツ農民戦争（—二五） 一五二五　ミュンツァー刑死 一五二九　第二回シュパイアー帝国議会でプロテスタントの呼称 一五三〇『アウグスブルク信仰告白』 一五四六　ルター死去 一五五五　アウグスブルク宗教和議	エコランパーディウス、バーゼルで改革 一五三一　ブリンガー、スイス教会改革に参加 一五三二　ファレル、ジュネーヴで宗教改革 一五三六　カルヴァン『キリスト教綱要』 一五四一　カルヴァン、ジュネーヴで宗教改革 一五五四　J・ノックス、ジュネーヴに亡命 一五五九　ベーズ、ジュネーヴ・アカデミー学長 一五六四　カルヴァン死去	絶対王政の確立期

宗教改革は、西欧の歴史を大きく変えた出来事である。宗教における変化が、経済、社会、政治にも波及して、歴史そのものが中世から近代へと大きく変貌していった。宗教改革は、カトリック教会内部の異端運動ではけっしてなく、また、神学論争で終始する運動でもなかった。神学論争は「氷山の一角」と言ってもよい。海面下には、経済、社会、政治、思想、科学等の要素が隠れており、それらが一体となって西欧の歴史だけでなく、世界の歴史そのものを変貌させていったのである。

第一節　宗教改革の歴史的意義

1　歴史的転換点

地図5は、識字率が人口の五十パーセントを上回った時期を示す。これを見ると、北欧やドイツ、北フランス、イングランドが早期において達成されたことがわかる。いずれもプロテスタント諸国である。したがって、教育や文化の発展は、プロテスタント諸国において早期に実現されたと推定することができる。

西欧諸国は、十字軍運動まではイスラームよりも低い文化を持っていた。しかし、十字軍運動が敗北し、結果的に新たなイスラーム文化や、アラビア語によりギリシア・ローマの思想や文化にふれることになり、西欧文明は、しだいに豊かなものに変化していった。

さらには貨幣経済が導入されたことにより、封建制度が崩れ始め、中世後期には独立自営農や独立生産者という新しい社会層が出現した。これは、狭いながらも自らの土地を所有して経済活動をおこなう、封建社会にはない社会層である。

これらの新しい社会層は、新たな宗教思想を求めていた。それがプロテスタント思想であった。「新しい皮袋に新しいぶどう酒」が注がれることになったのである。

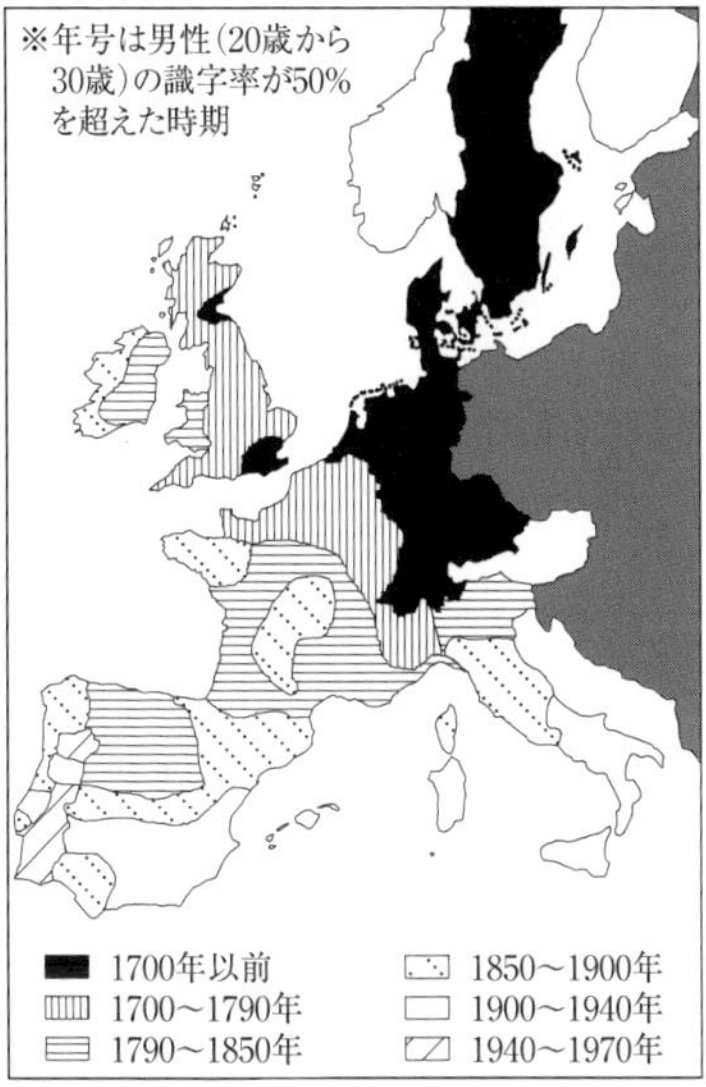

地図5　西欧の識字率
（参考：『新ヨーロッパ大全』藤原書店）

中世社会は、キリスト教にもとづく共同体であった。それは「キリストの体」（コルプス・クリスチアヌム）と呼ばれるように、赤ちゃんから泥棒までキリスト教徒だという社会であった。なぜならユダヤ人等を除いて、中世に生まれた人は、教会で洗礼を受けて名簿に記され、死ぬと所属する教会墓地に埋葬されたからである。また、中世は聖俗二元論の世界であり、この世の職業は俗なる汚れたものとみなされていた。

宗教改革は、このような中世社会を一変して、近代社会を現出させることになった。

近代社会は、契約化と個人化の社会である。人は「キリストの体」から独立して、神と契約を仲介にした関係を持つ。社会においても、為政者と国民の間に契約が結ばれ、両者はそれに基づいて行動する。為政者からの不当な圧迫に対して、人は自らの権利を守り保護される。このような人権思想が現れる。それは政教分離に結実して、近代市民社会が形成されていく。

2 新しい神学

宗教改革を展開したプロテスタントには大きく四つの派があった。ルター派、改革派、聖霊主義的急進派、再洗礼派である。

ルター派は「信仰のみ」「聖書のみ」「恩寵のみ」「万人祭司」を唱えた。改革派ではカルヴァンが「すべては神の栄光のため」と主張し、さらに徹底した改革を実施した。聖霊主義的急進派のトマス・ミュンツァーは終末論的千年王国を地上に求め、農民戦争を指導した。再洗礼派は、自立的信仰にもとづく成人洗礼を唱え、幼児洗礼を否定したために、カトリックからもプロテスタントからも迫害を受けた。

これらの宗教改革のプロテスタント諸派にほぼ共通する神学は、聖書だけに最終的権威を置くことにある。

中世カトリックの神学と比較すれば表4のようになる。

3 近代的職業観

中世において職業は汚れたものとみなされ、俗人の営むわざであった。このような消極的職業観を、

比 較 点	中世カトリック教会	宗教改革の神学
最終的権威	教皇と公会議 聖書（外典も含む）	聖書（外典は含まない）
救いの条件	善行と喜捨（功徳宝財説） 七つの秘跡の実行	罪の悔い改めと神への信仰・神の恩寵
信　　者	聖職者に信者が教えられる	万人祭司
聖礼典（秘跡）	洗礼・堅信・聖体・罪の赦し・塗油・叙階・婚姻	洗礼と聖餐
教　　会	教皇を頂点とする位階制の下 「教会の外に救いなし」	信者の聖なる共同体
教 皇 観	唯一の不可侵権者	罪人のひとり
聖 餐 論	化体説	共在説：ルター 象徴説：ツヴィングリ 聖霊現在説：カルヴァン
聖　　餐	信者はパンのみ	聖職者も信者もパンとぶどう酒
聖人とマリア	崇拝する	崇拝しない

表4　中世カトリック教会とプロテスタント諸派の比較

宗教改革者は大きく変えていった。

ルターは、世俗内において職業労働することは隣人愛の表れであり、神に喜ばれるためには、世俗の中で職業労働に励むことだと主張した。ルターが訳したドイツ語聖書では「職業」や「仕事」にドイツ語の Beruf が使用されている。Beruf とは、第一義的には、「神による召し」を示す。すなわち、この世における使命のことである。職業が使命とされた。そこには積極的な近代的職業観が見られる。このように、中世にはなかった近代的職業観が新たに民衆の間で持たれ、それが資本主義の勃興へとつながっていく。

では、どのようにして近代資本主義が生まれたのであろうか。これに対しては、二つの対照的な説がある。解放説と禁欲説である。

解放説は、人間の営利欲が中世の伝統的倫理的束縛から解放されて資本主義を生み出したと考える。L・ブレンターノ（Lujo Brentano, 一八四四―一九三一年）、W・ゾンバルト（Werner Sombart, 一八六三―一九四一年）がこの説を唱える。この説によれば、中世における前期的資本家が近代における産業資本家へと発展したことになる。具体的には、中世の大商人や金融業者が独占的支配商人となり、それが問屋制家内工業を営み、工場制度を導入して、産業革命へと進展したと考える。

他方、禁欲説は、人間の営利欲が禁欲的倫理により圧殺され、あらゆる人間的、感性的なものが禁欲させられて、すべてが営利に向かってささげられていったと考える。M・ヴェーバーやE・トレルチ（Ernst Troeltsch, 一八六五―一九二三年）がこの説を支持する。具体的には中世末期に現れた中産的生産者層が、産業資本家へと成長していったとする。すなわち、独立自営農や都市の親方層が問屋制商人となり、工場制度を導入して産業革命へと至ったと考える。

以上のように、産業資本家となったのは独占的支配商人なのか、中産的生産者層なのかに関して相対立する説であるが、今日では、禁欲説が正しいことが歴史的に証明されている。

ヴェーバーは、その著『プロテスタンティズムの倫理と資本主義の精神』の中で、宗教と資本主義との親和関係を分析している。

プロテスタントの倫理とは禁欲倫理とよばれるものであり、勤勉、誠実、節約、信用等をその内容とする。一方、近代に現れた資本主義の精神はひとつの経済倫理であり、利潤の追求が自己目的となっていて、それが倫理的に見て善いことと考えられ、日常生活をその目的のために合理化し、組織化するという精神である。両者は、利潤の獲得に積極的意義を与え、生活を合理化、組織化するところに共通点がある。

ここで誤解を避けるために、三つの注意が必要である。

第一に、プロテスタントの倫理そのものが何らかの仕方で資本主義の精神に変化したのではない。両者には共通点があるが、本質的に異なるものである。利潤の獲得に救いの確証を求める禁欲倫理が、近代資本主義の精神に影響を与えた。それは「予期せぬ結果」であった。

第二に、資本主義の精神とは、近代の産業資本家の有するものであり、古代や中世における資本家に通じる営利心ではない。

第三に、禁欲倫理の担い手は、あくまでも「古プロテスタント」すなわち、第一世代のプロテスタントであり、啓蒙主義以降のプロテスタントではない。十六世紀において、プロテスタントの、特にカルヴァン派信徒が、救いの確証を、内面的な信仰と外面的な利潤に求めて、職業に積極的に従事した時にもたれたのが、この厳しい生活倫理である。

第二節　ルターによる宗教改革

宗教改革の先駆的思想としてはユマニスム、先駆者としては、ジョン・ウィクリフ（John Wycliffe, 一三二〇？－八四年）とヤン・フス（Jan Hus, 一三六九－一四一五年）を挙げることができる。

ウィクリフは、オックスフォード大学教授であり、カトリック教会の教義と教皇の権威を批判して教会財産の没収を呼びかけた。さらに聖書を英語に訳し、聖書に立ち返ることを提唱した。ウィクリフの思想はボヘミアのプラハ大学教授であるヤン・フスに影響を与えた。フスもまたカトリック教会を批判して、特にミサにおいて聖職者だけでなく信徒もぶどう酒を飲むことを主張した。だが、コンスタンツ公会議において両者は異端とされて処刑された。

彼らの運動はある程度民衆の中に進展したが、カトリック教会から離脱して独立した教団を形成することはなかった。カトリック内部に生起した自由心霊派も同様であった。

しかし、ルターとカルヴァンにおいて、それは実現した。

1　ルターの生涯

西暦	年齢	おもな出来事	信仰関係	時代状況
一四八三	0	十一月十日、ドイツのアイスレーベンに生まれる		一四五五　活版印刷発明（グーテンベルク）
一四八八	5	マンスフェルトのラテン語学校入学		
一四九七	14	マグデブルクのラテン語学校入学	苦行するアンハルト公から信仰の厳しさ学ぶ	一四九二　アメリカ大陸「発見」
一四九八	15	アイゼナハの聖ゲオルク教区学校入学	聖歌隊入隊	
一五〇一	18	エルフルト大学に入学		

一五〇二	19	学士号取得	七月二日、「落雷体験」、修道士になる決意	一五〇六　聖ピエトロ大聖堂建築開始
一五〇五	22	修士号取得後、法学を専攻 七月十七日、エルフルトのアウグスティヌス修道会入会	父と断絶	
●準備期				
一五〇七	24	司祭に任命	父と和解	
一五〇八	25	ヴィッテンベルク大学講師 ローマ旅行	シュタウピッツを聴罪司祭に 聖階段への疑問	一五〇九　カルヴァン生まれる
一五一二	29	神学博士・神学部教授		
一五一三	30		詩編の講義を開始 「塔の体験」、信仰義認発見	一五一三　教皇レオ十世即位
一五一五	32	管区長代理	ローマ書の講義	一五一四　アルブレヒト、マインツ大司教に就任・免罪符発行
一五一六	33		ガラテヤ書の講義	一五一六　エラスムス『ギリシア語新約聖書』
●活動期				
一五一七	34	十月三十一日、『九十五か条の提題』を掲示		テッツェル免罪符販売

西暦	年齢	おもな出来事	信仰関係	時代状況
一五一八	35	ハイデルベルク討論 ローマから召喚状 アウグスブルク審問	フス発見 三部作『ドイツキリスト者貴族に与える書』『教会のバビロン捕囚』『キリスト者の自由』	一五一八 メランヒトン、ヴィッテンベルク大学の古典語教授に
一五一九	36	ライプツィヒ討論で名声		一五一九 カール五世皇帝即位
一五二〇	37	教皇の破門威嚇の教書を焼く 宗教改革の決意		
一五二一	38	正式の破門状・帝国からの追放刑 四月十七―十八日、ヴォルムス国会 ワルトブルク城に保護される	自説の否定拒否	一五二一 レオ十世死去
●改革期 一五二二	39	新約聖書のドイツ語訳 ヴィッテンベルク帰還	『九月聖書』（初のドイツ語訳聖書）出版	

A　準備期

一四八三年十一月十日に、ルター（Martin Luther, 一四八三―一五四六年）はドイツ北部のアイスレーベンで生まれた。一家はマンスフェルトに移住し、勤勉で厳格な性格を持っていた父親はその町で、後に鉱山経営者になった。

ルターは五歳からマンスフェルトのラテン語学校で学び、十四歳の時に親から離れてマグデブルクのラテン語学校に一年間、アイゼナハの聖ゲオルク教区学校に四年間学んだ。優秀な成績で、その後エルフルト大学に入学した。

エルフルト大学は評判の高い大学であり、ルターは学寮に居住して勉強に集中した。十七人中二番の成績で、一五〇五年に修士号を取得した。父親の期待通りに、将来は法律家か行政官になる道を順調に歩んだ。

落雷体験

ルターの生涯を決定した二つの体験がある。落雷体験と塔の体験である。いずれも二十歳台から三十歳台という若い時期における体験である。

地図6　16世紀のドイツ周辺

一五〇五年七月の蒸し暑い日、二十一歳になったルターは、自宅からエルフルトにもどるために近くの村を歩いていた。その時、急に暗雲が広がりルターを襲い、突然、近くに落雷した。その時、「聖アンナ様、どうか助けてください。私は修道士になります」とルターは叫んだ。聖アンナは、鉱山労働者の守護聖人である。

七月十七日、父の反対を無視して、ルター

はアウグスティヌス修道会に入会した。

ルターは厳格な修道院規則を忠実に守り、二年後に司祭になった。一五〇八年、ヴィッテンベルク大学講師となり、哲学を教えた。この頃、アウグスティヌス修道会ザクセン管区長シュタウピッツ(Staupitz, 一四六〇―一五二四年)を聴罪司祭として選び、ルターは内面的苦悩を彼に打ち明けて助言を求めていた。

塔の体験

一五一二年、ルターは神学博士号を授与され神学部教授となり、シュタウピッツの代わりに聖書講義を担当することになった。数年間にわたりヴィッテンベルク修道院の塔の中で、ルターは詩編、ローマ書、ガラテヤ書等の聖書研究を行った。

人はいかにして罪から救われるのであろうか。このような救済論にかかわる解答をルターは聖書の言葉に見出す。「信仰による義」を内容とするローマ書三章二八節の言葉である。「人が義とされるのは律法の行いによるのではなく、信仰によると考えるからです」。

この聖書の言葉により、ルターは内面的煩悶の答えを得、新しく生まれ変わる体験をした。宗教改革の原点は、ルターの塔における救いの体験にあったということができる。

B　活動期

一五一五年にルターは修道院管区長代理に就任し、十一の修道院の責任者、説教者、大学の講義担当者となった。大学ではローマ書の講義を開始した。その頃、ヴィッテンベルク近くに、ドミニコ会修道士テッツェル（Tetzel, 一四六五？―一五一九年）が来て、免罪符（贖宥状）を販売しており、ヴィッテンベルクの市民も免罪符を買うようになっていた。罪の悔い改めなしに免罪符は救いに有効であるとするテッツェルの主張に、ルターは疑問を持った。

一五一七年十月三十一日正午頃、ルターは免罪符に関する主張をまとめて「九十五箇条の提題」としてヴィッテンベルク城教会の木製扉に掲示した。この教会はヴィッテンベルク大学付属教会であり、ラテン語で書かれたことから、これは一般市民に対するものではなく、同大学の教授や学生を相手に公開討論するためのものであった。教育の一環としてのものであったともいえよう。しかし公開討論会は開催されず、提言はドイツ語に翻訳されて出版され、流布された。それを知ったローマ教皇庁が全面的にルターを攻撃するようになった。

図17　免罪符（贖宥状）の販売風景

ルターは教皇庁側の神学者を相手に、ハイデルベルク討論、ライプツィヒ討論に参加して名声を博し、ルターを支持する者が増加した。

一五二〇年には、教皇レオ十世（Leo X, 在位一五

図18　最初のドイツ語聖書である『九月聖書』の表紙

写真3　ルターが聖書をドイツ語に訳したワルトブルク城の部屋
右の柱あたりに、悪魔に対して投げつけられたインクの散布跡がある
（筆者撮影）

一三―二一年）からの破門威嚇の教書を、ヴィッテンベルクの広場で、ルターを支持する市民や学生たちの面前で焼却した。翌年、教皇側は、ルターに対して破門状と帝国追放刑要請書、さらにヴォルムス国会召還状を発行した。

一五二一年四月十七日、二千人を超える支持者が集まるヴォルムスにおいて、ルターの審問が始まった。自説を否認せよとの二日間にわたる審問に、ルターは、反論する。そして「私の良心は神と神の言葉に縛られているのです。……私の良心にそむいて行動することは危険ですし、また正しくないからです。神よ、私を助けたまえ。アーメン」と語った。

翌日、神聖ローマ皇帝カール五世（Karl V, 在位一五一九―五六年）は、ルターに帝国追放刑を宣告した。

C　改革期

四月二十六日、ヴォルムスからの帰途中に、ルターはザクセン選帝侯フリードリヒ（Friedrich der Weise, 在位一四八六―一五二五年）の使者に秘密裡に連れ去られ、ワルトブルク城に保護された。堅固なこの城に、ルターは約九か月間滞在した。その間、簡素な部屋に閉じこもって、新約聖書をドイツ語に翻訳した。

ルターがワルトブルク城に保護されていた間、ヴィッテンベルクでは、ルターの同僚であるメランヒトン（Melanchton, 一四九七―一五六〇年）、カールシュタット（Karlstadt, 一四八〇―一五四一年）、アウグスティヌス修道会のツヴィングリ（Zwingli, 一四八四―一五三一年）が、宗教改革運動を開始した。

礼拝改革、特に、平服による聖職者の礼拝執行、ミサで信徒もぶどう酒を飲むことが実施された。さらに聖人像の撤去、修道士の結婚等の過激な運動が実施されていった。

翌年、ヴィッテンベルクに帰還したルターは、同市において宗教改革運動を実施していった。まず、ドイツ語の『九月聖書』を出版した。一五二五年には脱走した修道女カタリーナと結婚した。その後、一五四六年に召天するまで、ルターは、ドイツにおける宗教改革運動の指導者として活動した。

2　宗教改革の経済的背景

「フッガー家の時代」

ルターによる宗教改革の時代は、ドイツ史では「フッガー家の時代」に相当する。

南ドイツ、アウグスブルクの織物工であったヤーコプ・フッガー（Jacob Fugger, 一四五九—一五二五年）は商人となり、ヴェネツィアとの取引を行うようになった。特にチロルの銀の採掘、精錬、販売を開始してからは、鉱山業と高利貸しで巨万の富を得るようになった。

一五一四年、マグデブルクの大司教アルブレヒト（Albrecht von Brandenburg, 一四九〇—一五四五年）がマインツ大司教に就任することになり、就任の代償として三万ドゥカーテンの金を支払わなければならなかった。アルブレヒトは、その大部分をフッガー家から借入した。その返済手段が免罪符であった。免罪符の売上金の半分は教皇庁へ、あとの半分が返済金としてフッガー家に納められた。

一五一九年、マクシミリアン皇帝（Maximilian I, 在位一四九三—一五一九年）没後に、スペイン王カルロス一世（ハプスブルク家）とフランス王フランソワ一世（François I de France, 在位一五一五—四七年）の間に継承争いが起こった。カルロス一世は、選帝侯への賄賂金をフッガー家から支払って皇帝になった（カール五世）。ルターに異端と帝国追放を宣告したのが、このカール皇帝であった。

このようにフッガー家は「皇帝をつくる商人」と呼ばれ、財力によって政治をも動かす大商人であった。

ドイツ農民戦争

十三世紀から十四世紀にかけて、ドイツの農民は過酷な隷属状態にあった。しかし、中世後期になると、都市が発達し商工業も成長して、農民も変化した。ルターの時代におけるドイツの農民の多くは、独立自営農であり中産社会層を形成していた。識字率も高く、知的水準が高かった。

図19　フッガーと帳簿係

一五二四年から開始されたドイツ農民戦争の背景には、農民の封建的束縛への反発があった。農民間に近代的合理的農業経営が現れつつあったが、十五世紀末に年貢が増額され、新たな賦役労働が課せられ、農民の入会《いりあい》権も制限された。「わしらが手で種を蒔けば、聖職者がそれをとっていく」と言われたように、カトリック教会の財政窮乏状態が、農民戦争の背景にあった。

中世末においてカトリック教会は財政窮乏状

図20　ルターの肖像
（L. Cranach, 1523年）

態にあった。原因は、十字軍の戦費や聖職者の人件費が莫大になり、貨幣経済の進展に封建的収入が追いつかない状況にあったことにある。カトリック教会も中世においては封建領主であり、中世末期には貨幣経済の進展についていけない社会層であった。

カトリック教会の財源には、農民からの十分の一税、聖職者からの聖職者就任費や聖衣代があったが、最大の財源は免罪符であった。

ルターは最初、農民戦争を支持した。しかし後半は農民戦争に反対した。

ルターが農民戦争に反対した理由として、二点が指摘される。第一に、ルターの神学において、人は生まれながらの身分を変えてはならないとする伝統的見解があったことである。「おのおの召されたときの身分にとどまっていなさい。召されたときに奴隷であった人も、そのことを気にしてはいけません」（コリントの信徒への手紙Ｉ・七・二〇―二一）を、彼は生来の身分を変えてはならないと解釈した。農民の身分で生まれた者が領主を襲撃して領主になろうとしている。それが許せなかったと考えられる。そこにはルターの中世的身分制社会を否定しない伝統主義的立場がある。聖餐論においても、ルターは象徴説ではなくて共在説を唱えた。それはカトリック教会の聖変化を肯定するものであった。これも、ルターの思想の中世的性格だということができる。

第二に、ルター自身、諸侯であるフリードリヒにより保護された経験から、ドイツの宗教改革を農民ではなくて領主に期待したと考えられる。多くの領邦から成るドイツにおいて、領主がルターの神学を受け入れれば、領民もそれに従うからである。

3　民衆生活の変化

中世における教会

中世カトリック教会において、教会は「教える教会」と「教えられる教会」から成立していた。その根底には聖俗二元論がある。「教える教会」は聖職者から成り、ラテン語聖書を読み学問に従事するエリート文化を形成していた。一方、「教えられる教会」とは民衆のことであり、彼らはラテン語を知らないために聖書を読むことができず、礼拝に出席してもその内容を理解することができなかった。そのために教会の内部には聖書に関する絵画、レリーフ、ステンドグラス、彫像が置かれた。それらは、いわば聖書の視聴覚教育として民衆のために設置されたものである。

民衆に聖書を正しく解釈することは不可能であったため、聖書とは相容れない迷信や魔術も、民衆は受け入れた。さらに、聖遺物崇拝、そして免罪符を、民衆は否定することなく聖職者に教えられるままに信じ、購買した。

宗教改革は、このようなエリート文化と民衆文化とを変革するものであった。具体的には、宗教改革運動において、免罪符と聖遺物は否定され、教会から聖像や聖像画は撤去された。また、修道士は還俗し、聖職者は結婚した。聖餐式においてパンだけでなくぶどう酒も民衆に与えられるようになっ

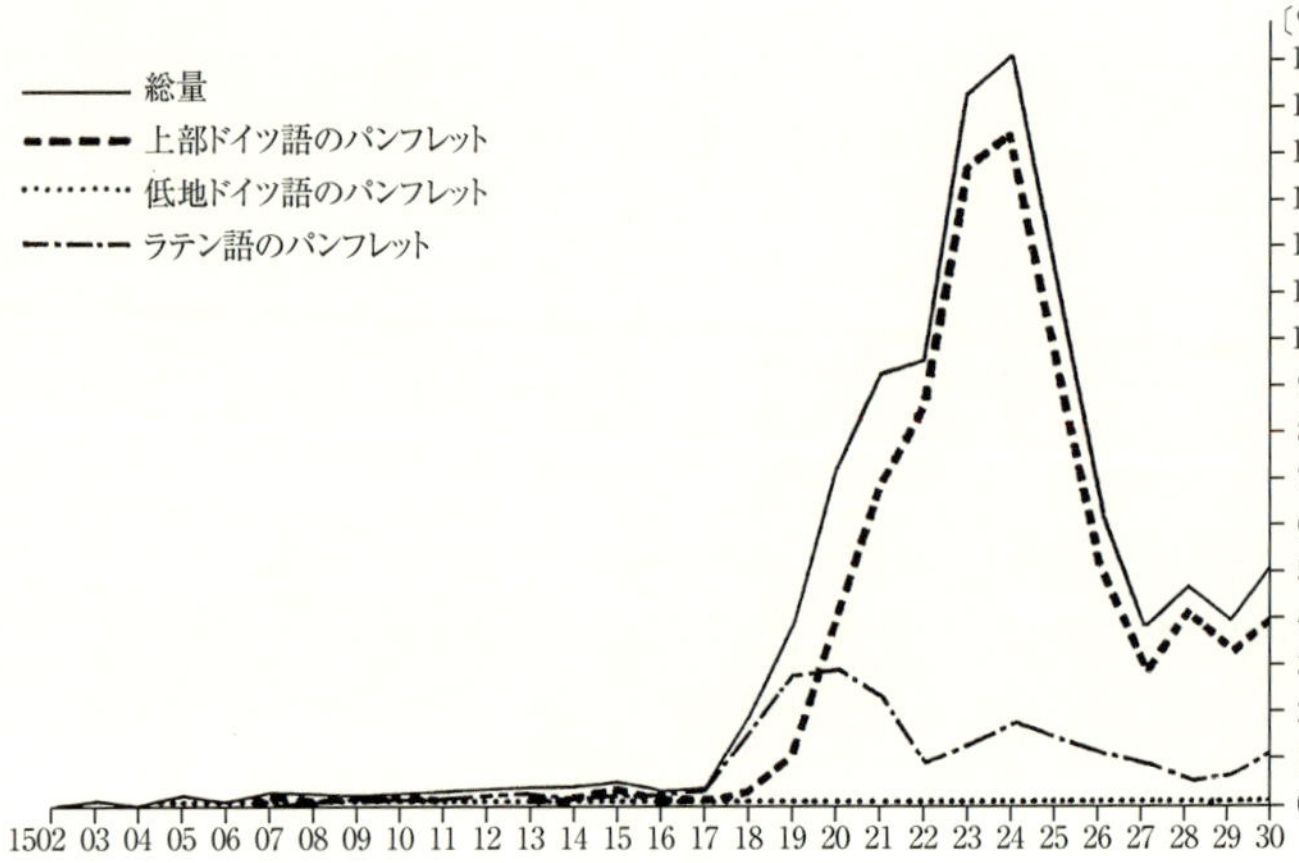

※　H.-J. Köhler, Meinungsprofil, S. 266. の表を簡略化したもの

図21　ドイツにおけるパンフレット生産
（『ドイツの宗教改革』教文館、125 頁より）

た。さらに、ラテン語ではなくて民衆が理解できるドイツ語訳の聖書になり、礼拝もドイツ語で行われるようになった。

宗教改革運動は、また科学技術、文化も発展させた。一四四五年にグーテンベルク（Gutenberg, 一三九八？—一四六八年）によって開発された活字印刷が、宗教改革において積極的に利用された。ルターの側も教皇庁も絵入りパンフレットを印刷して配布した。上掲のグラフを見ると、一五一七年を契機にパンフレットが発行されたことがわかる。宗教改革は一大宣伝合戦でもあったのである。絵入りパンフレットの発行だけでなく、集団読書という形態も利用された。

西欧の急激な文化的発展（文化的テイクオフ）は、宗教改革において現出し、今日に至っている。

第三節　カルヴァンによる宗教改革

1　宗教改革の民衆的意義

カルヴァンが生まれたピカルディー地方は、中世において農民一揆が頻発した地域で、またフランス革命参加者の主な出身地でもある。近代的解放と自由に目覚めつつあった地方であり、経済的には、独立自営農民や小市民層が多く居住していた。すなわちより高い社会層を目ざす中産的社会層であり、カルヴァン派を受け入れた彼らが、フランスではユグノー、英国ではピューリタン、アメリカでは開拓植民者になった。職業的には、靴工、靴下製造者、大工、鍛冶屋等であり、禁欲的プロテスタントとして職業に集中して、後に小産業資本家になった。彼らに対立したのが、封建支配者層と商人的都市貴族であり、宗教的にはカトリックであった。

カルヴァンの教理は、民衆に大きな影響を与えた。

第一に、日常生活において、労働活動は、隣人愛を実現することによって、直接「神の栄光のために」役立ちうるという高い倫理的意義を与えられた。職業は神から与えられた使命であるというルター以来の近代的職業観が、カルヴィニスト（カルヴァン主義者）にも継承され、さらに徹底された。そして、利潤は隣人愛の現れであり、社会への貢献を示すものと理解された。その結果、民衆は勤勉で倹約する禁欲生活をすることになり、財への投資がさらに利潤を生んでいった。

第二に、免罪符や迷信といった、神の意志に反する非合理なものを拒否するようになった。「現世の受けている魔術から解放するという宗教史上のあの偉大な過程、すなわち古代ユダヤの預言者とともにはじまり、ギリシアの科学的思惟と結合しつつ救いのためのあらゆる呪術的方法を迷信とし、邪悪として排斥したあの魔術からの解放過程はここに完結をみたのである」とヴェーバーが述べたように、「魔術からの解放」による合理的活動が民衆の間で実施された。

第三に、民衆は予定論に基づく自分の救いを確証するために、神からの使命である職業労働に没頭した。そして勤勉、節約、正直といった禁欲倫理による労働生活を展開して、利潤をひたすら追求した。そのために、内面的自発性と現世に対する積極性が民衆の中に根付いていった。

カルヴァン自身は、救いの確証は聖書の言葉をただ信じることによって与えられると神学的に理解した。しかし、目に見える具体的な「しるし」を求める民衆は、外面的な利潤に救いの確証を見ようとしたのである。

このようにして、禁欲倫理により合理的組織的計画的な労働生活が維持され、「予期せぬ結果」として多大な利潤が蓄積された。蓄積されてもさらに拡大生産に使用され、資本が拡大して、彼らは資本家へと成長していった。資本主義の勃興にカルヴァンの教理が大きく影響していったのである。

2　カルヴァンの生涯

昨年二〇〇九年は、カルヴァン生誕五百年にあたる。宗教改革はカルヴァンを抜きにしては語れない。そこで彼の生涯を振り返り、宗教改革が具体的にどのように展開していったのか、しばらく学んでいきたいと思う。

西暦	年齢	おもな出来事	信仰関係	時代状況
一五〇九	0	七月十日、北フランスのノワヨンに生まれる		
一五一五	6	母死去		
一五一七	8			ルターの宗教改革
一五二一	12			モー宗教改革
一五二三	14	ノワヨンの教会禄を受ける パリ大学のラ・マルシュ学寮入学		
●準備期			ローマ・カトリック教会への出席をやめる	一五二四　ドイツ農民戦争（—二五）
一五二四	15	モンテーギュ学寮に転学		一五二四　エラスムス『自由意志論』、
一五二八	19	文学士 オルレアン大学法学部入学		ルター『奴隷的意思について』
一五二九	20	ブールジュ大学に転学		ベルン宗教改革
一五三一	22	同大学卒業、法学士 父の死後、古典研究に専念		一五三〇　『アウグスブルク信仰告白』
一五三二	23	『セネカ寛容論註解』出版		

西暦	年齢	おもな出来事	信仰関係	時代状況
●追放期				
一五三三	24	パリ大学事件、パリを脱走し逃亡	突然の回心	ルフェーヴル・デタープル『仏訳聖書』
一五三四	25	ストラスブールへ逃亡 ノワヨンにて教職禄を辞退	『魂の眠りについて』執筆	一五三四　ファレルのジュネーヴ宣教活動、檄文事件、イエズス会結成
一五三五	26	バーゼル滞在	『キリスト教綱要』「フランス国王への手紙」執筆	
一五三六	27	フェラーラ滞在 ファレルの説得によりジュネーヴ滞在 ローザンヌ会議に出席	『綱要』初版出版 聖ピエール教会の聖書牧師	
●活動前期				
一五三七	28	ジュネーヴで改革活動	『信仰の手引きと告白』作成	
一五三八	29	市会と衝突し追放される バーゼルに滞在し、後ストラスブールへ移り、フランス人亡命者教会の牧師		
一五三九	30	アカデミー教授	『綱要』第二版	
一五四〇	31	未亡人イドレットと結婚（二人の連れ子）	『ローマ書註解』	
●活動後期				

一五四一	32	ジュネーヴに帰還	「教会規則」作成、『綱要』仏語版	
一五四二	33	長男、出産後に死亡	「信仰問答」作成、『礼拝形式』	
一五四三	34	カステリヨン追放	『綱要』第三版	
一五四四	35		『ニコデモの徒への弁明』	
一五四五	36		『ジュネーヴ教会信仰問答』	一五四五　トリエント公会議
一五四六	37	ピエール・アモーを告訴	『第一・第二コリント書註解』	一五四六　ルター死去
一五四七	38	ジャック・グリュエを処刑	『トリエント会議の解毒剤』	一五四七　アンリ二世即位
一五四八	39		『パウロ小書簡註解』	
一五四九	40	妻の死 チューリヒ協定	『礼典問題についての一致信条』 『ヘブライ書註解』	
一五五〇	41		『第一・二テサロニケ書、ヤコブ書註解』『躓きについて』 『綱要』第四版	
一五五一	42	ボルセック事件		
一五五二	43		『神の永遠の予定について』『イザヤ書註解』『使徒言行録註解』	
一五五三	44	セルヴェ事件	『ヨハネ福音書註解』	

西暦	年齢	おもな出来事	信仰関係	時代状況
一五五四	45		『三位一体の正統教理の擁護』『創世記註解』	英国、メアリー一世の下でカトリックに復帰
一五五五	46	選挙においてカルヴァン派は絶対多数になる	『共観福音書註解』ブラジル伝道計画	アウグスブルク和議にてルター派が承認される
一五五六	47	ベラン派の反乱を鎮圧		
一五五七	48	ストラスブール、フランクフルトへ旅行		
一五五八	49	重病	『詩編註解』『ホセア書講義』カステリヨン、ブランドラータへの反論	
●円熟期				
一五五九	50	ジュネーヴ・アカデミーを創設、学長にベーズ ジュネーヴ市民権を獲得	フランス教会の信条と教会規則を起草、『綱要』最終版出版	フランス改革派教会創立大会
一五六〇	51		『小預言書註解』	スコットランドに長老派教会成立
一五六二	53	フランスのユグノーの戦いを支援		ユグノー戦争開始
一五六三	54	カステリヨン死去	『モーセ五書註解』『エレミヤ書および哀歌講義』	ハイデルベルク信仰問答成立
一五六四		五月二十七日死去	『ヨシュア記註解』死後出版	

A　準備期

カルヴァンは、一五〇九年七月十日に、北フランスのピカルディー地方のノワヨンに生まれた。ピカルディー地方は、先述のとおり、カルヴァンの時代には、近代的自由と解放に目覚めつつあった地方であった。ピカルディー人の気質は、血の気が多く、喧嘩にすぐに走るが、宗教色の強いものでもあった。

カルヴァンの父親は、教会の参事会主査を務め、後には法律事務所を開いた町の有力者であり、野心家であった。母親は、信仰深く、幼いカルヴァンを連れて教会や修道院をよく訪ねたと言われる。だが、カルヴァンが六歳の時に若くして亡くなった。二人の兄弟も夭折している。

教育

十四歳の時に、カルヴァンはパリに行き、二十二歳までパリ大学のラ・マルシュ学寮、モンテーギュ学寮、さらにオルレアン大学、ブールジュ大学にて学んだ。

パリ大学のモンテーギュ学寮は、多くの指導者を輩出したエリート校である。ユマニストのエラスムス（Erasmus, 一四六九―一五三六年）、対抗宗教改革の開始者であるイグナチオ・デ・ロヨラ、宗教的無関心の思想を掲げた文化人のフランソワ・ラブレー（François Rabelais, 一四九四?―一五五三年）もこの大学の出身者であった。規則の厳格さでも有名であり、保守反動の教育機関でカルヴァンは学んだ。

彼の勤勉さは群を抜いていた。一五二三年から五年間に、カルヴァンは、文法、論理学、倫理学、形而上学、弁論術を修め、日々の祈りと修行にも熱心であった。

モンテーギュ学寮は、主知主義に対する主意主義の立場の大学であった。ここでは、神の意志により全ては決定するという神の絶対意志が強調されていた。神の意志は人にはわからない。人は神の意志により動かされる。後の彼の予定論に発展する思想を、そこに見出すことができる。一五二八年にカルヴァンは文学士号を取得した。

オルレアン大学とブールジュ大学では父親の希望に従い法学を学んだ。法学を学ぶことは彼の意志ではなく、父親の要請であった。しかし、後のカルヴァンの組織神学は法的体系に基づくものであり、法学を学んだことは、神の導きであったと言うことができる。さらに、カルヴァンは、法律を学ぶことにより、社会を客観的に見る目をも持つことができたと言える。後年の『国家論』や『教会と国家の関係についての理論』の執筆、さらにはジュネーヴ市の改革は、法的知識に基づくものであった。

オルレアン大学におけるカルヴァンの勉学態度について、彼の後継者であるテオドール・ド・ベーズ（Théodore de Bèze, 一五一九―一六〇五年）は、以下のように述べている。

「……間もなく彼は驚くほど進歩をとげ、しばしば教授の代講を勤め、学生というよりはむしろ教師として見なされるほどになった。……夕食を控え目にとった後、真夜中まで勉強し、朝起きると前夜寝床の中で読んだものをじっくりと考え抜いた……」[1]。

カルヴァンはこの頃、徹夜で研究することを続けたために、後に健康を害することになる。

オルレアン大学、ブールジュ大学を通して、カルヴァンは、一生を決定する師と出会った。メルヒオル・ヴォルマール（一四九七―一五六〇年）がその人であった。彼はドイツ人であり、法学とギリシア語の教師であった。彼は講義において、聖書の原語であるギリシア語で聖書を解釈し、ドイツにおいて広がりつつあった宗教改革の状況を説明した。カルヴァンはヴォルマールの講義を通して、ルターについて知り、敬意を抱くようになった。なお、ヴォルマールは、オルレアン大学にて、ベーズにも古典語を教授している。

このようにカルヴァンは、ヴォルマールを通して宗教改革の思想を知り、カトリックのミサには出席しないようになった。

オルレアン大学では、当時有数の法学者であったピエール・ド・レトワール（一四八〇―一五三七年）にも学び、ブールジュ大学では、著名なイタリア人法学者、アンドレア・アルチャート（一四九二―一五五〇年）からも学んだ。

このように、若きカルヴァンは、恵まれた教育環境の中で、広い教養を身につけた。神学と法学を専攻し、ユマニストの学者としての道を希望して、その道を順調に歩もうとしていた。

父の死と挫折

カルヴァンの父は、カルヴァンが二十二歳の時に死去した。父はノワヨンの司教参事会との不和のために破門を宣告されていた。破門が解かれぬまま臨終を迎えた父を、カルヴァンはいかなる思いでみとったことであろうか。若くして父を亡くしたカルヴァンの悲しみは深いものであったろう。父は法律が富と名誉に至る確実な道であると考えていた。そしてカルヴァンに法律を学ばせた。しかし、父の死後、カルヴァンは古典の研究に打ちこんだ。

しかし彼が自費出版した『セネカ寛容論註解』は、人々に受け入れられず、売れ行きが極度に悪かった。自信に満ちた序文の内容が人々の反感を買ったようである。彼はこの書を売るのに努力した。友人に以下のような手紙を書いている。

「さて、僕はまたなにかやろうと骨折っているところだ。学校でこの本を講義してもらうようこの市の二、三の先生にお願いした。ブールジェでは正規の講義のために教壇で使うよう友人に薦めてみた。もし君の迷惑にならないなら、僕のためになにかしてくれないだろうか。君との固い友情からそうしてくれないだろうか。とくに君はその声望のゆえに損することもなく僕の役に立つことができるのだから。そうしてくれればお互いの利益になると思うのだが。もし君が御好意によってそれを約束してくれるのであれば、百冊ばかりこの本を送ることにしたい(2)」。

友人関係を利用して、何とかして自著を売ろうと懸命なカルヴァンの姿が浮かぶ。自信に満ちた若きカルヴァンは、この時、挫折と屈辱とを初めて味わった。

カルヴァンの性格

カルヴァンの生まれたピカルディー地方の人々は激しやすいという性格を持っていた。カルヴァンもまたそのような性格であった。

ベーズは、「はげしい、ひどく怒りやすい性質であったので、なるほどもっと忍耐深ければよいのにと彼自身何度も思った」と述べている。カルヴァン自身も、以下のように述べている。

「私は自分が思っていたよりも、それ以上にもっとおこりっぽい性質だったのを知っています。私はどうしてわれを忘れてしまったのか自分でもわかりません」。

「私は短気であることを告白します。この欠点が私にはとてもたまらないのですけれども、どんなに行ないを改めようと願っても、それを改めることができないのです」。

「真実を告白しますならば、私のとても大きな、とても数多くの欠点のどんな戦いよりも、この短気との戦いほど、私にとって困難なものはありません。確かに私は、いくらか前進はしています。けれども、まだこの凶暴な動物を完全に屈服するまでには至っておりません[3]」。

カルヴァンはこのように自らも認めているように怒りやすい性格を持っていたが、同時に鋭い感受性も持っていた。

図22　若き日のカルヴァン

エミール・ドゥメルグは、「女性的としか言いようのない感受性をカルヴァンが確かに持っていた点も、これまた彼の母親譲りのものなのである[4]」と述べて、感受性の鋭さは母親からの遺伝にしている。

感受性の鋭さが神経の過敏状態を生み、やがて、怒りとなって現れる。これがカルヴァンの性格であり、周囲の人々により、何度も指摘されている。臨終の時に自らの激しやすい性格により傷つけたことを謝罪したのもこの故であった。

B　突然の回心と追放期

若きカルヴァンは、父の死後、古典研究家、ユマニストとしての歩みを開始した。学者になることが彼の理想であった。しかし、処女出版は失敗に終わり、挫折を味わった。

一五三三年、彼が二十四歳の時に生涯を決定する事件が起きた。それは、突然の回心であった。この回心以後、彼はユマニストとしての道を捨て、一人の伝道者となる。『詩編註解』の序文には有名な回心の証しが述べられている。

「それで私は哲学の研究から法律学の研究に移ることになった。私は父の意志に服して忠実にこの研究に没頭した。しかし神はついに隠れた摂理の手綱によって私の生活に別な方向を与え給うた。私は法王の迷信にひどくふけっていたので、この深い泥沼からはい上ることは容易なことではなかった。それゆえ神は、若いくせしてかたくなな心になっていた私の心を、まず突然の回心によって征服され、教化可能なものにならしめ給うた[5]」。

回心にいたる過程には、漸進的にいたる過程と急激にいたる過程とがある。カルヴァンの場合はもちろん、それまでのユマニストとして聖書を時をかけて学んだこともあるが、それを基盤として、人生における最初の挫折を味わっていた頃、神からの一方的な御業《みわざ》として救いへと導かれたのであった。神に用いられる人には、突然の回心体験者が少なくない。カルヴァン、ルター、パスカル、エドワーズ、そして日本では内村鑑三もこれに当たる。彼らは頭だけではなく、その存在の根底から神により変えられた不思議な経験をしている。だからこそ、疑うことなくその存在すべてを神にささげることができたのであろう。

フランスの宗教改革

十五世紀にイタリアを中心として開始されたルネサンスは、古典研究をその特徴とするが、十六世紀にはフランスへと広がっていった。そして、特にユマニストである知識人は、まだ少数ではあったが、形骸化した教会の堕落を批判し、聖書研究を提唱した。しかし、ルターの宗教改革ほど急進的な運動として展開してはいなかった。

一方、フランスの下層民は、経済的に困窮していた状況から、ドイツ農民戦争をも巻き込んだ宗教改革の思想を受け入れていた。そしてドイツの農民戦争のように、経済的要求とともに宗教的要求を掲げた暴動を実際に起こしたこともあった。

しかし、フランスにおいては、それは広範囲に起きることはなかった。なぜなら、ユマニストたちは、一般的に下層民を軽蔑し、協力することはなかったからである。

「モーの人々」

ただし、司教ギョーム・ブリソンネ（Guillaume Briçonnet, 一四七二―一五三四年）によるモー町における改革運動はその例外であった。

パリでユマニストとしての教育を受け、司教さらに修道院長となったブリソンネは、ユマニストのルフェーヴル・デタープル（Lefèvre d'Etaples, 一四五〇?―一五三六年）を司書に登用した。

ルフェーヴル・デタープルは、早くからギリシア語を学び、イタリアで新プラトン主義の影響を受け、パリで哲学を教えていた。そして、ニコラウス・クザーヌス（Nicolaus Cusanus, 一四〇一―一四六四年、ドイツの神学者であり教会刷新を提唱した）などを読み、キリスト教とギリシア思想を統合するものとしての福音主義信仰を得ていた。彼は後に、聖書のフランス語訳やパウロ書簡の註解書を著している。

ブリソンネが、パリに近いモー町の司教になると、さらに、ギヨーム・ファレル（Guillaume Farel, 一四八九―一五六五年）やピエール・カロリ（一四八〇?―一五四五年）などを呼び、宗教改革運動を開始した。

ファレルは、ユマニストとしてカルディナル・ルモワーヌ学院で教え、その時同僚のルフェーヴル・デタープルの影響を受けた。一五二一年にパリでルター派の思想が異端とされた時、聖書をギリシア語で読みはじめ、宗教改革者となり、モーにやって来た。

カロリは、ソルボンヌの修道院長となったが、一五二一年にパリの聖ポール教会において、免罪符や聖人崇拝を攻撃する説教を行った。このため教会当局から非難されていた。

モーに集まった彼らは、「モーの人々」と呼ばれ、聖書のフランス語訳、福音的説教を遂行して、同町の民衆にも支持者を得ていった。しかし、この運動は上級聖職者から抑えられ、一五二三年には異端視され、これに参加した民衆も鎮圧され、改革は失敗に終わった。

ブリソンネは改革を放棄した。ルフェーヴル・デタープルは、追放され、一時ストラスブールに滞在し、その後、フランソワ一世の王子たちの家庭教師となり、一五三〇年には改革者を保護した王の姉であるマルグリット・ド・ナヴァール（Marguerite de Navarre, 一四九二―一五四九年）の館に招かれ、著作活動に従事した。ブリソンネもナヴァールに保護されている。

ファレルは、国外に亡命し、スイスのバーゼル、ヌシャテル、ジュネーヴにて改革運動を遂行した。カロリも、ファレルのジュネーヴの宗教改革運動に参加し、ヌシャテルとローザンヌの説教者となった。

このように、「モーの人々」は、改革が失敗すると四散してしまった。

モーの改革は、フランスにおいて宗教改革は時期尚早であることを示すものであった。上級聖職者のまだ一部だけしか改革思想を受容しておらず、ソルボンヌ大学を中心とする堅固なローマ・カトリック教会を打ち崩すことは、不可能であった。改革者たちは、異端者として糾弾されるのを恐れて逃亡した。

モーにおける改革は失敗に終わったが、改革は国外、特にスイスを中心として展開された。これは、初代教会において、迫害が福音宣教に益となった状況に似ている。たとえ人が失敗しても、神はそれを無駄とはされない。神はいつも最善の導きをされる。だからといって失敗を重ねて良いというものではない。人は二度と失敗しないように原因を究明して、前向きに歩むことである。

モーの改革においては、民衆を改革の推進者とみなさなかったことが敗因であった。民衆の状況を把握するところに甘さがあった。改革者たちにも、殉教を覚悟するような意気込みは見受けられない。そこにも敗因があったと考えられる。

檄文事件

一五三四年十月十七日の夜から翌日にかけて、パリ、オルレアンなどの町壁や、国王フランソワ一世の寝室などに、檄文が貼られ、また撒かれた。

檄文は「教皇のミサの、恐るべき、重大な、耐え難い弊害についての真正なる諸箇条」と題するものであった。四箇条檄文の内容を要約すると、以下のようになる。

・第一条、キリストは唯一の大祭司であるから、教皇や司祭がキリストに代わる者としてミサを執行するのは誤りである。
・第二条、ミサにおけるキリストの体は、人としての体ではない。
・第三条、ミサには秘教的力はない。
・第四条、福音宣教は、民衆のわかりやすい言葉によりなさるべきであり、一切の魔術的行為や、麻酔的言葉や行為は退けられるべきである。したがって、ミサは、キリストの死と受難の意義を想起させるものであるべきである。

この檄文の著者は、ヌシャテルの牧師アントワーヌ・マルクールだと考えられ、スイスの宗教改革者ピエール・ヴィレ（Pierre Viret, 一五一一—七一年）が、加筆訂正をしたと言われている。ヴィレはカルヴァンも学んだパリのモンテーギュ学寮で学び、宗教改革思想にふれた。その後、ヌシャテルやジュネーヴの宗教改革導入に努力した。後には、カルヴァンと協力して、ジュネーヴ・アカデミーの設立にあたっている。

檄文事件は、カトリック教会側に厳しい反動を招く結果になった。

十月十九日には、パリ高等法院は、パリ市内において「檄文が処罰されることを祈る」という内容の行列行進を、全てのカトリック教会が実行することを決定した。また、檄文を貼った者を密告する者に報奨金を与えることも発表した。

その後、密告者の情報により、多くの者が逮捕された。十一月十日には、逮捕された者のうち七人が死刑を宣告され、十三日に火刑に処せられた。一五三五年までに、事件に加わったとして数十人が処刑された。

一五三五年一月、国王は、ルター派信徒は異端者であり火刑に処せられる旨を宣告した。これは、ソルボンヌ大学やパリ高等法院からの進言によるものであった。

図23　ピエール・ヴィレ

檄文事件は、カルヴァンと直接関係してはいなかったが、前年にパリで起きた事件はそうではなかった。

パリ大学事件

「突然の回心」を体験したカルヴァンは、神に生涯をささげる決意をした。そして、パリにおいて宗教改革者の集会に参加し、多くの友人を得た。そういう時に大きな事件が起きた。

一五三三年十一月一日、万聖節の祝日。この日は、パリ大学の新学期開講日でもあり、学生や教員は、学内のマチュラン教会に集まった。学長ニコラ・コップ（Nicolas Cop, 一五〇六？―四〇年頃）の説教を聴くためであった。コップの父親は、フランソワ一世の侍医であった。コップ自身も医学の道を歩み、パリ大学医学部教授となり、その後学長になった。

コップはユマニストであり、カルヴァンの友人であった。フランスにおいて宗教改革を推進する目的で、カルヴァンはコップと協力して、説教の草稿を書いた。

ベーズは『カルヴァンの生涯』において以下のように述べている。

「カルヴァンはこれまで行われてきたよりも、もっと純粋で明確な信仰を取扱った草稿を彼〔コップ〕に渡した。この演説はソルボンヌが許しえないものであったし、高等法院によっても同意されないものであった[6]」。

コップの説教の内容は、マタイ福音書五章の「心の貧しい人々は、幸いである」の講解であり、以下のように福音の本質を扱っていた。現在から見ると、問題のない福音的内容である。

「すなわち福音とはキリストの使信であり救いをもたらす説教であり、あらゆるものに救いをもたらし永遠の生命を得させるよう、父なる神がキリストを送り給うたということであります。……福音は脅しによって働くのではなく、命令で駆りたてるのではなく、いたるところで神がわれわれと友情に満ちた交りをすることを説いているのです[7]」。

説教の後、フランシスコ修道会から異端の申し立てがなされた。これを受けて、パリ大学とパリ高等法院は、コップに出頭を命じた。

十一月十九日、コップは、大学内の異端問題は大学が判定するものだとして、出頭を拒否した。パリ大学の医学部と文学部はコップを支持したが、神学部と法学部は反対した。このため、身の危険を悟ったコップは、バーゼルに亡命した。

カルヴァンもこの事件に関与したと疑われ、彼が住んでいた学寮が捜査され、文書が押収された。その中には改革を唱える友人たちからの手紙もあった。捜査された時、カルヴァンは外出しており、事情を知ってパリから逃亡した。

その後、パリ大学事件の関与者は、モーの改革や檄文事件に関与した者と同様に逮捕され、当局により徹底的に鎮圧された。

逃亡生活

パリ大学事件の後、当局は厳しい宗教改革撲滅運動を開始した。カルヴァンは、パリを去って、王姉マルグリット・ド・ナヴァールの保護を受け、サントンジュ地方に滞在した。そこで、宗教改革の活動家として聖書講義を始めた。

カルヴァンは、その後パリに潜伏し、ユマニストや宗教改革者らとともに、身の危険を顧みずに宣教活動に従事した。翌年生じた前述の檄文事件の時には、カルヴァンはパリを既に去り、フランス各地を旅行して福音信仰を広めていた。

友人の紹介でカルヴァンはアングレームに滞在し、数日間聖書研究に打ち込んだ。ネラクでは、恩師であるルフェーヴル・デタープルに再会した。その時、百歳近くなっていた老いた恩師は、カルヴァンに以下のように語った。

「あなたは、フランスにおいて神の国を建設する器になるであろう」。

その後、カルヴァンは、故郷であるノワヨンに戻り福音宣教活動を展開したが、騒ぎを起こした等のかどで逮捕され投獄された。釈放された時、カルヴァンはカトリック教会から教会禄を受けることを辞退した。カルヴァンは、カトリック教会と事実上決別したのである。

故郷を後にして、パリ、アングレーム、オルレアンに滞在したが、いずれも安住の地ではなかった。一五三四年末、カルヴァンはフランスを離れてストラスブールを経て、スイスのバーゼルに向かった。

バーゼルでは、カルヴァンはヘブライ語を学び、聖書解釈に関して古典学者のシモン・グリネウスと親しく語り合った。また、フェラーラにも滞在し、他の亡命者らとともに公妃ルネ・ド・フランス（Renée de France, 一五一〇－七四年）の手厚い庇護を受けた。

様々な土地を放浪している間、カルヴァンは福音宣教と聖書研究に力を入れた。不安定な逃亡生活の中で、ヘブライ語も習得した。逃亡生活は精神的安定を欠くものであり、試練であったが、その試練の中で、カルヴァンは多くを学び取った。

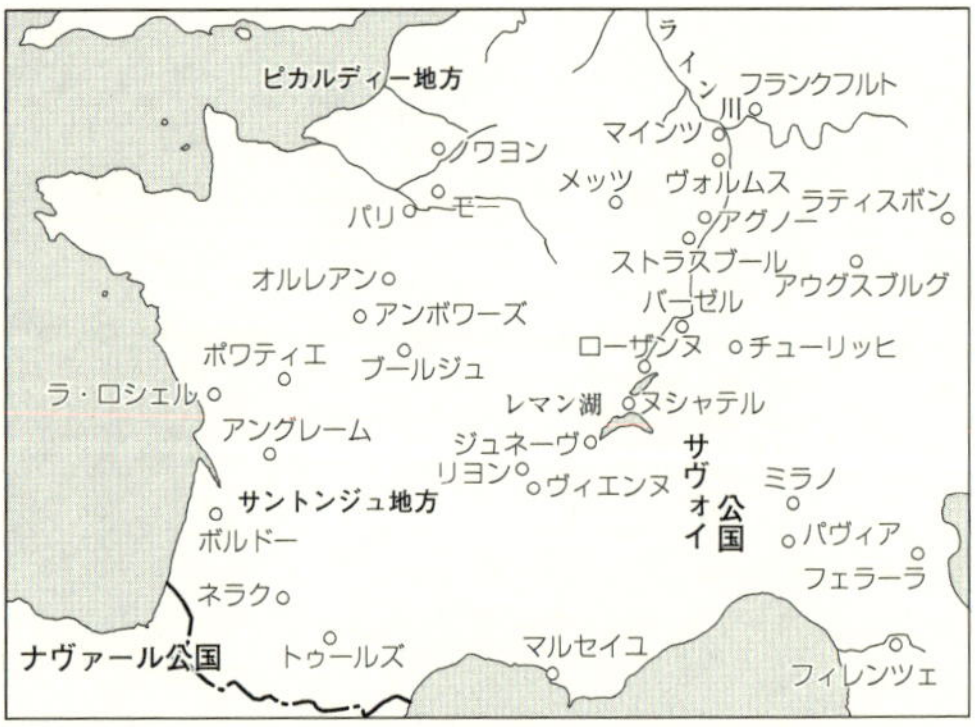

地図7　カルヴァンの時代のフランスとスイス周辺

信仰者にとって、試練の時は、実り豊かな時でもある。神はすべてを益としてくださるからだ。

C　活動前期

人生は出会いによって決まる。生きていく中で、どのような人に出会うか、どのような書物、映画、音楽、美術、思想に出会うか。それが人生に決定的な影響を与えることになる。

突然の回心をして福音宣教活動を開始し、当局からの迫害を避けて逃亡生活をし続けることになったカルヴァンに、神はある人との出会いを準備されていた。それが宗教改革者ファレルとの出会いであった。

ファレルはカルヴァンよりも二十歳年上で、パリに生まれ、ルフェーヴル・デタープルの影響を受けて宗教改革者になった。モーの改革に失敗して、当局からの迫害を避けて一五二四年にスイスのバーゼルに行き、十三箇条の提題を明示して宗教改革運動に従事していた。その後、ジュネーヴに移り、一五三二年からヴィレと共に改革運動を開始していた。

一五三六年六月、カルヴァンはパリに帰り、弟と妹を連れてストラスブールに向かっていた。だが四月から発生していた騒擾を回避するために遠回りして、ジュネーヴを通過しなければならなくなった。

ジュネーヴでカルヴァンはファレルと出会った。この時のことをベーズは以下のように記している。「しかし、すぐわかったように、彼〔カルヴァン〕は神の摂理によってここに導かれたのである。これよりすこし前、この市にはキリストの福音が、二人のすぐれた人物（ファレルとヴィレ）の活動に

図24　ギヨーム・ファレル

よって奇蹟的にもたらされたのである[8]」。

ファレルはカルヴァンに、ジュネーヴに留まり宗教改革運動に協力するように熱心に求めた。ファレルは以下のように迫った。

「君は自分の願望を優先させている。万能の神の御名において君にいいたい。もし君がわれわれとともにこの神の御仕事を行わないとするならば、主は君を罰せられるだろう。君はキリストのことより自分の利益を求めているのだ[9]」。

カルヴァンはファレルの求めに応じた。

ジュネーヴの歴史

ジュネーヴは、スイスの南西部、レマン湖からローヌ川が流れ出る交通の要所に位置する。紀元前より、すでにケルト民族がここに城塞都市を形成しており、紀元前一二〇年以降、ローマ帝国に服従した。ローマ帝国支配下においても、ジュネーヴは繁栄した。

四世紀に開始されるゲルマン民族移動期には、かなりの攻撃を受けた。しかし、五世紀頃より司教が居住するようになった。

古ブルグント王国時代（四一一―五三四年）には同国の首都となった。フランク王国時代（四八一―

八八七年）には、カール大帝がこの地で集会を開き、重用視されていた。フランク王国が分裂した後、新ブルグント王国（九三三―一〇三二年）が支配するようになった。この時期、当地の封建貴族の勢力を押さえるために、ブルグント王国は、司教を保護し、司教に都市支配にかかわる特権を与えた。神聖ローマ帝国の支配下になっても、司教は保護を受け続けた。このために、都市支配をめぐり、ジュネーヴ伯と司教とは長年闘争したが、一一二四年に、ヴィエンヌ大司教の調停により、司教が都市領主として正式に君臨することになった。

十三世紀には、サヴォイ家（後のサルデーニャ王国）がジュネーヴに支配を開始して、同家と司教と当地の貴族との間に闘争が展開された。この間に市民がしだいに台頭し、一三八七年には、市民は司教から自治権を承認された。一方、サヴォイ家も一四〇一年にジュネーヴ伯の所領を継承して権力を握り、一四一六年には公国となった。以後、市民とサヴォイ公との対立が深まっていった。

サヴォイ家は、司教にみずからの家の出身者を就任させて、司教の地位を獲得するのに成功した。そして都市の自治に対抗した。

一五一九年、サヴォイ家の支配を排除するために、ジュネーヴ市は、フリブール市と同盟を結んだ。しかしその後にも、サヴォイ公シャルルは、市民への圧迫を強めたので、ジュネーヴ市は改革派であるベルン市と一五三六年に同盟を結び、以後その影響下に置かれることとなった。

一五三四年には、ジュネーヴ司教であるピエール・ラ・ボームが都市支配権をサヴォイ家に譲渡しようとしたが、市民は立ち上がり、司教を都市から追放した。

フランス王フランソワ一世は、サヴォイ公国を制圧し、ジュネーヴと同盟を結び、支配下におこう

図25　16世紀のジュネーヴ市

としていた。一方ベルン市もまた、一五三六年に兵を出して、ヴォー地方とレマン湖南岸地方を占領した。そして、宗教改革を徹底させていった。すでに、一五三四年には、ベルン市からファレルが、宗教改革を展開するために派遣されていた。

ジュネーヴ市は古くから商業都市であった。定期市や銀行により繁栄した町であった。商人の大半は小売商人であった。製造業はそれほど発達していなかったが、印刷業は後に発達した。これは宗教改革運動を展開するのに貢献した。

商業都市であるということにより、市民の性格は享楽的であった。宗教改革には適さない市民の性格であったといえよう。また、地理的に言えば、レマン湖とローヌ川、アルヴ川と山々に囲まれており、天然の要塞都市であった。そのために、他の都市からは孤立しており、文化的にも宗教的にも辺境都市であったといえる。

宗教改革には適さないこの都市に、ファレルは宗教改革運動を開始するためにやってきた。当然、それは困難なことであっただろう。ベルン市から派遣されたファレルとその協力者たちは、心をひとつにして、困難さを克服して宗教改革運動を開始した。

一五三六年五月二十一日に、ジュネーヴ市民総会は宗教改革を宣言した。しかし、市の権力構造は、教会が市会に従属するものであった。

カルヴァン牧師

一五三六年八月に、ジュネーヴに聖ピエール教会の聖書牧師としてやってきたカルヴァンに関して、市参事会議事録は、九月五日に以下のように記している。

「ギヨーム・ファレル師は、あのフランス人がサン・ピエールではじめた聖書講解は有益であると詳しく説べた。かつまた彼は、この男にそれを継続させ、生活費を出すよう乞うた(10)」。

「あのフランス人」とはカルヴァンのことであり、まだ無名の教師であり、ファレルの助手にすぎなかった彼はこの後、市政府によって聖書教師に任命される。同年の十一月には、牧師に任命された。二十七歳の時であった。

なぜこれほど早く牧師に任命されたかというと、十月にローザンヌで開かれた宗教会議において、カルヴァンが名声を博したからであった。この会議は、ベルン市が招集し、スイス各地から一七四名の聖職者が集まるものであった。集まったカトリックとプロテスタントの聖職者は、神学に関する討議を行った。その中で、カルヴァンは聖餐論について発言した。それは実に説得力のあるものであった。

牧師という社会的地位を得たカルヴァンは、改革活動に着手する。まず彼がしたことは、教会を国家から分離することであった。教会は国家に全面的に従属するのではなく、自立性をもつこと。これが彼の主張であった。特に政治形態において、教会は独自の長老会を持たねばならないと彼は考えた。一五三七年一月十六日付けの「ジュネーヴ教会教会規則」は、彼の主張によるものであり、これを彼は市小議会に申請した。

カルヴァンによる改革はこのようにして開始された。

市権力との対立

「告白しなければならないが、私は勇気がなく、生まれつき憶病で意気地なしであったが、すぐにこのすさまじい洪水の中に投げこまれてしまった(11)」。

ジュネーヴ市議会は、カルヴァンの『教会規則』を採用した。しかし、道徳上の監督権は市議会にあるものとされ、カルヴァンの信仰告白にも署名しない者が多くあった。

一五三八年には、反カルヴァン派である行政長官が選ばれ、カルヴァンとの対立が強まった。同年四月には、ベルン市の方式による聖餐式を守ることが市議会において決議された。四月十九日の市参事会議事録には、以下のように記されている。

「説教者アンリ（ド・ラ・マール）師は上述の説教者たちの話合いの後、説教者たちが聖餐について一致できないことがわかったので、説教するつもりはないと、口頭で申出た。市参事会はこれら三名、すなわちファレル、カルヴァン、アンリに対し抗議した。なぜなら、彼らはこの回状の内容を守ろうとしないからである。市参事会はできるだけ速やかに報告を要求した」[12]。

四月二十一日復活祭の礼拝において、市参事会の禁止にもかかわらず、カルヴァンとファレルは、それぞれの教会において説教をした。二人は法規を犯したとして、市から追放された。

カルヴァンはバーゼルに滞在した後、ストラスブールのフランス人亡命者教会の牧師になった。この時の感想を後年、カルヴァンは以下のように述べている。

「私は説教職の束縛から解放され、公的生活から隠退して自由な独立した生活をしようときめていたとき、キリストのすぐれた奉仕者であるマルティン・ブッツァーが、かつてのファレルと同じようなやり方で、ふたたび私を新たな職につくよう是が非でもと頼んだ。彼が私の眼前に示したヨナの例におびえ、教える仕事にまた就くことになった。私は常に同じであり、群衆を避けたかったのだけれども、どうして多数の人々の交りに力づくで引き出されたのかわからない。そこでは欲しようと欲しまいと、私は多くの人々の眼の前に曝らされざるをえなかったのである」[13]。

ストラスブールの改革

ストラスブールには、当時、ブツァー、カーピト、ツェル、ヘーディオがいて、改革運動に従事していた。

マルティン・ブツァー（Martin Bucer, 一四九一―一五五一年）は、一四九一年に同地にて生まれ、ドミニコ会修道士になり、ハイデルベルク大学に学んだ。一五一八年四月、彼の学ぶハイデルベルク大学にルターが来た。そして、ドミニコ会修道士を相手に討論会が開かれた。そこではルター派の十字架の神学が大胆に主張された。ブッァーはルターの教えに感銘を受け、この時に福音主義信仰を受け入れた。三年後には修道士を辞し、在俗司祭となった。アルザスにて説教者となるが司教から破門を宣告され、一五二三年にストラスブールに到着し、同市の福音主義化に尽力していた。

マテーウス・ツェル（Matthäus Zell, 一四七七―一五四八年）は、マインツ、エルフルト、フリブールにて学んだ後に、一五一八年にストラスブールの大聖堂教会説教者になった。一五二一年頃からルターの影響を受け、福音的説教を開始した。彼はついで『キリスト教弁明』を出版した。これは、同地における最初の福音主義著述であった。司教からは破門を宣告されたが、『控訴』を出版して対抗した。彼の妻カタリーナも同じ福音的信仰を持ち、夫を支え、著述活動に従事した。夫婦でストラスブールの貧困者の救護にものりだした。温和な性格で、反対者をさとし、特に公権力の教会への干渉に対抗した。

ヘーディオ（Hedio, 一四九四―一五五二年）は、フリブールとバーゼルに学び、バーゼルにて司牧になる頃に宗教改革者となった。一五二〇年に、マインツ選帝侯宮廷説教者となり、翌年からストラスブール大聖堂教会の説教者になった。すぐれた学者であり、教会制度の整備、救貧事業にも力を尽くし、プロテスタント最初の教会史家としても知られる。

ストラスブールは、ドイツとフランスの間に位置する交通の要所である。この時期には自由都市として、自由と寛容の精神を育んでいた。そのため、各地から宗教改革者や亡命者たちがやってきていた。ドイツ語聖書も、一四六六年に、すでにこの町にて出版されていた。

カルヴァンは数百人のフランスからの亡命者の牧会をゆだねられた。具体的には、小さい教会の礼拝説教と月一回の聖餐式の執行、詩編歌の指導などを行った。
さらにカルヴァンは、ブツァーとともにいくつかの宗教会議にも出席した。特に一五三九年二月に開かれたフランクフルト会議では、メランヒトンと親しく話をして、その後も友情を結んでいる。

結婚と死別

一五三九年五月、カルヴァンは、結婚に関する内容の手紙をファレルに書いた。彼の結婚観がそこに表れている。

図26　マルティン・ブツァー

「もし彼女が貞潔で温順で、控え目であり、倹約家で、忍耐づよいならば、これだけが私を魅惑する美しさというものです。そして彼女が私の健康を心配してくれるなら、結婚の希望がでてきます。それゆえ、あなたがよしとお信じになるならば、人が先を越さないようにやって下さい[14]」。

この手紙の翌年八月に、カルヴァンは結婚する。相手はイドレット・ド・ビュール（Idolette de Bure, ?―一五四九年）であった。彼女は夫と死別し、二人の子供があった。彼女の夫は急進的な再洗礼派であったが、カルヴァンにより死の直前に福音信仰に導かれた。カルヴァンには実は、他の女性との結婚の可能性があった。それは裕福な貴族の

図27　カルヴァンの妻イドレット

令嬢であった。しかし彼はこの話を断っている[15]。

カルヴァンは、妻を心から愛していた。経済面からは、もっとも貧しい時期であったが、結婚生活は幸せであった。だが、二年後に誕生した長男はすぐに死んだ。イドレットも産後、体をこわして一五四九年に死んだ。たった九年の家庭生活であった。

妻の死について、彼は以下のように記している。

「私と彼女とは願っていたほどには永く連れそうことができませんでしたが、しかしそれによって得たものがどんなに私の役に立っているか、とてもいい尽くせないほどです。……どんな苦しい目に私が遭おうとも、彼女は追放や貧困だけでなく死をも私とともに喜んでわかち合おうとしていたのです。彼女は生きている間、ずっと私の職務においても忠実な助手でした。私は彼女によってただの一度も、どんな些細な邪魔だてもされたことがありません」（ヴィレへの手紙[16]）。

神は、信仰者に必ず試練を与えられる。試練を通して信仰を豊かにされ、神に、より用いられる者へと変えられる。神に大いに用いられる者ほど、試練も厳しいものになる。神に大きく用いられた者の生涯に共通することは、この試練の存在とその克服である。カルヴァンもその例外ではなかった。

帰還要請

カルヴァンがストラスブールにて活動して三年。その間にカルヴァンらを追放したジュネーヴの状況も変化した。同市においてファレル派と反ファレル派の対立は激しくなった。反ファレル派は親ベルンの立場をとっていた。

一五三六年、ジュネーヴ市とベルン市との間に反ファレル派によって結ばれた条約は、ベルン市の利益を主とする不平等な条約であった。反ファレル派は、この条約の修正をめぐる交渉をジュネーヴ市から求められたが、これを拒絶した。そのために、一五四〇年、国家裁判により、反ファレル派の三人に対して死刑が宣告された。この事件の後に、ファレル派が強くなり、ファレルとカルヴァンの帰還を求める声が高まっていた。以下が、カルヴァンのジュネーヴ帰還を求める書簡の内容である。

　われらが兄弟にして類いなき友なる貴殿に心から御挨拶申上げます。貴殿がひたすら神と聖なる御言葉の栄光と名誉とを増し進めんと欲せられていることを、われわれはよく存じあげていますので、われわれに即座になすよう要求した大小議会ならびに市民総会の命により、貴殿がわれわれのところにおいでになり、ふたたび以前の地位と職務に就かれるよう切にお願い申上げます。そしてそれは神の御助けにより福音を広めるにあたって、はなはだよいことであり効果的なことだ、と期待しております。わが民が切に貴殿を求めていることを御承知下さい。われわれは貴殿に御満足いただけるようにお取計い致す所存でございます。

一五四〇年十月二十二日
貴殿のよき友たる　ジュネーヴの市長ならびに小議会
福音の教役者、わがよき兄弟にして類いなき友なるカルヴァン博士へ(17)

カルヴァンは、市参事会からの書簡を受け取る以前において、既に、知人を通してジュネーヴ市が自分の帰還を求めていることを知っていた。それに対して彼は友人への手紙の中で、「毎日この十字架に千回かけられるよりも、むしろ百回も死んだほうがましです」（同年三月二十九日のファレルへの手紙）とか、「拷問にかけられて、しょっ中いじめ抜かれるよりは、いっぺんに死んだほうがいいじゃありませんか」（同年五月十九日のヴィレへの手紙）と述べている。恵まれた平穏なストラスブールを去って、混乱と問題に満ちたジュネーヴ市へは絶対に行きたくないというのが、カルヴァンの真の気持ちであった。

十月二十三日、市参事会からの手紙に対して、以下のようにカルヴァンは返事した。

「……私はひどい分裂状態にあるのです。というのは、一方では諸氏の要求に従うことを望んでおり、神が私に与え給うた恩寵によって、諸氏の教会をよりよい状態にするよう努力したいと思いますし、他方ではしかし、主がよき適法的手段をもって解放されない限り、この地において主に召された務めを安易に捨てるわけにはいかないからです。……主が彼をそこから解放されたという自己の心の確信と信徒に対する証言なしには、軽々しく辞任すべきではないということです(18)」。

主からの明確な導きであるという確信がない限り動かないというのが、カルヴァンの態度であった。自分の計画や人の要求よりも神の導きを第一とするカルヴァンの信仰を読み取ることができる。また、決断に迷うカルヴァンの姿も現れている。

人は、しばしば、二つの道の前に立たされることがある。どちらの道に行くかは、よくよく考え、また祈り求めなければならない。人の目には安易な道が、実際はそうでないことがある。逆に、困難に思える道が、実は祝福の道であることもある。

カルヴァンは、長らく神に祈り、友人にも相談し、みずからの思いを探り、最終的には、困難なジュネーヴへの帰還の道を選んだ。彼はこのように述べている。

そして今や私の望みに反して、以前の地位にふたたびつく必要が私に迫ってきたのである。この教会を救いたいという私の気持ちはひじょうに大きく、そのためには死ぬことさえいとわないほどであったが、臆病なために、こんな重荷を負わされたくはないと、さまざまな逃口上が浮んできたのである。しかしついに義務感と信仰が勝利し、私はかつて暴力的に切離されていた羊の群のもとに帰ることになった。[19]

聖書にもとづく教会の建設という神からの使命感が、個人的な感情に勝利したことがわかる。さらに、「私は大きな嘆きのもとに涙を流しつつ不安を抱いて帰ることにしたが、それについては神が証人であらせられる。またそのことは多くの敬虔な人びとが証言してくれよう」という続きから、祈りにより神のみそばにカルヴァンが居たこと、そして、信仰の友人の祈りの支えがあったことが推察される。

三十二歳のカルヴァンの決断は、その後の彼の生涯を決定した。彼は、困難と苦悩の人生段階を迎えることになる。

D　活動後期

特定の人物の伝記を書く場合、陥りやすいことがある。それは、その人物に著者の感情が移入してしまい、欠点を看過ごすことである。欠点があっても、それを意図的に無視することがよくある。イエス・キリストを除いて、すべての人は罪人である。どこかにおいて罪を犯し、弱点も必ずある。また、著者自身はそのように意識していなくても、時代的背景から見て、現代の視点に立つと、問題となる言動が見受けられるものである。したがって、伝記には、その人物の欠点や問題点も同時に書かれていなければ、リアリティーを欠くものとなる。個人崇拝の伝記は真の伝記ではない。

宗教改革者のルターは、同時に反ユダヤ的思想を持つ人物でもあった。最初はユダヤ人を尊重し、彼らがキリスト教に改宗することを希望していた。だが、それが困難であることがわかると、ユダヤ人の傲慢さを批判した論文をいくつか著している。

カルヴァンもまた、現代の視点から見て、いくつか非難されるべき欠点を持った人物であることを、まず述べておきたい。

カルヴァンは、ジュネーヴに帰還して再び聖ピエール教会の牧師に就任した。彼は、教会法を作成

写真4　ジュネーヴの聖ピエール教会
（裏口公園から筆者撮影）

し、それに基づき、牧師会、長老会を組織した。彼はこのようにして神政政治の基盤を築いた。神政政治とは、神権政治とも言い、theocracy の訳である。この語は、「神の権力」の意であり、神による統治、人間の組織に対する神の支配を表す。

政治権力者が宗教上の最高権威者と人格的に一致している形態、政治権力者がその権威を神から発するものとして権威づけ、被支配者に絶対的服従を強制する体制、などの姿をとって歴史上現れる。

西洋中世においては、ローマ教皇が神政政治を実施した。神はペトロとその後継者である教皇に一切の支配権を与えたと考えられ、教皇にそむく個人や世俗権力は、破門で脅かされた。教皇の認可のない世俗権力は、非合法の存在であった。

カルヴァンは、世的権力と、教会とを一応区別したが、世俗権力も神が与えたものとみなした。そして、世俗権力は、教会の支持と協力により聖書の理想を実現すべきであると考えていた。

彼は、ジュネーヴにおいて、このような神政政治を実現しようとしたのである。教会法を制定して、家庭・職業生活等の生活のすみずみにまで聖書の戒律に従うように命じた。さらに、長老会により、教会法にそむく者を国家の官吏に引き渡した。そのため冒瀆罪のために死刑になったり、享楽罪のために重罪に科せられたりする者が多く出た。もちろん、カルヴァンは一方において、支配者が神の意志にそむくことを命じる場合、人民には抵抗権があることは認めていた。

i　カステリヨン事件

ユダヤ系オーストリア人の評論家であるS・ツヴァイク（Stefan Zweig, 一八八一―一九四二年）に、『権力と戦う良心』という書がある。[20]

この書はまさに、カルヴァンとセバスティヤン・カステリヨン（Sébastien Castellion, 一五一五―六三年）との紛争を、カステリヨンの立場に立って書かれたものである。この書が書かれたのがナチス・ドイツの台頭した頃であり、ツヴァイクは、カルヴァンをヒトラーと同一視していたとも考えられる。この書において、カルヴァンは「独裁者」と扱われているからだ。

しばらく、ツヴァイクの観点にたって、カステリヨン事件を再現してみる。

「ついきのうまでカルヴァンを歓呼していた連中まで呻き声をたてはじめた。しかし独裁者の人格的な栄光を揺り動かすためには、眼にはっきりと見え、だれにも理解できるような原因がなければならない[21]」。

カルヴァンはカステリヨンが翻訳した聖書を批判した。これが、最初の衝突であった。この点についてツヴァイクは、カルヴァンはみずからの近親者がすでに聖書をフランス語に翻訳していて、その序文を書いており、カステリヨンの翻訳に対して、「なんと図々しいことではないか」と思ったと述べている。さらに、カルヴァンの認可がなければ書物が出版できない状況に関しては、独裁政治につきものの検閲であると評している(22)。

第二の衝突は、カステリヨンの牧師試験落第であった。これは、彼が雅歌を聖書の正典とみなさなかったことと「使徒信条」のキリストの陰府《よみ》下りを認めなかったことがその原因であったが、ツヴァイクは、カルヴァンの宗教的偏狭さに原因があったとしている。

図28　セバスティヤン・カステリヨン

「カルヴァンはキリストを無慈悲で形式主義的な法律家と見、その福音を硬直して図式的な法典だと考えていたが、カステリヨンの見るキリストはそれとちがっていた。彼がキリストのなかに見たものは最も人間的な人間、倫理的な模範であって、それぞれの人間は各人の流儀に従って、それも真理を知っているのは自分ひとりだけなどと主張することなく謙虚にキリストを見倣わなければならないと考えていた(23)」。

そして、両者の抗争の決定的事件となった牧師会におけるカルヴァンのカステリヨンに対する非難に関して、ツヴァイクは、カルヴァンを批判している。

「カルヴァンは、道徳に関する論争を規律に関する訴訟にすりかえてしまって、カステリヨンを宗教評議会にではなく、世俗の権力のまえに呼びだしたのであった。……市参事会員たちはいやいやながら集った[24]」。

カルヴァンがカステリヨンを追い出したのは、カルヴァンの嫉妬によるものであった、というのが、ツヴァイクの論である。カルヴァンは「策略家」「独裁権力」、カステリヨンは「精神の自由」の具現者として描かれている。

現在においてこのような事件が起きたらどうなるであろうか。日頃、上司により嫌がらせを受けていた者が、役員会にて上司を批判する。そしてもしも、この批判行為によって、上司がその者の退職を迫ったとすれば、それは不当な行為とみなされる。退職勧告を受けても辞める必要はない。無視すればよい。退職勧告には、なんらかの法的効力はないからである。もしも解雇となれば、裁判に訴えるべきであろう。解雇が正当に認められるには、誰もが承諾できる理由がなければならない。上司に対する批判は、解雇の正当な理由にはなりえない。

今日の法的立場から言うと、カルヴァンがカステリヨンに対してとった行為は、間違いであったと結論することができる。

ii　セルヴェ事件

カルヴァンの生涯において、もっとも深刻な問題が、セルヴェ事件であった。この事件は、カルヴァンの評価をほぼ決定すると言うことのできるものである。この事件により、カルヴァンは宗教的不寛容の人物だと評価する者もいれば、反対に、真理を守った聖書的人物だと評価する者もいる。カルヴァンはミシェル・セルヴェ（Michel Servet, 一五一一—五三年）を死刑へと追いやったと論じる者もいれば、最後までセルヴェの悔い改めを促したが本人が聞き入れなかったのであって、カルヴァンに死刑の責任はない、と論じる者もいる。

この事件は、宗教寛容の意味で重要な事件であったと、多くの者が論じてきた。いずれにせよ、セルヴェ事件以後、ジュネーヴ市においてカルヴァン派は優勢になった。その意味においても注意深くこの事件を検討しなければならない。

既に述べたように、中世後期から近代初期にかけての時代的特殊性を抜きにして、これを評価することはできない。さらに、現代に視点をおいて、この問題を扱わなければならない。「時代の子としてのカルヴァン」を前提として、以下この事件の概要をみていく。

セルヴェ

セルヴェは、スペイン出身のユマニストであった。ビリャヌエバで生まれ、サラゴサとトゥールーズで法学などの諸学問を修め、イタリアへ移った。この頃、宗教改革思想に接して思想家としての傾向をとるようになっていた。聖書解釈においてもそうであった。

一五三〇年、バーゼルにおいて、宗教改革者であるエコランパーディウス（Oecolampadius, 一四八二—一五三一年）に対して、三位一体論批判を展開する。エコランパーディウスは、かつてカトリック教会説教者であったが、ユマニストの立場からルターの教説に賛同し、修道院に入り、そこで研究を続け、一五二二年からバーゼルにおいて宗教改革運動を展開していた。彼が、セルヴェと接触する前年においては、バーゼル市民は保守的な市参事会をクーデターにより倒し、聖像とミサとを廃棄している。したがって、宗教改革がほぼ完成した同市の老齢な指導者に対して、青年セルヴェが三位一体という基本教義に関する批判をしたのであった。

彼はストラスブールにおいても、カーピト（Wolfgang Fabricius Capito, 一四七八―一五四一年）やブツァーと接触している。

図29　ミシェル・セルヴェ

一五三一年、セルヴェは、ハーゲナウにおいて『三位一体論の誤謬について』という著作を密かに刊行した。さらに翌年には『三位一体論対話篇』を発表した。これらは聖書本文にもとづく三位一体教義の批判であるために、バーゼル市会により禁圧された。彼は宗教裁判所の追及をかわして、フランスに逃亡した。

逃亡先のリヨンにおいて、彼はカトリック信者として生活し、パリ大学に留学して地理学、医学の研究に従事した。そして、プトレマイオスの『地理学』の刊行に協力し、医学を修めた後には、解剖学的所見からの肺の小循環を発見し認められ、ヴィエンヌにおいて医者を開業した。一五四一年には大司教の侍医となっている。

表面的には医者であり科学者であったが、セルヴェは、リヨンにおいて一五五三年に『キリスト教復元論』を秘密出版した。これは、三位一体を大胆に否定する内容であった。この本により、セルヴェは、カトリック教会だけではなく、プロテスタント教会からも異端とされた。なぜならば、三位一体の教義は、両者にとって基本的な教えだからである。

解剖学と神学

カルヴァンとの関係を述べる前に、セルヴェの思想についてまとめることにする。

彼はユマニストであり、自然科学の研究者であった。事物を科学的合理性によって把握する傾向にあった。そのことは、例えば、彼の血液肺循環説にもみることができる。この説において、セルヴェは解剖学と神学との融合した説を表明している[25]。

彼は創世記などの人の創造に関する記述を引用して、神の息吹は主の霊（スピリトゥス）で満たされている空気（アニマ）の中にあると論じ、霊には三重の霊があると考えた。それは、自然の霊、生命の霊、活力の霊である。これらの霊の所在は以下の場となる。

①自然の霊……肝臓と体中の静脈の中
②生命の霊……心臓と体中の動脈の中
③活力の霊……脳と体中の神経の中

人の「自然の霊」は、「生命の霊」が心臓から肝臓へと伝えられたことである。アダムの霊（アニマ）は、神によって吹き込まれたが、それは肝臓より先に、心臓に吹き込まれ、そこから肝臓に伝えられた。心臓は最初の生けるものであり、体中の熱源である。それは肝臓から生命の液を摂取し、逆に肝臓に生命を与える。

霊の材料は肝臓の血から取られる。創世記九章、レビ記七章、申命記一二章には、このことが記されている。

「生命の霊」は、心臓の左心室から体全体の動脈の中に流しこまれ、それにより霊はより高次の場を求める。それは、脳の基底にある網状叢である。そこにおいて「生命の霊」から「活力の霊」が創られ始める。そして細かな神経の中を「活力の霊」が通り、光線のように放射されて感覚器官に達する。

このようなセルヴェの論からいくつかの点を指摘することができる。

第一に、聖書よりも科学的知識を重んじていることである。確かに、聖書は引用されているが、それは科学的知識を説明するための材料に過ぎない。換言すれば、聖書を利用して科学的知識（この場合は血液の循環）を説明しているのである。また、聖書の引用箇所も適切なものと言うことができない。

第二に、霊という目に見えない事柄を、人間の内臓諸器官を用いて説明している。したがって、物質が霊よりも重視されていると言うことができる。

セルヴェは神学者ではなく科学者であった。聖書よりも科学的知識、霊よりも物を重視するユマニストであった。したがって、彼の反三位一体論は、神学者の論ではなくて、無神論者のそれに近いものであったといえよう。

セルヴェは、既に一五四六年頃にカルヴァンと文通していた。しかし、同年二月十三日に、ファレルに宛てた手紙においてカルヴァンは、セルヴェの「異端思想」について、以下のように理解していた。

セルヴェトゥスはつい先日私に手紙を送ってきました。これには自分の気狂いじみた〔ママ〕教義について大法螺をふいた部厚い紙束がそえてありました。やがて吃驚仰天、前代未聞のものを読むことになるでしょう。……もはや生きて再び彼がここから出ていくようにはさせません。(26)

カルヴァンは、早い段階においてセルヴェの「異端思想」を見抜いていた。また、「生きて再び彼がここ〔ジュネーヴ市〕から出ていくようにはさせません」と述べているように、彼は死刑に値すると既に考えていたと思われる。

発端

一五五三年二月二十六日から三月末にかけて、ジュネーヴに住むギョーム・ド・トリーは、リヨンのアントワーヌ・アルネーに三通の手紙を出している。トリーは、カルヴァン派であったためにリヨンからジュネーヴに亡命していた。彼はヴァレンヌの領主であった。彼の従兄弟のアルネーはリヨンの宗教裁判所の関係者であった。この手紙の本来の意図は、カルヴァン派に転じたトリーをカトリック信仰にもどるように勧めたアルネーの手紙に対する、トリーの返事であった。

この手紙で、トリーは、カトリックとプロテスタントとが信じる三位一体の教義を否定しているセルヴェに関して、以下のように述べている。

……ところである男が、われわれの信じている三位一体は地獄の門を守る三匹の番犬《ケルベロス》であり、地獄の怪物であるといい、神の子の永遠の発生について聖書が説いているすべてのことに反対して、また聖霊は父と子との力であるということに反対して、考えうるあらゆる下劣なことを吐きちらし、古代教父が教えたことすべてに対して無礼にも嘲笑したとするならば、あなたは彼に対してどう振舞われるおつもりなのでしょうか。……こうなるとあなたも、私がいまいったことは謬説であるばかりでなく、忌むべき異端説であり、全キリスト教を破壊するものであると、告白せざるをえなくなるでしょう。

トリーは、この第一の手紙にセルヴェの書いた『キリスト教復元論』の表紙とその裏の目次と最初の四枚を同封していた。非難は続く。

……しかしここに一人の男がいて、イエス・キリストを偶像とよび、信仰のあらゆる基礎を破壊し、古代の異端者たちのあらゆる空想を積み重ね、幼児洗礼を断罪してそれを悪魔の発明品とよんでいるのです。(27)

トリーからの手紙を受けたアルネーは、その手紙を宗教裁判所に渡した。そして、セルヴェの異端思想をさらに立証するための書物をトリーに要求したと思われる。

三月二十六日付けの第二の手紙では、セルヴェの二十四枚にわたる手稿や論文、書物が同封されている。ただし、その際、トリーは、以下にあるように、カルヴァンからセルヴェ著の文献を入手していた。

しかし告白しなければならないのですが、私があなたにこれらのものを送るため、それをカルヴァン氏から引出してくるには、大そう骨が折れたということです。氏はかかる呪わしき瀆神が罰せられないことを欲しているわけではありませんが、正義の剣を振うのが職務ではなく、このような手段によって異端を追及するよりは、むしろ教義によって説得することが自分の義務だと考えているからです(28)。

セルヴェの異端思想に対して、彼を教義によって説得しようと冷静に判断するカルヴァンの姿が、ここに述べられている。

逮捕

宗教裁判所は、カルヴァンからトリーを通してアルネーに送られたセルヴェの書物等を点検し、四月四日にセルヴェを逮捕し、投獄した。

四月五日、セルヴェに対する訊問が開始された。宗教裁判所長官（懺悔聴聞僧）オーリー、司教総代理（法学博士）アルゼリエ、警察長官兼総督代理（法学博士）ラ・クールが訊問にあたった。

四月六日の第二回の訊問において、セルヴェは、自分はセルヴェではないが、セルヴェという人物のふりをして、カルヴァンと手紙により討論したと答えている。事実に基づかない苦しい弁明である。そして、訊問の最後には、「教会やキリスト教に反する教義をのべたり、そのようなことを主張したりすることを決して欲したのではないことを、神と皆様の前で保証いたします(29)」と、みずからの潔白を主張している。弁明というよりも虚偽の事実による自己弁護ということができよう。

セルヴェは、この直後に脱獄する。そしてスイス国内で逃亡した後、八月十三日にジュネーヴにおいて再び逮捕された。翌日、同市の小委員会による告訴状が提出される。それには、四十にわたる告訴文が書かれていた。

その告訴の内容をまとめると、そのほとんどが三位一体論、キリスト論、神論(30)に関する誤った考えについてであった。たとえば、キリスト論に関しては、以下のような内容であった。
9　わが主イエス・キリストは、聖霊により処女マリアの胎内にみごもるまでは、神の子ではない、といわなかったかどうか。
10　イエス・キリストが永遠の昔から父なる神によって生れた言葉であると信じる者は、空想的で迷信的な救済観をもっているにすぎない、といわなかったかどうか。
11　イエス・キリストは、神が彼を神となし給うた限りで神である、といわなかったかどうか。
12　イエス・キリストの肉は、天から来たものであって、神の実体から生じたものであると、いわなかったかどうか。
13　イエス・キリストが人間になったとき、彼に神性がわかち与えられ、その後この神性は霊的なやり方で聖霊降臨の日に使徒たちに分与された、といわなかったかどうか。
26 イエス・キリストが神の子であるのは、彼が父の実体の三つの要素、火、空気、水をもっているためである、といわなかったかどうか。
セルヴェの思想が正統的神学と異なっていたことは明らかである。したがって、セルヴェは、先述のカステリヨンとは比較にならないほど、聖書に反する思想をもっていたことがわかる。今日からみても、セルヴェの思想は、明らかに異端である。
九月五日、バーゼルの牧師長に宛てた手紙の中で、カルヴァンはセルヴェへの告訴を以下の三点に要約している。
①恐るべき誤った思想によって信仰を堕落させようとしていること。
②悪魔的高慢さにより、忠告を軽蔑し、毒を広めようとしていること。
③冒瀆的な主張に固執していること。
「毒」などと、かなり感情的な表現が見られるが、カルヴァンの告訴理由に共通するものは、セルヴェの行動よりは、むしろその思想の過ちである。すなわち、カルヴァンのセルヴェへの告訴は、その異端思想にあったということができる。

異端に対して

中世カトリック教会において、異端とは正統に対立するものであり、その思想が基本的教義に反するものであった。中世には、さらに、教会の権威に従わない者も異端とされた。したがって、現在から見るとローマ・カトリック教会よりも聖書的だと思えるワルドー派や、ウィクリフ、フスなどの宗教改革の先駆者、さらにはルターも異端とされた。なぜなら、彼らは、ローマ教皇や教会の権威よりも聖書の権威を重んじたからである。

我々は、聖書の根本的教義、すなわち、神論、キリスト論、救済論に反する異端に対しては、断固とした態度をとらなければならない。その点、セルヴェの思想は、明らかに聖書の基本教義を否定するものであったので、異端と判断したカルヴァンの態度は正しいものである。

明らかな異端に対しては毅然とした態度をとるべきである。だが、聖書の基本教義に反しない特徴ある教会や運動を、異端視したり差別したりするべきではない。むしろ、それらの運動にある良き点を積極的に学ぶべきであろう。なぜならそのような教会も、神が愛され用いられておられるからである。

『三位一体論の誤謬について』

一五三一年、セルヴェが二十歳の時にこの書が出版された。したがって彼がこの書を実際に執筆したのは、十八、九歳の時であったと考えられる。かなり若い時の作品である。この作品は彼の運命を決定したものであるから、その内容を詳しく見ることにする。

同書は六十一の段落から成っている。一から二十九までがキリストについて、三十から最後までは聖霊について、である。

まず言えることは、セルヴェは三位一体論を否定するのではなく、古くからの神学的解釈の過ちを指摘して、聖書の記述からキリストと聖霊について論じていることである。その際、古来の解釈とは、キリスト論においては、テルトゥリアヌスの『プラクセアス反論』『マルキオン反論』、キリスト養子論、「通俗的」なスコラ哲学、アレイオス派であり、聖霊論においては、スコラ哲学者たち、テルトゥリアヌス、アレイオス、オリゲネス、キプリアヌス、ペトルス・ロンバルドゥス、エウノミオス、アエティオス、マクシミヌス、ネストリオス、エウテュキオス、プラクセアス、ウィクトリヌス、サベリウスなどである。

これらの伝統的見解を批判しながら、聖書の記述に従い、原語による解釈も含みながら、キリストと聖霊について捉え直そうとする試みがこの書の内容であった。

DE TRINITA
TIS ERRORIBVS,
LIBER PRIMVS.

I NSCRVtandis diuinae Triadis, sanctis arcanis, ab homine exordiendum eo duxi, quia ad Verbi speculationem, sine fundamento CHRISTI, ascendentes, quàm plurimos cerno, qui parum aut nihil homini tribuunt, & ue-

図30 『三位一体論の誤謬について』

キリスト論に関しては、以下のように要約している。

……聖書全体は冒頭から結尾に至るまで、人間キリストその方について語っているとわたしは言う。……聖書全体が語っているのは、人なるキリスト御自身についてなのである。

この箇所からはキリストの神性が否定されているように思えるが、以下のように要約は続いている。

……だから、あなたの思いを常にキリストに向けるがよい。神があなたに喜ばしい心を与え、これを開いて下さるように祈るがよい。わたしは一切の中傷、誹謗、遁辞を抜きにして、聖書をこの上なく明快に解釈し、あなたがキリストの御顔を常に見奉るかぎりで、神御自身をあなたの目の前に示し奉るであろう[31]。

この箇所からも明らかなように、セルヴェは、神としてのイエスを決して否定してはいない。しかし、彼の三位一体論は、正統的な立場ではなく、様態論、すなわち、父、子、聖霊は同一の神の異なる顕現様態にすぎない、とする立場に近いものであったと解せられている[32]。

彼が異端とされて厳しく非難されたのは、この書の結論部分の表現にあると思える。すなわち、従来のスコラ哲学などの三位一体論を否定した後に、三位一体は後の人々が聖書にないことを付け加えたのだと断定して以下のように結んでいる。

それ故に、この発熱性の疫病は、新来の神々として、近年になってから付け加えられ、押し付けられたものであって、われわれの父祖たちはそのようなものを拝することはなかった。この哲学的疫病はギリシア人によってもたらされたのである。彼らは他の民にまさって哲学に耽溺しており、われわれは彼らの口車に乗せられて、自分自身でも哲学者になってしまったのである。

そして最後の段落においては、キリストの大宣教命令を引用して、セルヴェは、教会がキリストに逆らい、その無謬性に固執したために、三位一体という無知な誤謬を犯してしまったと断じて、教会の権威を非難している。そして、以下の信仰的な言葉によって結ばれている。

……願わくは主があなたがたに知恵を与えられ、聖書の単純さに従うことができるようにして下さることを。もしも全身全霊をもってキリストを尋ね求めるならば、疑いもなく主は恵み深くあられることであろう。(33)

セルヴェの意図は三位一体論の再考にあった。古くからの神学理論やスコラ哲学を批判して、聖書が記すキリスト像を求めることに彼の意図はあった。聖書やキリスト教を否定する意図はなく、神やキリストを冒瀆する描写は、一切見られない。彼の批判は、三位一体論と教会の権威にあった。その論拠が不十分であり、感情的で行き過ぎであったことは否めない。さらに当時の状況からいって、すなわち、カトリック教会と新興のプロテスタント教会とが対立している中にあって、両者の共通する基本教義である三位一体論や教会を批判することは、許されない行為であった。

セルヴェに対する告訴

確かに、宗教改革の時代においては、セルヴェの三位一体論批判は受け入れることのできない異端であり、今日においてもそうである。しかし、それは、二十歳前後の若者が、聖書に立ち返って伝統的な神学理論を再考し、それを批判したものである。だが、その論拠が不十分であり、正統的立場ではなかった。若さのあまり、結論部分において教会権力を感情的に批判してしまった。今日の観点に立つと、決して死刑に至らない、許容範囲内の論争である。しかし、当時において教会権力ならびにカルヴァンは、これを許しておくことができなかった。

カルヴァンは、セルヴェの書物を「瀆神的な謬説に満ち満ちている毒々しい本」「おそろしい謬説が満ち満ちている」「背神的妄言」「癒し難い毒」と評している[34]。

一方、監禁されたセルヴェは、市参事会に以下の三通の請願書を提出している[35]。

一五五三年九月十五日付けの請願書では、セルヴェは、カルヴァンの訴訟妨害行為を批判し、獄内生活の悲惨さを「しらみが私のこの生身の身体を喰い荒らしています」と説明した後に、二通目の請願を表している。

第一に、ユスティニアヌス法典に従って裁判を行ってほしいこと、第二に、代理人あるいは弁護士をつけてほしいこと、第三に、自分のこの請願書を議会に提出してほしいこと、である。

セルヴェのこれらの要求は、現在からみれば当然の要求である。もし、現在において、法律に従わず、弁護士をもつけさせず、議会などに公表もせずに秘密裡に裁判を行ったとすれば、大問題となる。

一週間後の三通目の請願書では、セルヴェは、六項目にわたる事実関係を確認するために、カルヴァンを訊問することを市参事会に要求している。そのうちの一つは「犯罪の告発者となったり、裁判によって人を死刑にするよう訴追することが、福音の教役者の職務ではないことを、果して知っていないのかどうか」となっている。

さらに、カルヴァンを断罪すべき以下の四つの「重大で確実な」理由を、激しい口調により挙げている。
①教義の問題は犯罪告発の対象とならない。
②カルヴァンは「嘘つきの」告発者である。
③カルヴァンは中傷的理由によりイエス・キリストの真理を抑圧しようとしている。
④カルヴァンの教義は魔術師シモンの教義の真似である。
①は現在からみれば正当な理由となるが、当時の状況からは支持されない理由である。また、②〜④は、かなり感情的なものであり、立証できない理由でもある。
セルヴェのこの要求を、市参事会はどのように受けとめたであろうか?

セルヴェの処刑

ジュネーヴ市会は、近辺諸都市の牧師会と市会にセルヴェに関する質問書を送り、有罪とする回答を得た。そして、一五五三年十月二十六日に、市会はセルヴェに有罪判決を下した。判決序文には以下の内容がある。

……汝セルヴェは長期にわたり誤謬と異端に満ちた教義を主張し、あらゆる忠告や懲戒を無視し、悪意に満ちたさかしらなる頑固さによって、父なる神と子と聖霊、すなわちキリスト教の真の基礎に反対した本を公然と印刷し、執拗にもその教義を蒔きちらし吐きちらし、それによって神の教会の中に分裂と争いをつくりだそうと試み、おそらくそれによって瞞された人びとの魂は滅び失われるに至ったのである。

セルヴェの有罪の根拠は、異端の教えにあったことが明白である。そして以下が判決主文である。

汝ミシェル・セルヴェを断罪して、汝を鎖につなぎシャンペルの地に連行し、柱にしばりつけ、汝の手書きおよび印刷したる本とともに、汝の体が灰になるまで生きながら焼くものとする。汝はかくのごとき事件を起さんと欲するものに見せしめを与えることによってその生涯を終えることになろう(36)。

判決文は翌日ダーロー市長によって朗読された。これを聞いたセルヴェは、カルヴァンによれば、しばし虚脱状態にあり、そして溜め息を吐き、錯乱したようにわめきだし、胸をかきむしって「お慈悲を、お慈悲を」とスペイン語で叫んだとのことである。

十月二十七日、シャンペルの丘に火刑台が立てられ、セルヴェの処刑が判決どおりに実施された。最後まで彼のかたわらについていたファレルは、後に以下のように処刑のありさまを記している。

焚刑場への途すがら、なん人かの人がセルヴェトゥスにその過ちを正直に告白し、その謬説を撤回するようせきたてた。しかし彼は自分は不当にも難を蒙っているのであり、告発者たちを許し給うよう神にお願いしているのだと答えた。それで私は、彼にこういった。「お前はこんなひどい罰を受けても、まだ自分を正当化しようとするのか。もしそうしつづけるなら、もう一歩もいっしょについて行ってやらないぞ。そして神の裁きに委ねてしまうつもりだ。私はいっしょに歩いて、みんなにお前のためにお祈りするよう頼むつもりでいたのだ。お前が人びとにとって教訓になると思ったからだ。お前が最後の一息をつくまでお前のそばを離れまいと思っていたのだ」。それで彼はこんな類の言葉を吐くのをやめた。彼は自分の過ちと無知と罪を許してくれと頼んだ。しかし決して充分な罪の告白をしなかった。彼はわれわれが観衆に訓戒しているとき、われわれとともに祈った。そして皆がここで見守って、自分のためにお祈りしてくれとなんども頼んだ。しかしわれわれは、彼にその誤りを公然と認めさせ、キリストが神の永遠の子であることを告白させることには成功しなかった(37)。

セルヴェは最後までみずからのキリスト論を変更しなかったことがわかる。

かくして、セルヴェの処刑は実施された。しかし、事件はこれで終わったのではなかった。

『異端は迫害されるべきか』

一五五四年に、マグデブルクにおいて出版されたこの書の編者は、マルティヌス・ベリウスとなっている。「マルティヌス」はローマ神話の戦争の神、「ベリウス」はラテン語で戦う人を意味する。この書がカステリヨンの書であることは現在では明らかなことである。彼は、カルヴァンとの熾烈な戦いを覚悟してこの書を出版したと考えられる。

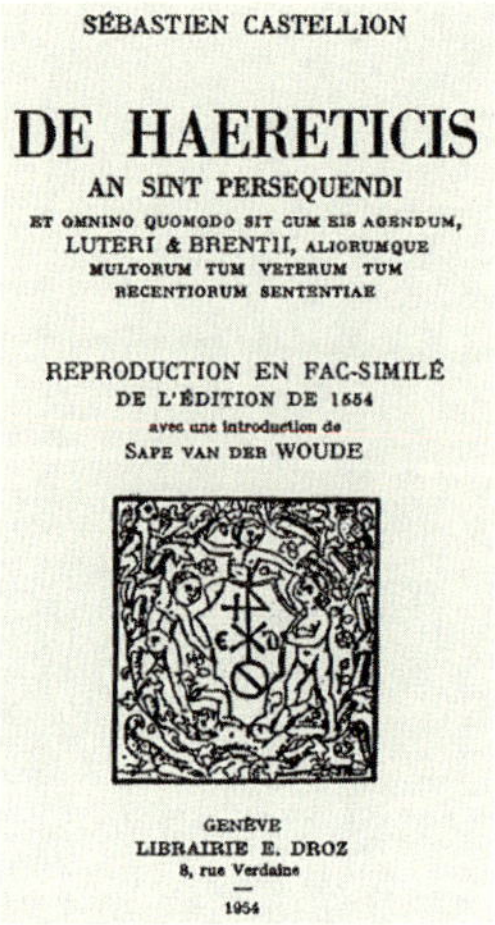
SÉBASTIEN CASTELLION

DE HAERETICIS

AN SINT PERSEQUENDI

ET OMNINO QUOMODO SIT CUM EIS AGENDUM,
LUTERI & BRENTII, ALIORUMQUE
MULTORUM TUM VETERUM TUM
RECENTIORUM SENTENTIAE

REPRODUCTION EN FAC-SIMILÉ
DE L'ÉDITION DE 1554
avec une introduction de
SAPE VAN DER WOUDE

GENÈVE
LIBRAIRIE E. DROZ
8, rue Verdaine
—
1954

図31　『異端は迫害されるべきか』

この書の内容は、信仰の自由と宗教的寛容であり、アウグスティヌスら古代の著述家、ルターやエラスムスなどの同時代の宗教改革者やユマニストの思想、さらに聖書本文の内容にもとづいて論が展開されている。この書は、直接的にカルヴァンを批判したものではない。むしろ、論証を踏まえて、間接的にセルヴェ事件を非難したものだということができる。

次に具体的に内容を見ることにしよう。

この書の前半の「ヴュルテンブルク大公クリストフへの献辞」には、まず、当時の「異端」狩りに対する疑問が述べられている。特に以下の二つの危険性が指摘されている。

第一に、異端でも何でもない者を異端と判断する危険であり、「それは今日まで続いております」と、セルヴェ事件を暗示しているように述べられている。この危険性に対しては、本物の反逆者とキリスト者とを見分けるには、大変な慎重さが必要であると主張されている。

第二の危険は、本当に異端である者に対して、キリスト教的戒規の要求する以上に厳しく、またそれとは異なった処罰を加える恐れである。

それでは異端とはそもそも何であるのか？　これに関して、カステリヨンは新約聖書を引用して、二つの異端者の種類を提示している。ひとつは、道徳面においてかたくなな者、すなわち貪欲な者、口汚い者、奢侈な生活を送る者、大酒飲み、迫害者などの、いくら戒告を受けても悔い改めない者である。

もうひとつの異端者は、霊的な事柄や教義において頑迷な者である。本来の異端がこの種に当てはまると彼は考えている。

異端者に対していかに対処するべきかに関して、カステリヨンは、厳しい態度ではなく、むしろ慈悲深く、まことの敬虔と正義によって彼らを真理にひきよせることを主張している。その主張の根拠は以下のように述べられている。

もしわたしたちが互いに相争い、憎み合い、迫害し合うならば、そうしているうちにもわたしたちは日ごとに悪くなるでありましょう。心が他人を断罪することで満たされているうちに、自分自身の務めをいつの間にか忘れてしまうのです。こうして福音は、わたしたちの咎のゆえに異邦人の間で悪しざまに言われるようになるのです。と言うのは、わたしたちが怒り狂った獣のように互いに襲いかかり、弱い者が強い者によって打ち負かされるのを目にする時、異邦人たちは福音そのものをおじ恐れ、これを憎むに至るからです。これではまるで、福音が人間をこのようにしてしまうかのごとくです。彼らはまるでキリスト御自身がこのような事をせよと命じられたかのごとく、キリストを憎悪するでありましょう。……キリストの御名を告白する者が、同じキリスト教徒によって何の憐れみもなしに火刑、水死刑、斬首刑に処せられ、まるで強盗や人殺しであるかのごとくに残酷な扱いを受けるのを目にするならば、いったいだれがキリスト教徒になりたいなどと考えるでしょうか。(38)

異端者を処刑していれば、良き証しにならない、というのがこの主張である。異端者を寛容に扱うべき外的な根拠ということができる。このことは現在にも当てはまることである。

毒麦は神が抜かれる

この書の後半において、異端者を寛容に扱うべきもう一つの内的な理由が述べられている。カステリヨンは、まず、処罰に値する罪には、霊的（精神的あるいは宗教的）な罪と世俗的な罪があると論じている。前者は、不信、神への懐疑、小心、倒錯した聖書解釈、全くの異端、憎悪、嫉妬、貪欲、などの罪であり、後者は、謀反、殺人、強盗、窃盗、姦淫、社会平和を乱す罪などである。そして、前者は神のことばの剣によって、後者は世俗的なカイザルの剣によって罰せられる。特に霊的な罪としての異端に対しては、カステリヨンは、マタイによる福音書一三章の毒麦のたとえを引用して、以下のように論じている。

この言葉によってキリストは、ここで「毒麦」と呼ばれている不信者や異端を、キリスト者が［物体的な］剣によって根絶しようとしてはならない、ということを示そうとされたのである。むしろ、ただ霊の剣によって彼らと戦い、刈り入れの時まで待つべきなのである。(39)

我々人間にはどれが毒麦であるかはわからない。時には毒麦だと間違って判断して正しい麦を引き抜いてしまう。主イエスこそ、何が毒麦であるかをご存知であり、その主イエスが、「毒麦を集めるとき、麦まで一緒に抜くかもしれない。刈り入れまで、両方とも育つままにしておきなさい。刈り入れの時、『まず毒麦を集め、焼くために束にしなさい。麦の方は、集めて倉に入れなさい』と刈り取る者に言いつけよう」（マタイ福音書一三・二九―三〇）と言われている。だから、この聖書の御言葉に従うべきだというのが、彼の主張である。まことに聖書的な主張と言わざるをえない。

カルヴァンの議論

カステリヨンの『異端は迫害されるべきか』に対して、カルヴァンはセルヴェ処刑を正当化する冊子『スペイン人ミシェル・セルヴェの途方もない謬説を駁す』を一五五四年二月に発行した。これには、神の栄光を損なう者を懲戒することは合法的であるばかりか、為政当局者に求められてもいるという主張が述べられている。

翌年、カルヴァンは、三月から九月にかけて申命記の説教を行い、セルヴェを処刑した根拠が聖書にあることを主張した。さらに、カステリヨンの書物はジュネーヴとバーゼルにおいて発禁処分にするように画策した。

また、弟子のテオドール・ド・ベーズに反駁書を書かせた。それが『異端は俗権によって罰せられること』であった。この書には、宗教上の分裂は、共同体の平和を損なうものである故、それを制圧することは世俗の為政当局者の責任であるということが主張されている。

この書に対してカステリヨンもまた、『異端者が剣で処罰されることが正当であることを示そうとしたカルヴァンの小冊子に抗弁す』という題のパンフレットを出版した。ここにも彼の宗教的寛容の理論が展開している。すなわち、もしも宗教的寛容の精神がなければ、世界中いたるところにおいて宗教戦争が起きるであろう、とカステリヨンは論じている。彼のこの「預言」は、後に歴史的に成就することになる。この書の最後は以下のように述べられている。

私はあなたがたの心がどれほど頑迷で、考えを変えたり、一度下した判決を取り消したりすることをよしとしないかを知っている。それは不名誉だと案ずるからである。しかし、誤りの中に留まる方がはるかに大きな不名誉なのだ。短時間誹謗されるよりも、永遠の苦痛を耐える方がはるかに悲惨である。(40)

権威にある者が過ちを認めることは、いかにむずかしいことであるか。これは現在でも当てはまることである。よほど信仰ある謙遜な権威者でない限り、自らの過ちを即座に認めることはむずかしいであろう。

ところで、カルヴァンのセルヴェに対する批判は、『キリスト教綱要』にもいくつか見つけることができる。

同書第一篇「創造主なる神の認識について」の第一三章「聖書においては、神の本質が唯一であって、それが三つの位格をうちに含むと、創造のとき以来教えられている」の二二節において「セルヴェトの誤謬の追及」と題して、批判が以下のように述べられている。

しかし、今の時代にはセルヴェトやその同類の狂乱者が起こって一切を新たな妄想にくるみ込んでいるため、その偽りを手短に打ち砕く必要がある。……彼が罵倒のために考え出した愚かな呼び名は無視しよう。……他の所でセルヴェトは自己の不敬虔を更に明らかに露呈するを余儀なくされ……しかし最も忌むべきは神の子と御霊を全ての被造物と混同した点である(41)。

セルヴェの理論を、伝統的な三位一体論から批判した文章の中に、以上のような敵意に満ちたカルヴァンの言葉が使用されていることがわかる。

セルヴェの神学が伝統的三位一体論から見れば、問題あるものであり、「異端」であったこと。これは、現代では認められることである。しかし、この故に、セルヴェが処刑されたことは、現代の観点からいって明らかに間違いであった。

このようにカステリヨンの主張は、聖書に基づく正しいものであったと結論することができる。「時代の子」としてのカルヴァンの限界を、我々は、ここに見ることができる。

カステリヨンの死

カステリヨンの書いた冊子は、刊行停止となった。「表現の自由」を奪われた彼は、その後、神秘主義へと傾斜していった。そして一五六三年に四十八歳にして心臓病のために死去した。死の二か月前に書かれた遺書には以下のように書かれていた。

神を信じ、畏れ、愛し、その戒めを守り、神がやもめや孤児の父であって、あなたがたを見棄てることはないと信じなさい。しかし、もしあなたがたが神を捨てるならば、神もあなたがたを捨てられるであろう。(42)

神を信じることを勧める遺書においても、人が神を捨てると神も人を捨てると論じ、カルヴァンの予定論を否認していることがわかる。

E　円熟期

一五五五年のジュネーヴ市の選挙において、四人の行政長官はすべてカルヴァン派となり、二百人議会の二十二人もカルヴァン派になった。そして、多数のカルヴァン派のフランス人亡命者に市民権が与えられた。対立する派は、これに抗議して暴動を起こしたが、裁判により十二名の指導者が死刑となり、反カルヴァン派の多くはベルンに逃亡した。

ジュネーヴは、かくして、カルヴァン派の君臨する都市となった。

カルヴァンは教育と説教と文筆活動だけでなく、必要に応じて外交や人事や経済などの行政の仕事にも従事した。たとえば、市会からの行政上の要請があればそれに応じ、またカルヴァン自身も積極的に市会に対して意見を提出した。基本的には、この世の政治は市会が行い、道徳の指導や取り締まりは長老会が行うという政教分離の原則に基づいているが、実際上、カルヴァンは長老会を中心にし

写真５　聖ピエール教会内にあるカルヴァンが使用した椅子

写真６　同教会の説教壇
（クリスマス・イヴに黒川愛恵撮影）

て、さまざまな市の改革を行っていった。

彼の改革は武器によらず、聖書に基づいた改革であった。既に一五四五年に発行されていた『信仰問答書』を彼は用いた。すなわち、五十五課より成る問答書の一課ずつを市民に日曜日ごとに学習させた。また、子供たちには牧師が一人ひとりに問答書の試験を行った。

聖ピエール教会でなされる説教は、当時の社会のおいて最大のマスメディアであった。カルヴァンは説教のために心血を注いだ。

このようにして、信仰問答書と説教と教会訓練によって、カルヴァンはジュネーヴ市民を徹底的に、かつ体系的に教育した。その結果、ジュネーヴ市民は他と異なり、高い道徳性をもち、勤勉で禁欲的でしかも国際性豊かな市民へと改善されていった。当時のヨーロッパには、ジュネーヴほど、よく教化され、厳格な規律に慣らされた道徳的な都市は他になかった。

教会の改革、さらには社会の改革の基礎は、聖書の教育である。聖書に基づき、真に悔い改めた信仰者となり、聖書に従う者へと教育されていくことが、改革の源である。

このことは今日にも当てはまる。聖書を徹底して教えずに、安易な人間的交わりや賛美や証しに頼ることでは教会は決して改革されない。人を救いにみちびき、また矯正するのは聖書である。

ジュネーヴ・アカデミーの設立

一五五七年に、四十八歳のカルヴァンはストラスブールを訪問した。この訪問から帰って以来、教育の改革に着手する。

彼はジュネーヴに無料の公立学校を設立するために議会に働きかけ、翌年初めにはこの学校のための敷地を選定するのを助けた。学校建設は市政府によって始められ、カルヴァンは教師の選定の役割を担った。彼はローザンヌのベルン・アカデミーから数人の教師を招いた。その中にベーズがいた。

ベーズはブルゴーニュに生まれ、宗教改革の共鳴者であるユマニストのヴォルマールから古典を学び、また法律も学んだ。若い時にはラテン詩により名声を得たが、病気と放縦の生活の果てに悔い改め、プロテスタントの信仰を持ち、カルヴァンを頼りジュネーヴに亡命した。その後、ローザンヌのベルン・アカデミーにおいて一五四九年よりギリシア語を教えていた。ベーズは、セルヴェ事件の際にはカルヴァンを擁護して、異端を処罰する書を書いた。彼はヴォーにおいてカルヴァンにならった改革運動を推進したが失敗して、一五五八年にはジュネーヴに退去していた。ベーズはカルヴァンによって新しいジュネーヴ・アカデミーの学長に選ばれた。

図32　テオドール・ド・ベーズ

ジュネーヴ・アカデミーの開学式は六千人の参加により聖ピエール教会において行われた。学長ベーズはラテン語による演説をし、迷信から解放された自由な研究の場を設立したことをジュネーヴ市に感謝した。カルヴァンは、その後にフランス語で短く挨拶をし、祈りをもって式は終わった。

ジュネーヴ・アカデミーは二部より成っていた。ひとつは学寮であり、これは七学年に分かれ、ジュネーヴ市のすべての青年を教育する学校であった。最初の年には二八〇人が入学した。他は程度の高い学院（公学校）であった。これは、神学の高等教育を与えることを目的にしていた。最初の年は、カルヴァンとベーズの教える神学二講座と、ヘブライ語と哲学各一講座で構成されていた。ジュネーヴ・アカデミーは私塾のような小規模のものであったが、キリスト教国のあらゆる地域からの学生を集めた。実際、一五六二年までに一六二名にのぼる学生が入学した。その八割はフランス人で、ジュネーヴ市民は四人にすぎなかった。フランス語圏だからフランスからの留学生が圧倒的に多かったことがわかる。

晩年

カルヴァンは、すでに相当健康を害していて、一五六四年二月六日には、喘息で声をつまらせながら最後の説教を行った。その後、数度聖書研究会に出席したが、三月末にはそれにも出席できなくなった。

ベーズは以下のように晩年のカルヴァンについて描いている。

……生来虚弱で貧弱な体をし、肺病の気があったのに、しばしば夜どおし働いて、説教や授業や口授に一年の大部分を費していたのである。少なくとも十年間は朝食を摂らず、いっぱんに昼食のきまった時間以外には食物を口にしなかった。それで彼が永いことと肺病に罹らなかったのは不思議なほどである……声を張りあげたことと、気付いたときにはもう遅かったが下剤を過度に使ったために、痔が化膿し、死の五年前から出血しだした。(43)

カルヴァンはいかなる病気にかかっていたのだろうか？　これに関しては、二月八日に医学者アントワープ・サポルタと、ギョーム・ロンドルに宛てたカルヴァンの手紙とベーズの著書から推察することができる。それらによると、偏頭痛、胃痛、肺結核、尿路結石、神経痛などであった。いずれもかなりの痛みをともなう病気である。

カルヴァンは、もはや死の床にあった。日に日に衰弱していく体。三月二十七日には市庁舎まで運ばれ、議員たちに別れの挨拶と感謝を述べた。四月二十五日には遺言を口述により完成した。二十七日にはカルヴァン宅に議員たちと牧師たちとが集まった。そして、まず、彼らの働きと忍耐に感謝をして、なすべきことをなすように彼らに以下のように要請した。

私が任務を続行していったとき、主がその御業と私の活動を祝福されていることがわかりました。それで諸君もその天職にとどまり、定め給うた秩序を維持してください。(44)

翌日には同僚の者たちに以下のようにみずからのいたらなさをわびている。

私は多くの欠陥をもっていました。そうした欠陥にあなたがたは耐えなければなりませんでした。その上、私がなしてきたすべてのことは何の価値もありません。意地の悪い人々はこの言葉を突いてくるでしょう。しかし、私はもう一度、私のなしたすべてのことは何の価値もなかった、

図33　晩年のカルヴァン

そして、私はあわれな被造物であると言います。しかし、もしも、私が望んでいたことや私の悪徳を嫌っていたことや、神への畏敬の念が私の心の中にあったことを述べるならば、その気持ちは善良であったのだということができるでしょう。そして、私の悪をお許し下さるよう、あなたがたにお願いしたいのです。[45]

カルヴァンの欠陥とは、怒りっぽく、時には冷酷で、恐怖を与えるほど相手を攻撃したことであり、これは反対者に対する彼の感情的な言葉や態度からも明らかである。

しかし、カルヴァンの怒りやすい性格は、彼の生まれたピカルディー地方出身者の共通する性格でもあった。さらに、週数回の説教や、年間百回以上の聖書講堂における聖書講義、長老会、牧師会、聖書註解の執筆、手紙の執筆などの過度な忙しさが、彼を怒りやすくしたとも考えられる。また様々な病からくる痛みに耐えられずにいらだちを覚えたこともあるだろう。

いずれにしろ、それを謝罪したことは、誰からも批判されず、誰に対しても謝罪しようとしない「高ぶった」牧師や指導者が模範とすべきことである。

召天

五月になると病状はさらに悪化した。かつての同労者のファレルが七十五歳の老体で見舞いに来ようとするが、カルヴァンはことわり、手紙によって別れの挨拶を述べた。ファレルはジュネーヴまで来るがカルヴァンに会えずにむなしく帰って行った。彼は翌年に死去した。五月二十七日、ベーズが訪れてしばし話をして帰って行った。その直後、夕方にカルヴァンは死去した。五十四歳であった。この日の状況を、ベーズは以下のように描いている。

彼が死ぬ日、彼は前より元気でまた少し楽に話せるように見えた。……私は彼の許を辞したばかりであったが、召使の知らせですぐに牧師の一人とともに彼のところに急いで行った。彼のところに着いてみると、彼はすでに静かに死んでいた。手足になんのけいれんもなく、深い溜息を吐くこともなく、そして最後の息を引取るまで、彼は意識も判断力も声も全く奪われていなかったのである。彼は死んでいるというよりも眠っているように見えた。かくしてこの日、日没の太陽とともに、この輝やく光もわれわれから取去られていったのである。(46)

カルヴァンの生涯から学ぶ

カルヴァンの生涯を通して、学ぶべきものを二点、指摘する。

第一にカルヴァンが全生涯をとおして試みたのは、聖書に基づく改革であった。カルヴァンは、聖書研究、講解説教、聖書学院設立、牧師教育、註解書執筆などを通して、徹底的に聖書を教えた。そのことが最終的には人々を変え、新しい時代へとつながっていった。聖書は人を救いへと導くだけでなく、社会全体をも良き方向へと変えていくものであることを知ることができる。

しかし、第二に、時代の子としてカルヴァンには、逸脱行為も見受けられる。それは、反対者の人権を無視したことである。セルヴェ、カステリヨンなど、異なる教えを掲げる者に対して、死刑、追放などの手段をもってカルヴァンはこたえた。これは、明らかに彼らの人権を無視した行為である。今日、カルヴァンと同じような行動をとれば、法的に有罪となることは明らかである。

人は、ともすれば権力を獲得すると、権力の魔力にいつしか負けて、謙遜を忘れ、理性に反することを平気で行っていく。権力者に反抗する者は神に反逆する者である、という誤った権力観によって、反対者を抹殺していく。このようなことを今日のキリスト者は行ってはいけない。

カルヴァンの遺言を以下に引用する。

主の御名において、アーメン。ジュネーヴ教会の神の言葉の教役者たる私、ジャン・カルヴァンは、様ざまな病に圧せられ悩まされ、それゆえ主なる神が間もなくこの世から私を召し去ろうとおきめになったと信じざるをえなくなったので、遺言状を作製し、私の最後の意志を以下のごとく文書で記そうと決心した。私をつくり給いこの世におき給うた神が、私を憫んでなし給うたすべてのことに、まず感謝を捧げる。すなわち、神は私が陥ちこんでいた迷信の深い闇から救い出し給い、福音の光の中に導き、値なきにもかかわらずその救済の教えにあずかるものたらしめ給うた。またさらに憫みと慈愛とをもって、拒まれ滅ぼされるに値している私の多くの誤りと罪とを寛大にもやさしく忍ばれ給うた。さらにそれどころか、大きな寛容と慈悲を示されて、福音の真理の説教と宣布にあたって私の働きを用いることをよしとさえ見做し給うたのである。私は以下のごとく証言し告白する。すなわち、私はなお残る生命を福音を通じて私に伝え給うた信仰と宗教に費す所存であり、私の救いがそこにのみ懸っているところの恩寵による選び以外に、救いのための他のいかなる助けも保護ももとうとはしないということである。私はイエス・キリストを通じて私に加えられた御憐憫に全霊をもっておすがりし、キリストの受難と死の功績によって私の罪を贖い給い、かくして私のあらゆる罪と誤りとを償い、それについての御記憶を消し去り給わんことをお祈りする。さらに私は次のように証言し告白する。すなわち、人類の罪のため流された救世主の血によって私を洗い浄められ、最後の審判のさい救世主の御許に立つことを許されるよう、哀願し奉る。また同じく次のように告白する。すなわち、神が私に対して与えられた恩寵と愛に応じて、私は説教や書物や註解で純粋清明な御言葉を宣布し、聖書を誠実に解釈するよう熱心に努めてきたということである。また私は次のように証言し告白する。すなわち、私は福音の敵との戦いや論争において、いかなる詐術も邪悪な詭弁的策略も用いたことはなく、真理を守って正々堂々と振舞ったということである。しかし悲しいかな、私の努力と熱意は、もしその名に値するとしても、はなはだ鈍く無力なものであったので、課せられた職務を幾度となくなおざりにし、神の無限の御慈悲による助けがなかったならば、私のあらゆる努力は空しく無意味なものであったであろうということを告白する。いやむしろ、神の御慈悲が私を助けなかったとするならば、主が私に贈り給うた霊的賜物は、最後の審判のさい、いっそう私を罪深い怠慢な被告とするであろうことを認めなければならない。それゆえ私は以下のごとく証言し告白する。すなわち私の救いにとって次の一事以外にいかなる助けをも希望しないということである。それは、神は隣憫の父で在る故に、自分が憐れむべき罪人であることを認めている私に、父として御自身を示し給うということである。他のことについては次のように希望する。この生命を終えた後には、喜ばしき復活の日が到来するまで、この教会と市の慣例に従って遺体を埋葬されることである。[47]……

カルヴァンの墓は遺言に基づいて、ジュネーヴ市営墓地の一画に設けられた。写真7の手前がカルヴァンの墓で、柵は後年に立てられた。他よりも簡素な墓にある小さな墓石には、ただ「J・C」とだけ刻まれている。

3　フランスのユグノー

カルヴァンの故国であるフランスでは、少数派のユグノーと多数派のカトリックとの間に一五六二年、戦争が生起した。

このユグノー戦争の後、一五九八年にアンリ四世（Henri IV, 在位一六六〇―八五年）が公布したナントの勅令によって、フランスにおいてユグノーの信仰が認められた。

写真７　ジュネーヴ市営墓地の片隅にあるカルヴァンの墓

写真８　「J. C」が刻まれた墓碑銘
（黒川愛恵撮影）

だが、ルイ十四世（Luis XIV. 在位一六四三―一七一五年）が一六八五年に、ナントの勅令を廃止して、ユグノーの牧師を追放し、国内のユグノーの教会も閉鎖した。この時、二十万人から三十万人のユグノーが亡命した。

彼らの行き先は、イギリス、オランダ、ドイツであった。これらの国では資本主義が大きく進展した。対照的にフランスは、資本主義の担い手であるユグノーを失ったために、百年の経済の遅れをとったとされている。

また長年にわたり展開されたユグノー戦争の結果、ポリティークと呼ばれる新しい社会層が生まれた。これは、キリスト教徒同士の戦争の悲惨さによって宗教に幻滅し、宗教ではなくて政治によってフランスを統一しようとするものである。彼らは啓蒙主義の宗教論である理神論を信じていた。それは革命運動へとつながっていった。

フランスのカトリック教会内部においては、ウルトラモンタニズムとガリカニスムに分かれた。前者は、山、すなわちアルプス山脈を越えたイタリアのローマ教皇を中心とする主義に立つものであり多数派であった。後者は、フランス教会の独立を希求するもので少数派であった。ガリカニスムは、一六八二年の『フランス教会の聖職者宣言』においてフランス教会の自主権の維持を表明したが、フランス革命以後、ローマ教皇庁との断絶をもたらし、二十世紀に存在理由を失った。

第四章　英国宗教改革とピューリタン革命

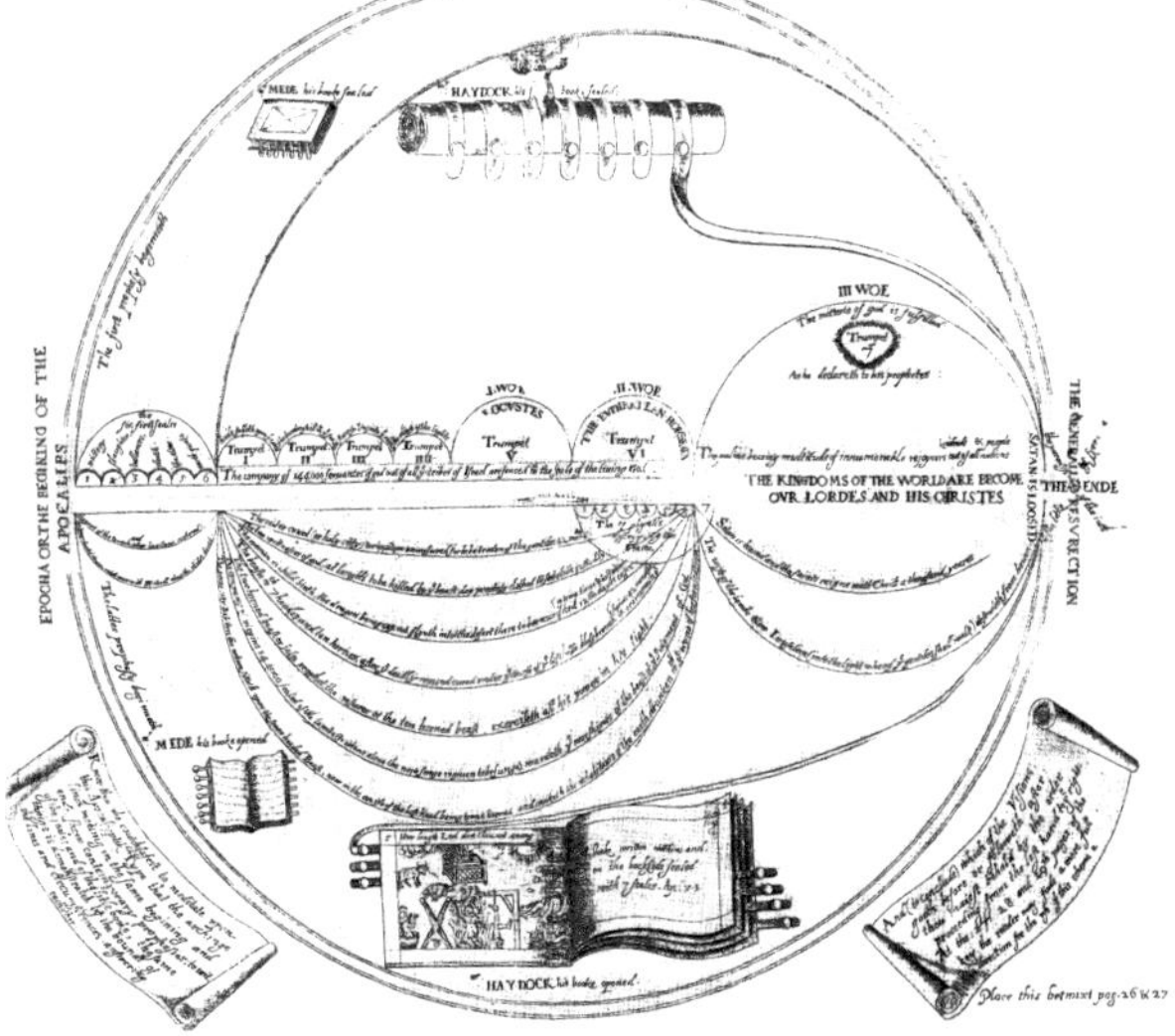

図34　ジョゼフ・ミードによる終末図
（『黙示録解釈の鍵』1650 年版より）

英国において、宗教改革は他と異なる仕方で展開した。それは、「上からの」改革により開始された。すなわち、国王の離婚問題が宗教改革へとつながった。そして、英国国教会が成立することになる。やがて、「下からの」改革としてのピューリタン革命が展開する。

国王（在位）と政策	ピューリタン運動等	社会・経済状況
ヘンリー八世（一五〇九―四七） 一五〇九　キャサリンと結婚 一五二四　教皇より「信仰擁護者」の称号を授与 一五二九　宗教改革議会設置 一五三三　キャサリンを離縁してアン・ブーリンと結婚 一五三四　首長令（国王至上令） 一五三九　「六箇条」制定 **エドワード六世**（一五四七―五三） 一五四九　礼拝形式統一令　一般祈禱書制定	一五二五　W・ティンダル、英訳聖書 一五三三　T・クランマー、カンタベリー大主教になる 一五三五　トマス・モア処刑 一五四〇　修道院解散の完了 一五四七　T・クランマー、礼拝様式の改革に着手	十五世紀に独立自営農民（ヨーマン）形成 ジェントリ台頭

一五五三　「六箇条」を廃止して「四十二箇条」制定

メアリー一世（一五五三―五八）

一五五四　スペインのフェリペ二世と結婚

一五五六　T・クランマーを処刑

エリザベス一世（一五五八―一六〇三）

英国国教会の成立・中道主義を堅持

一五五九　国王至上令　礼拝形式統一令

一五六三　「三十九箇条」制定

一五五三　T・カートライト、大陸に亡命

一五五四　J・ノックス、大陸に亡命　カルヴァンに学ぶ

一五六〇　J・ノックス、「スコットランド信条」の作成、スコットランドに長老派教会

イングランドでピューリタン運動開始

一五七〇　T・カートライト、サープリス事件により教授職剥奪

一五八〇　R・ブラウン、会衆派教会を設立

一五九三　クラシス運動が消滅

一五六一　グレシャム通貨改革

一五六六　ロンドン取引所の始まり

イングランドのルネサンス

一五八八　スペインの無敵艦隊を撃破

一六〇〇　ロンドン東インド会社設立

国王と政策	**ジェームズ一世**（一六〇三—一六二五） 王権神授説に基づく治世 一六一一　『欽定訳聖書』の完成 **チャールズ一世**（一六二五—四九） 一六二九　議会を解散し、専制政治 一六三七　祈禱書をスコットランドに強制 一六四五　ネーズビーの戦いでスコットランドに追われる
ピューリタン運動等	一六〇三　国王に千人請願 一六〇八　ジョン・スミス、バプテスト教会を設立 一六二〇　メイフラワー号、新大陸へ 一六二八　**権利の請願** 一六三八　スコットランド教会、監督制度廃止 一六四〇　短期議会・長期議会 一六四一　議会による王への**大諫奏** 一六四二　**ピューリタン革命〈内戦〉の開始** 鉄騎隊の活躍 一六四五　ニューモデル軍組織 ネーズビーの戦いで国王軍に勝利
社会・経済状況	一六〇七　土地囲い込みに対する農民の反抗

一六四九　処刑される
共和政（コモンウェルス）成立

一六六〇　**王政復古**
チャールズ二世（一六六〇―八五）
非国教徒を弾圧
一六六一　地方自治体令
一六六二　統一令
一六六四　秘密集会令
一六六五　五マイル令

一六四六　「ウェストミンスター信仰告白」提出
一六四七　人民協約提示
一六四九　O・クロムウェル、長老派と水平派を追放し第五王国派の協力を得て独裁政治
一六五〇　アイルランドを制圧
一六五一　スコットランドを制圧
航海令
一六五三　O・クロムウェル、議会を解散、護国卿に（「聖徒の支配」による新議会・ピューリタン道徳の強制・第五王国派を追放）

一六五二年　英蘭戦争（一六五二―五四）

第一節　英国国教会の成立

国王により宗教政策に違いがあるために、国王別にみていく。

1　ヘンリー八世（Henry VIII, 在位一五〇九—四七年）

王は、十八歳で即位すると、亡兄アーサーの未亡人であるキャサリン（Catherine of Aragon, 一四八五—一五三六年）と結婚した。キャサリンはアラゴン王フェルナンド二世とカスティリャ女王のイサベル一世との皇女であり、教養のある女性であった。ヘンリー八世との間に四人の子が生まれたが、女児であるメアリーだけが育ち、ここに王の継承問題が生じた。王は信仰的には熱心なカトリック教徒であり、一五二一年にルターの著作を批判した『七秘跡の擁護』を著し、一五二四年に教皇レオ十世から「信仰の擁護者」の称号を得た。

一方、王には十人の情婦がおり、アン・ブーリン（Anne Boleyn, 一五〇七?—三六年）を、特に寵愛した。王は彼女と結婚しようとして、教皇クレメンス七世（Clemens VII, 在位一五二三—三四年）にキャサリンとの離婚を申請した。教皇は「キャサリンは修道院へ行き、王は第二の結婚をして既成事実を承認する」と助言したが、キャサリンは「王妃として餓死することを望む」として離婚を拒否した。そのために教皇は、王とキャサリンをローマの教皇庁に召喚して、法廷において離婚問題の決着をつけようとした。

この頃、英国国内では、国王の結婚問題に関するローマ教皇の関与は、英国に対するローマの干渉だとして、反教皇感情が高まっていた。一五二九年には宗教改革議会が設置され、一五三三年に上告禁止令を公布した。これは、教皇の最高司法権を否定して、司法における国王至上権を確立するものである。同年、王はT・クランマー（Thomas Cranmer, 一四八九―一五五六年）をカンタベリー大司教に任命してキャサリンとの離婚を成立させ、アン・ブーリンとの結婚が認められた。なお、アン・ブーリンは一五三六年に姦通罪で処刑された。

一五三四年には、聖職任命令と聖ペトロ献金支払い禁止令により教皇庁への財政援助は廃止され、首長令（国王至上令）が成立した。また、同年にはクランマーの要請により『大聖書』が公刊された。

このように、離婚問題により英国の教会は、ローマ教皇支配から分離し、独自な教会を形成するようになった。一五三六年と一五三九年に、王は国内の修道院を解散させて土地を没収した。ただし、一五三九年に制定された「六箇条」は、カトリック正統信仰の規準であり、カトリックの教理は継続された。

図35　ヘンリー８世

なお、キャサリンとの間に生まれたメアリーは、後にメアリー一世となった。アン・ブーリンとの間に生まれた女児が、後のエリザベス一世であり、さらに第三王妃ジェーン・シーモアとの間に生まれた男児が、エドワード六世である。

2 エドワード六世（Edward VI, 在位一五四七―五三年）

王自身が敬虔なプロテスタントであり、宗教改革者としてのクランマー等が王の下で活動したために、エドワード六世の時代は、プロテスタンティズムの傾向が強まった。

九歳で即位したエドワード六世は、「新しいヨシュア王」と王を称えたクランマーの影響の下、伯父サマセット公エドワード・シーモア（Edward Seymour, 一五〇六―五二年）の摂政政治により、教会改革を推進した。

王は、大陸からマルティン・ブツァー等の宗教改革者を招き、カトリック的な「六箇条」を廃止した。一五四九年には「礼拝形式統一令」を発令し、一般祈禱書の制定をした。これらはプロテスタント的色彩の強いものである。さらに、一五五三年には、使徒信条、ニカイア信条、アタナシオス信条に基づく「四十二箇条」を発令した。これはクランマーやジョン・ノックス（John Knox, 一五一四？―七二年）らにより起草され、今日も有効である。王はこの年に早世した。

エドワード六世の時代に、ミサにおける実体変化や煉獄の存在、聖人崇拝、聖画像崇拝等のカトリックの教義は否定され、信仰義認説が採用され、カルヴィニズムの傾向も強まったが、カトリックの位階制を維持する教会制度は継続された。

3 メアリー一世（Mary I, 在位一五五三―五八年）

メアリー一世はヘンリー八世とキャサリンの娘であり、離婚後は冷遇されていた。即位後にカトリ

図36　エドワード６世

図37　メアリー１世

ックのスペイン王太子フェリペ（Felipe II. スペイン王在位一五五六―九八年）と結婚したこともあり、カトリシズムへの反動政策がとられた。

女王は、反カトリック的法律である首長令や統一令を破棄し、国内のプロテスタントを迫害し、二七三人を火刑に処した。このため女王は「血に飢えたメアリー」（Bloody Mary）と呼ばれた。

女王はクランマーを逮捕して、ロンドン塔に監禁した。クランマーは、彼女の母の離婚を認定した者であり、またエドワード六世の時代にプロテスタント政策を推進したためであった。クランマーは、異端宣告を受け聖職位を剝奪された。彼はカトリックへの転向声明書七通に署名したが、赦されず、一五五六年にオックスフォード大学において火刑に処せられた。

4　エリザベス一世（Elizabeth I, 在位一五五八－一六〇三年）

エリザベスは、アン・ブーリンの娘として生まれたが、三歳にして母を処刑で失った。だが、広い教養を身につけ、即位後、バーリ卿（Baron Burghley）を政治顧問に任命して英国の近代化に努めた。そして、産業を発展させ財政を確立し、スコットランドとの戦争を終結させ、英国は繁栄した。

女王の宗教政策は、「エリザベスの宗教解決」と呼ばれる。一五五九年の国王至上令と礼拝形式統一令の公布、そして一五六三年の「三十九箇条」の採用により、英国宗教改革は一応完成する。それは、カトリックとプロテスタントとの間をとる中道主義であった。すなわち、礼拝形式と位階制とはカトリックのものを採用し、教義はプロテスタントのものを採用するというものであった。「三十九箇条」は「四十二箇条」の改訂であり、カルヴィニズムとカトリック的普遍信仰とが取り入れられている。

中道主義を採用するということは、極端な運動を排除することでもある。実際に、急進的なカトリックやプロテスタントの活動は制圧された。

一方、一五六〇年代には、大陸でカルヴィニズム神学を学び帰国した者たちの指導のもとに、英国国教会を内部から改革しようとする人々が出現した。彼らはピューリタン（清教徒）と呼ばれ、運動を展開した。J・ノックスは、大陸に亡命していた間にカルヴァンに協力し、一五五九年に『ジュネーヴ聖書』を英訳した。その後スコットランドに帰り、宗教改革に着手し、一五六〇年に「スコットランド信条」を制定し、一五六四年には礼拝規則書を発行して、長老派教会を確立した。

一五八八年に、英国はスペインの無敵艦隊を撃破して、政治的独立と宗教的独立を確保した。女王の晩年には、産業資本家が台頭し、議会が進展したが、活動を制圧されたピューリタンの不満が高まり、その体制は揺らいだ。

エリザベス一世は、一生独身で過ごし、テューダー朝最後の王となった。

5　ジェームズ一世（James I, 在位一六〇三—二五年）

スコットランド女王メアリー・ステュアート（Mary Stuart, 一五四二—八七年）の子でスコットランド王ジェームズ六世が、イングランド王ジェームズ一世として即位し、ステュアート朝が始まった。王は長老派教会で育てられ、ピューリタンに同情的であった。だが即位後は、英国国教会の立場になり、「主教なければ国王なし」と宣言したと伝えられ、主教制をスコットランドに強制しようともした。

図38　エリザベス１世

一六〇三年、ピューリタンは、国王に対して「千人請願」（Millenary Petition）を提出して、ピューリタン信仰の徹底を主張した。それに応じて、王は英国国教会主教とピューリタン指導者との合同会議であるハンプトン会議を経て、『欽定訳聖書』を一六一一年に発行した。

王はまた、スポーツ令を公布して、合法的な遊びを示した。これにはピューリタンは反発した。さらにピュー

	ルター派	カルヴァン(改革)派	英国国教会
主な教義	聖書、信仰至上主義、信仰義認、万人祭司	ルター派より徹底した聖書中心主義、予定論	カルヴィニズムの影響
カトリックとの関係	聖書に矛盾しない限り承認	聖書に根拠のないものはすべて破棄	儀式、典礼、主教制はカトリック的要素
社会国家観	政教分離、君主権と身分秩序を承認	共和主義的な神政政治を主張	国家教会主義

表5　宗教改革の三つの型

リタン革命の遠因となるものとして、ジェームズ一世は王権神授説を採用して議会と衝突し、短期議会と長期議会を一方的に解散した。

6　チャールズ一世（Charles I, 在位一六二五―四九年）

ジェームズ一世の第二子として生まれたチャールズ一世は、即位後にフランス王アンリ四世の娘マリーと結婚したためにカトリックに寛容的な態度をとり、ピューリタンを弾圧した。そのためにピューリタンから怒りを招いた。父王の王権神授説を継承し、一方的に議会を解散して専制政治を行った。さらに王はスコットランドに対しても英国国教会の主教制と祈禱書使用を強要した。

王は、一六四二年に始まるピューリタン革命により捕らえられ、一六四九年に裁判に付されて有罪となり処刑された。その後、O・クロムウエル（Oliver Cromwell, 一五九九―一六五八年）が護国卿となり国王は不在になる。

7　チャールズ二世（Charles II, 在位一六六〇―八五年）

チャールズ一世の第二子であり、ピューリタン革命の時期にはフランスに逃れていた。また、スコットランド王位を回復するため一時的に長

図39　チャールズ１世の処刑

老派に転向したが、それに失敗するとカトリックに戻った。クロムウェルの死後、一六六〇年に「ブレダの宣言」を発して帰国し、ステュアート朝を再興して即位した。

王は、カトリック勢力の増大と王権の強化につとめ、ピューリタンを弾圧した。

一六六一年の地方自治体令により、非国教徒（ピューリタン）は地方自治体から追放され、翌年の統一令では議会からも追放された。また、一六六四年の秘密集会令では、五人以上の非国教徒の集会が禁止され、翌年の五マイル令では、非国教徒の牧師が議会に代議士を送っている自治体の五マイル以内に近付くことと居住することが禁止された。

8　諸セクトの成立

この時代にはピューリタン革命を背景にして、いくつかのセクトが成立した。代表的な三つのセクトを概観する。

A　会衆派（独立派）

R・ブラウン（Robert Browne, 一五五〇?―一六三三年）は、エリザベス一世の宗教政策に反発して英国国教会から分離した人で、会衆派教会の父とされる。ケンブリッジ大学で学んだ時に、T・カートライト（Thomas Cartwright, 一五三五―一六〇三年）の影響を受けた。彼は英国国教会の教区制を批判し、許可なく説教を行い、教会を自覚的信仰者の自由な交わりと考えた。そして、一五八〇年、ノーリッジにおいて英国国教会から分離した教会を設立したが、迫害を受けてオランダに移住した。その後帰国し投獄され、釈放後に英国国教会に復帰した。

J・ロビンソン（John Robinson, 一五七六―一六二五年）は、ケンブリッジ大学に学びノーリッジの英国国教会の副牧師となるが、その後、ピューリタン信仰に変わり、「集められた者の教会」の牧師になった。

一六〇八年には迫害を逃れてオランダに移住し、ライデンの教会の牧師になった。そこで『国教会からの分離の正当化』と『弁明』の二書を出版し、会衆派教会を理論化した。メイフラワー号によりライデン教会を新大陸に移住させる計画に参加し、新大陸の会衆派にも影響を与えた。

会衆派教会の特徴は、各個教会の独立と自治を尊重し、教会のかしらはキリストであり信徒はすべて司祭だと考え、政教分離を主張すること等にある。長老派よりも急進的であり、より徹底した改革を求め、一六〇八年にオランダのライデンにピルグリム教会を設立し、一六二〇年にはメイフラワー号に乗船して新大陸に移住した。

B　バプテスト派

ジョン・スミス（John Smyth, 一五五四？―一六一二年）は、ケンブリッジ大学卒業後、聖書教師となった後に、ピューリタンの説教者になる。一六〇八年にオランダに移住した時に、再洗礼派の影響を受ける。

彼は、幼児洗礼を否定し自覚的信仰者の洗礼を主張した。また、教会を主体的な信仰者の集まりと考え、信仰の自由と良心の自由、政教分離を提唱した。

神学的には、正統派カルヴィニズム神学の予定論に対抗して、万人に救いの可能性を認めるアルミニウス神学の立場を取った。これが後に「ジェネラル・バプテスト」教会になる。

一方、カルヴィニズムに立つ「パティキュラー・バプテスト」の教会は、H・ジェイコブ（Henry Jacob, 一五六二？―一六二六年頃）により一六一六年にロンドンに設立された。ジェイコブは、オックスフォード大学卒業後に牧師になり、「千人請願」にも関与し、オランダに一時亡命していた。一六四四年にはパティキュラー・バプテスト教会の七教会が「ロンドン告白」を宣言した。

その後、パティキュラー・バプテスト教会は新大陸にわたり、信仰復興運動により発展して、米国最大の教派の一つになった。

C　クウェーカー

G・フォックス（George Fox, 一六二四―九一年）は、靴工見習いとして働いていたが、十九歳の時に家を出て、求道生活に入る。そして一六四六年に「キリストの内なる光」の体験をして、独自の宗教活動を開始する。許可なく説教活動をしたことにより何度も投獄されたが、活動を継続した。やがて、彼の信奉者に、主のことばに「震える人」（クウェーカー）という呼称が定着した。

一切の教会制度と典礼を否定し、聖霊の働きによって与えられる啓示のみを尊重するのが、クウェーカーの特徴である。彼らは宣誓や兵役も拒否する。英国で弾圧され、一六八九年の寛容令までに三千人以上が迫害を受け、三百人から四百人が獄死した。彼らの多くは米国のペンシルヴァニアに移住した。

第二節　ピューリタン革命の功罪

中世社会は、教会権力と世俗権力とのふたつの権力を中心点とする楕円形の社会であり、教会と国家とが、いわば表裏一体をなしていた。さらに中世社会は「キリストの体」（コルプス・クリスチアヌム）とも呼ばれ、「赤ちゃんから泥棒までキリスト教徒」という、キリスト教を中心とした共同体であった。個人は社会全体の中に埋没していた。そのような中世社会は、イギリスにおいては、ピユーリタン革命により大きく変貌して、教会と国家とは分離され、契約に基づく社会となり、個人化が進展する近代社会となった。

1　ピューリタン運動の背景

ピューリタン運動が展開した背景として、国内的背景と国外的背景とが指摘できる。

国内的背景として第一にロラード派の伝統があったことが挙げられる。J・ウィクリフはオックスフォード大学卒業後、同大学で哲学と神学と聖書を講義した。一三七二年には国王エドワード三世の側近となり一三七四年には、国王使節となり教皇庁との紛争解決に努めた。この頃から、カトリック教会との対決姿勢をとるようになり、『教会論』『聖書の真理について』『ローマ教皇の権能について』等を発表して、聖書こそ信仰と救いの最高の権威であると主張し、教会が財産を持つことと教皇庁が堕落していることを批判し、また化体説を否定した。ロンドン宗教会議により断罪され大学を辞職してからも教会批判を続けた。ウィクリフは死後、一四一五年のコンスタンツ公会議において、フスとともに異端とされた。そして遺体が掘り起こされて書物とともに焚刑になった。

ロラード派は彼の信奉者の集団であり、ニコラス（Nicholas of Hereford, ?―一四二〇年頃）とジョン・パーヴィ（John Purvey, 一三五三?―一四二八年頃）は英語訳聖書を出版した。また農民の反乱にも積極的に参加した。

第二に、初期ピューリタン運動の指導者として、T・カートライトが挙げられる。彼はケンブリッジ大学卒業後、メアリー一世の時代には大陸に追放され、エリザベス一世の時代に帰国した。一五六

図40　サープリス
（『キリスト教大事典』教文館、図版 10 頁より）

九年からはケンブリッジ大学教授として使徒言行録を講義した。この講義により学生たちは教会の現状を批判するようになり、サープリス事件が生じた。これは、礼拝に着用するべきサープリスを学生たちが着用しなかったことにより、教会の現状を批判した事件である。一五七一年に、カートライトは教職を剥奪され、大陸にわたり、スイスのジュネーヴ・アカデミーでベーズの下にカルヴィニズム神学を学んだ。帰国後、長老派教会の指導者となり、カトリック的要素を除外する徹底した宗教改革を求めた。

国外的背景としては、メアリー一世の時代に大陸に亡命して、ジュネーヴで宗教改革の神学を学んだ者たちが、エリザベス一世の時に帰国して教会改革運動に従事したことが挙げられる。

2　運動の開始

前述したように、エリザベス一世は英国国教会を確立して中道主義をとった。そのために過激なカトリックやピューリタンによる活動は弾圧された。

このような弾圧政策に対して、ピューリタンは大きく三つの抵抗を試みた。

第一は、地下運動である。これはクラシス運動と呼ばれ、説教により広がった。クラシスとは「長老会」を意味する。しかしこの運動は、一五九三年に弾圧されて消滅した。

第二は、国外脱出である。会衆派、バプテスト派、クウェーカー等はオランダ、さらには新大陸アメリカへ移住した。一六二〇年のメイフラワー号による会衆派のアメリカへの移住はその発端であった。

国内に残ったピューリタンは、第三の抵抗として、革命運動に参加した。

一六〇三年、ジェームズ一世に対して、ピューリタンは「千人請願」を提出した。その内容は、正典聖書以外の書の不使用、サープリス等の祭服着用禁止、洗礼において十字を切ることの禁止等、いずれもピューリタン信仰に基づくものであった。これに対して国王は、一六一一年、『欽定訳聖書』を刊行し、またスポーツ令を公布した。『欽定訳聖書』は、今日も英語圏の諸国において使用されている。

図41　ピューリタンの説教者を描いた風刺画

スポーツ令は、日曜日にしてもよい遊びとしてはならない遊びを規定した。合法的遊びは、モリスダンス、メイポール、アーチェリー、ダンスであり、非合法的遊びは、闘犬、寸劇、ボーリングだとされた。キリスト教に根拠のないモリスダンスとメイポールが合法的遊びとされたことにピューリタンは反発した。

一六二八年五月、専制政治を展開するチャールズ一世に対して、議会は「権利の請願」を提出した。これは、不当な投獄、不法課税、軍事裁判等に反対する請願書であったが、王はこれを無視して翌年には議会を解散した。王は以後十一年間、専制政治を強行する。このことがピューリタン革命の直接的原因となった。

3　革命の展開

革命は三段階に展開していく。

第一段階は、議会における王との抗争の段階であった。

チャールズ一世は、スコットランド征服資金調達のために、一六四〇年に議会を召集した。この短期議会は解散されたが、再び召集された長期議会は、翌年、「大諫奏」(Grand Remonstrance) を提出して王の失政を非難した。これを受けて、王による議会弾圧が開始された。

第二段階は、内戦の段階である。

一六四二年に議会派と王党派にわかれ、イングランドは内戦状態になる。この時、議会派は下院議員オリヴァー・クロムウェルを指導者とした。彼は、地方のジェントリ（富裕な借地農）の家に生まれ、ケンブリッジ大学在学中にピューリタン信仰を持った。一六二八年に下院議員になり、一六四〇年の短期議会と長期議会において積極的に活動した。彼は、鉄騎隊 (Ironsides) を組織して王党派と戦闘する。鉄騎隊は、後にはニューモデル軍となり、一六四五年六月のネーズビーの戦いにおいて国王軍に勝利した。一六四七年には「人民協約」が提起された。

第三段階は、国王処刑による共和政の段階である。

一六四九年にチャールズ一世は処刑されて、共和政となった。クロムウェル率いる独立派は、立憲王国を唱導した長老派と水平派を追放し、さらに第五王国派（Fifth Monarchism）の協力を得て、独裁政治を展開する。一六五〇年には、王党派でカトリックのアイルランド、翌年にはスコットランドが武力制圧された。一六五二年には、航海令をめぐって英蘭戦争が勃発し、オランダを撃破した。一六五三年に、クロムウェルは議会を解散して「護国卿」（Lord Protector）となった。同年にはウェストミンスター信仰告白も制定され、「聖徒の支配」としての新議会が設立された。

地図8　ピューリタン革命の主な交戦地

しかし、当初は、ユダヤ人の居住を認める等の宗教的寛容政策を推進したが、しだいに強権的政治に変わっていった。国民にピューリタン道徳を強制的に実施し、またクロムウェルに失望して反政府暴動を起こした第五王国派を追放した。

共和政は、一六五八年にクロムウェルが死去し、一六六〇年にチャールズ二世の王政が復古するまで敷かれた。

4　革命の意義

ピューリタン革命の果たした歴史的意義について、特に以下の五点を挙げて考える。

鉄騎隊

一六四三年、クロムウェルによって郷里ハンティントンで編成された軍隊が、鉄騎隊である。中世にはない近代的軍隊であり「聖者の進軍」と呼ばれ、一六四五年に国民軍に発展してニューモデル軍となった。

図42　オリヴァー・クロムウェル

第一に、王党軍兵士がきらびやかな中世の騎士の服装であったのに対して、ニューモデル軍の兵士は、無駄を省いた実際的な軍服を着た。外形からもきわめて合理化された軍隊であることがわかる（図43参照。図の右上は、カトリック教会の装飾を破壊する様子、右下はスコットランド軍との交歓の様子である）。

鉄騎隊においては、第二に、家柄や身分にかかわらず採用され、能力ある者が昇進した。ピューリタンの独立自営農や自己保有農を中心に組織された。日本史で言えば、幕末の長州藩に形成された高杉晋作の奇兵隊に類似するものである。奇兵隊も身分にかかわらず下級武士や農民、町人から組織されたが、鉄騎隊より約二百年後の一八六三年に組織されている。

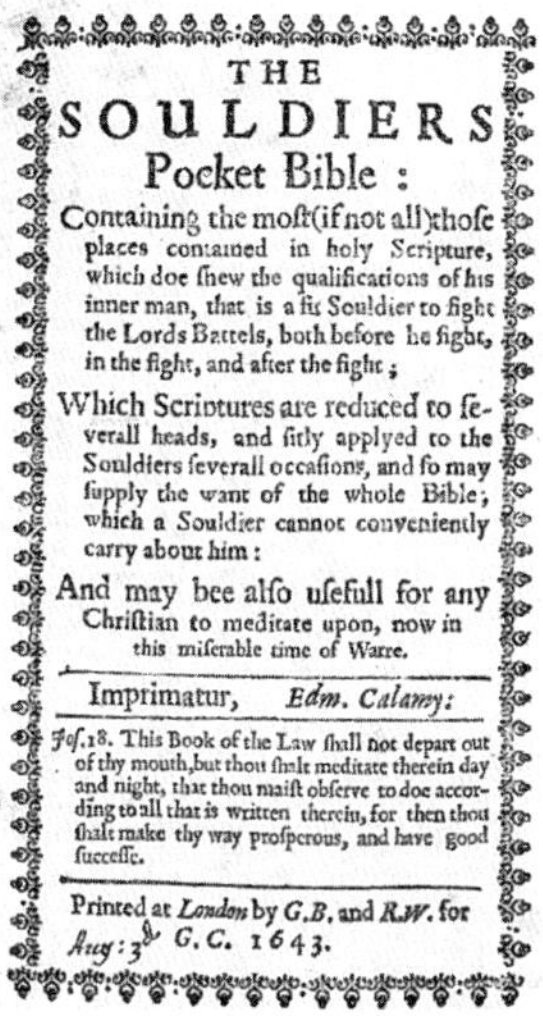

THE
SOULDIERS
Pocket Bible :
Containing the most (if not all) those places contained in holy Scripture, which doe shew the qualifications of his inner man, that is a fit Souldier to fight the Lords Battels, both before he fight, in the fight, and after the fight ;
Which Scriptures are reduced to severall heads, and fitly applyed to the Souldiers severall occasions, and so may supply the want of the whole Bible ; which a Souldier cannot conveniently carry about him :
And may bee also usefull for any Christian to meditate upon, now in this miserable time of Warre.

Imprimatur, *Edm. Calamy:*

Jos. 18. This Book of the Law shall not depart out of thy mouth, but thou shalt meditate therein day and night, that thou maist observe to doe according to all that is written therein, for then thou shalt make thy way prosperous, and have good successe.

Printed at *London* by *G.B.* and *R.W.* for *Aug:* 3^d G.C. 1643.

図43　携帯聖書（左）とニューモデル軍の兵士（右）

第三に、鉄騎隊は全国的な税による軍隊であった。

第四に、鉄騎隊の軍事訓練においては、宗教教育も同時に行われた。「兵士のための問答歌」というものが鉄騎隊にはあった。以下がその歌詞である。

私は戦う　国王を教皇派から救い出すために。
私は戦う　我が国の法律と自由のために。
私は戦う　議会を守り抜くために。
私は戦う　真実のプロテスタント信仰のために。

「国王を教皇派から救い出すために」というのは、ローマ・カトリックからの英国国教会の独立を維持することを歌っている。

ニューモデル軍は携帯聖書を所持して戦った。

彼らは、常勝軍として王党軍の兵士から恐れられた。その数は、約二万二千人であった。

人民協約（Agreement of the People）

人民主権を原理とした近代的民主主義憲法の原型となったのが、人民協約である。これは、一六四七年に水平派が提出した政治綱領である。その内容は、①人口数に従った選挙区の改正、②議会の至上権、③二年ごとの選挙、④基本的人権、から成る。

基本的人権は、具体的には、信仰の自由と強制的兵役を拒否する自由、そして抵抗権の保障を含んでいる。注目すべきは、この抵抗権である。これは以下のような内容である。

「国王は人民の福祉実現のためのものであり、国王がそれに反した場合、人民の抵抗は許される。国王が人民を攻撃した場合、それは契約に反することであり、人民の抵抗は許される」。

聖書のペトロの手紙Ⅰの二章一三節に「主のために、すべて人間の立てた制度に従いなさい」と書かれている。この箇所を、権威そのものは神からのものであるが、制度は人間的なものであり、間違うこともあると解釈された。

ピューリタン道徳の強制

クロムウェルが独裁政治を行った時に、ピューリタン道徳が強制された。具体的なものを列挙すると以下になる。

姦通罪は死刑、安息日遵守の強制、肉食禁止の日の制定、クリスマスの禁止、教会での結婚式の禁止、賭け事の禁止、葬式におけるバグパイプ演奏の禁止、メイポールとモリスダンスの禁止、パイプオルガンの破壊、劇場と酒場の閉鎖などである。安息日を守らなかった者は、投石や火あぶりによる死刑とされた。実際の処刑に関する詳細な資料はない。

聖書に基づかないもの、キリスト教以外の宗教に起源のあるものや、この世の娯楽的なものが厳しく禁止されたことがわかる。そのために国民の反発をまねき、王政復古へとつながったと考えられる。

図44　ピューリタンの道徳における
安息日を守らなかった者への処罰

王権神授説と護国卿の位置

ピューリタン革命において、国王チャールズ一世は処刑された。その後政権についたクロムウェルは護国卿となり、独裁政治を展開した。

この護国卿の位置は、それまでの国王の位置に等しいものであった。したがって、国民にとっては、王国の専制政治が再来し、厳しい道徳が強制されてこの世の楽しみが次々と否定されていく状況になった。当然、国民は政府に反発した。その結果、王政が復活するのである。

国民にとって、クロムウェルは、革命によって国王の専制を止めた「救済者」であったが、護国卿として権力を握った後は、独裁政治を行って民を支配した「悪しき者」であった。

千年王国論

近年の研究において、ピューリタン革命と終末論との関係が指摘されている(1)。

一五八八年、英国上陸とオランダ独立軍鎮圧を目的としてリスボンを出航したスペインの無敵艦隊を、英国は撃破した。英国の海上覇権が成立し、スペインにかわる国家として、英国は世界に君臨するようになる。この頃、英国内において民族主義が高揚した。この民族主義は、英国の選民意識と千年王国論に基づく思想を展開した。すなわち、それは、英国民は神に選ばれた民であり、千年王国は英国において開始されるというものであった。

まず、旧約聖書ダニエル書にある黙示的表現による四頭の獣は、世界を支配する王国に解釈されてきた。これら四つの王国は、バビロン王国、メディア王国、ギリシア、ローマ帝国だとされた。さらに、ローマ帝国はカトリックを奉じており、それがピューリタン革命により衰退して、それに代わる第五王国が英国だと考えられた。

新約聖書ヨハネ黙示録一六章には、地に向けてぶちまかれる神の激しい怒りの七つの鉢が描かれている。これは終末に出現する七つの災害だと解釈された。以下はその具体例のひとつである。

①　エリザベス女王の反カトリック政策
②　トリエント公会議
③　英国議会の反カトリック決議
④　現在のピューリタン革命による混乱
⑤　カトリック教会の崩壊
⑥　ユダヤ人のキリスト教への改宗
⑦　千年王国とイエスの再臨と最後の審判

チャールズ一世は、ヨハネ黙示録一六章に登場する「神に敵対する獣」であると解釈され、彼の処刑により「反キリスト」が消滅したと考えられた。

特に、第五王国派は、クロムウェル政府を来るべき第五王国だと考え期待したが、クロムウェルが護国卿となって圧政を敷いたことにより失望し、国内で反政府暴動を起こした。一六五七年四月に第五王国派はロンドンにおいて蜂起するが、失敗し、王政復古後に鎮圧されて急速に衰退した。

第三節　宗教戦争の本質

愛と平和を唱える世界宗教が、なぜ戦争や紛争に関与するのであろうか。この問題提起に対して、これまで様々な解釈がなされてきた(2)。それらは主に第二次世界大戦後に発生した民族紛争を対象とする研究である。

本節では、宗教戦争としての十字軍運動、レコンキスタ、宗教改革時代の諸戦争の本質構造を考察する。宗教と民族主義との関係については、キリスト教の観点から考察する。

なお、本節において、「民族主義」と「ナショナリズム」とは同義語として使用する。また、歴史用語としての「宗教戦争」は、狭義には、宗教改革期のカトリックとプロテスタントの間の諸戦争を意味するが、本稿では、広義にとらえ、十字軍、レコンキスタとフス戦争をも、考察の対象とする(3)。それは、今日の民族紛争が、十字軍等に類似するグローバル化された宗教戦争にみなされる傾向にあるからである。

1　宗教戦争の概要

A　十字軍運動（一〇九六―一二七二年）

十字軍の発生原因として、第一に、西欧における農業生産の高まり、人口増加による対外進出志向という社会経済的危機が挙げられる(4)。第二に、贖罪意識の高揚による「エルサレム詣で」と言われる

年代	西ヨーロッパ			中央ヨーロッパ		北ヨーロッパ	東ヨーロッパ
	スペイン	イギリス	フランス	神聖ローマ帝国	カトリック教会・イタリア諸邦	北欧三国	ポーランド・ロシア
1100 1200 1300 1400 1500	レコンキスタ (国土回復運動) 718-1492	ウィクリフ批判 1378-84 ロラード派 (-1395)	十字軍運動 1096-1272		コンスタンツ公会議 1414-18 フス処刑 1415 サヴォナローラ処刑 1498		フス戦争 1419-39 モスクワ公国 1480-
1510 1520 1530 1540 1550 1560 1570 1580 1590 1600	ハプスブルク家 カルロス一世 (1516-56) 宗教裁判所設立 1566 スペイン・ポルトガル連合 1580-1640	英国国教会成立 1534 スペイン無敵艦隊破る 1588	カルヴァン宗教改革 1541-64 ユグノー戦争 1562- サン・バルテルミーの虐殺 1572 ブルボン朝成立 (1589-) ナントの勅令 1598	ルター宗教改革 1517 カール五世即位 1519 ドイツ農民戦争 1524-25 シュマルカルデン戦争 1546-47 アウグスブルク和議 1555 オランダ独立戦争 1568 オランダ独立宣言 1581	教皇庁免罪符発売 1500 イエズス会結成 1534 トリエント公会議 1545-63 対抗宗教改革の開始	スウェーデン独立 1523	イヴァン四世ツァーリ 1547 恐怖政治(雷帝) 1564-72 モスクワに総主教 1589
1610 1620 1630 1640 1650		ピルグリム・ファーザーズ新大陸到着 1620 ピューリタン革命 1642-49	フランス・スウェーデン戦争 1635-48	三十年戦争 1618- デンマーク戦争 1625-29 ヴェストファーレン条約 1648	宗教的寛容	スウェーデン戦争 1630-35 フランス・スウェーデン戦争 1635-48	ロマノフ朝 1613- ボヘミア・ファルツ戦争 1618-23

図45　宗教戦争の発生状況

巡礼熱に現れる宗教的熱狂があった。このような状況において「異教徒がエルサレムを占領した」という情報が、十字軍形成に大きく影響した。

一〇九五年十一月、教皇ウルバヌス二世（Urbanus II, 在位一〇八八－九九年）が、クレルモン会議において十字軍結成を呼びかけた。翌年、主にフランスと南イタリアのノルマン人の諸侯と騎士から成る第一回十字軍がコンスタンティノープルに集結し、一〇九九年には、エルサレムを占領してエルサレム王国を樹立した。第二回十字軍は、ドイツ王とフランス王により編成されたが、何の成果も挙げられず帰還した。第三回十字軍は、フランス王とイギリス王の指揮下に出発し、アッコン等の都市をイスラームから奪回した。

これ以後は、宗教的動機よりは経済的動機のほうが強くなり、占領地の維持が目的になった。第四回十字軍は、教皇インノケンティウス三世（Innocentius III, 在位一一九八－一二一六年）の提唱によるものだが、地中海商業の覇権を目指すイタリア商人の働きかけがあり、コンスタンティノープルを征服してラテン帝国を樹立した。第五回十字軍は、エジプトを攻撃して敗北したが、神聖ローマ帝国皇帝フリードリヒ二世が外交的手段によりイスラームとの平和条約を締結して、エルサレムを回復した。第六回十字軍は、フランス王ルイ九世に指揮され、エジプトに遠征したが敗北した。第七回十字軍は、チュニジアを攻撃した。十字軍は結果的には、占領地をすべて喪失したことになる。

ところで、第一回十字軍は、遠征途上のドイツと東欧において、「異教徒」としてのユダヤ人が迫害された。(5) さらに、第四回十字軍は、コンスタンティノープルにおいてギリシア正教会を攻撃した。したがって、十字軍は、宗教的には、イスラームだけでなく、ユダヤ教とギリシア正教会をも攻撃対象としていたことがわかる。他方、経済的進出志向は、一時的だが、エルサレム王国という領土の獲得を結果とした。これは、西欧による最初の植民地活動だったといえる(6)。

このような十字軍運動の背景には、「西欧キリスト教民族主義」がすでに形成され、それが排他的民族主義となり機能していたと指摘される。この民族意識は、フランク王国を中心としたものであり、イスラームとユダヤ教とギリシア正教会を敵とする排他的なものであった。

B　レコンキスタ（七一八―一四九二年）

六世紀以来、西ゴート王国がイベリア半島を政治的に統一していたが、七世紀に政治的経済的危機に陥り、七一一年にイスラーム勢力により崩壊した。西ゴート王国の貴族と聖職者は、北部の山岳地方に逃れた。

その後、一〇三一年に後期ウマイヤ朝が崩壊するまでのあいだ、イスラームとキリスト教徒とユダヤ人とはイベリア半島において共存していた。それは、イスラームの支配下における共存であった。この状況は、イスラームの支配において、キリスト教徒とユダヤ教徒は「啓典の民」とされたが、宗教活動の制限と法的不平等のある「差別的寛容」の下にあった(7)。

イスラームの支配領域であるアル・アンダルスは、首都をコルドバに置き、イベリア半島の東部と南部に広がった。北部ではキリスト教諸国がイスラームに抵抗した。そして、七二二年のコバドンガの戦いを起点として、キリスト教徒によるレコンキスタ（国土回復運動）が本格化された。

一〇三一年に後期ウマイヤ朝が崩壊して、アル・アンダルスの政治的統一が揺らいだ。他方、キリスト教国のアラゴン王国とカスティリャ王国が成立した。これらの国はレコンキスタを強く推進し、一〇八五年にカスティリャ王アルフォンソ六世（Alfonso VI, ?—一一〇九年）が、トレドを占領した。レコンキスタは、イベリア半島の北部から南部へと展開された。

一四九二年一月、スペイン王国はグラナダを征服し、ナスル朝が滅亡して、レコンキスタは完成する。同年五月には、スペインのユダヤ人に対する追放令が公布された。

イスラーム支配の時代には、イベリア半島は歴史・文化・経済で一応、安定していたが、キリスト教陣営は農業の立ち遅れと牧畜依存型経済の限界状況にあった。この危機的状況を打開するために、領土獲得運動が開始された。このような経済的危機が、レコンキスタの背景として、まず指摘できる。第二に、イベリア半島が「異教徒」に支配されたという、十字軍に共通する宗教的危機状態が挙げられる。この状態により、キリスト教徒によるイベリア民族主義が進展して、領土獲得運動となった。十字軍とレコンキスタは、ほぼ同じ時期に開始され、その構造も類似している。

C　フス戦争（一四一九—三九年）

一四一五年にヤン・フスが異端者として処刑された後、ボヘミア全土にフス派による教会改革が広がった。一四一九年七月、プラハにおいて、司祭ジュリフスキーに率いられたフス派の示威行進が行われた。フス派は、市庁舎を襲撃し、市参事会議員と聖職者を窓から落として殺した。さらにフス派は、神聖ローマ皇帝兼ハンガリー王ジギスムント（Sigismund, 一三六八—一四三七年）がボヘミア王位を継承するのを認めなかった。そのために、ジギスムントは、教皇マルティヌス五世（Martinus V,

在位一四一七―三一年）の勅書を受けて、フス派討伐十字軍をボヘミアへ派遣した。しかし一四二〇年七月に、ビトコフの丘で、十字軍はフス派軍により粉砕された。

その後、フス派はタボル派とウトラキスト派に分裂する。タボル派は、農民と職人と下層騎士等から成り、急進的で南ボヘミアの都市タボルを拠点とし、終末論、教会組織の否定、厳格な規律による共有財産制、武器による神の王国の建設を主張した。ウトラキスト派は、プラハの都市貴族や学生から成る穏健改良主義者であり、プラハ四箇条を提示して、特にミサにおいて信徒がパンと聖杯を受けることを主張した(8)。そのため、彼らはカモ（チェコ語でフス）が聖杯を受ける旗印を掲げた（図46の右下参照）。

図46　フス派の戦い

タボル派は、一四二〇年三月頃に、南チェコのタボルにおいて、終末信仰にもとづく自治共同体を形成した。一四二四年、マレショフの戦いの後、タボル派は政治的軍事的主導権を掌握し、五回にわたりジギスムントの十字軍を撃退した。一四二七年以後は、ドイツやポーランドへも外征して、教会と領主を攻撃した。

一四三三年以後、ウトラキスト派はカトリック教会と連合して、過激なタボル派と戦った。この内戦は、一四三六年、バーゼル公会議で和解し、終結した。この会議により、ミサにおいて信徒が聖杯も受けることを教会は認め、フス派はジギスムントのボヘミア王位を承認した。

フス戦争の背景には、第一に、免罪符販売や信徒への聖杯禁止等、聖書に根拠のない事項を奉じるローマ教皇に反対するという神学的対立が挙げられる。第二に、ドイツ人による支配からのチェコ人の独立を目指す社会的政治的抗争が指摘される。すでに、十五世紀初頭のチェコにおいて、民族主義の傾向が認められる。J・F・ザッェフは、「実際はフス自身のチェコ・ナショナリズムは全く穏健であったにせよ、この運動の民族主義的特徴は明白であり、その他の特徴と密接にからみあっていたのである」[9]と述べている。さらに、「チェコ人こそがすべての民族のうちで最も優れたキリスト教徒であり、堕落した教会を再建するために神が選んだ民族であるとする神秘的な確信ないしは民族的メシア主義の浸み込んだ防衛的団結進をよび起した」[10]とあるように、チェコ人の自民族優越主義が見受けられる。

フス戦争は、このように、宗教的危機と社会的政治的危機の状況下に、チェコ民族主義が加わり、排他的民族運動として展開した。

D　シュマルカルデン戦争（一五四六—四七年）

一五三〇年に開催された神聖ローマ帝国議会は、ルター派のアウグスブルク信仰告白を公式に否認し、ヴォルムス国会後に提出された勅令の施行を強制することを決議した。これに対して、翌年にザクセン選帝侯（ヨハン、三二年から四七年まではヨハン・フリードリヒ）と、ヘッセン地方伯フィリップらを首長とする防衛同盟が締結された。一五三二年二月、これにルター派の西南ドイツ諸都市が加入して同盟は発足した。これはシュマルカルデン同盟と呼ばれた。

このルター派の同盟は一大政治勢力になり、これに対応してカトリック側は、皇帝カール五世を中心とするミュールベルク同盟を結んだ。一五三七年には、ルター派の信仰告白であるシュマルカルデン条項が提示された。これに対してカトリック側は一五四五年にトリエント公会議を開催したが、ルター派側は、この公会議への参加を拒否した。このために皇帝カール五世は、ルター派討伐のための戦争を開始した。

ルター派側は、内部の不統一と、ザクセン公モーリッツの裏切りにより、一五四七年のミュールベルクの戦いに惨敗し、シュマルカルデン同盟は瓦解した。

この戦争の背景として、第一に、ルター派の信仰告白を認めるかどうかという神学的対立が挙げられる。この対立は、第二に、皇帝と対立するドイツ諸侯と諸都市の政治的支配権の確立を求める戦争へと展開していった。したがって、宗教的性格とともに政治的権力抗争としての性格も指摘される。

E　ユグノー戦争（一五六二―九八年）

一五六〇年のユグノーによるフランス国王フランソワ二世（在位一五五九―六〇年）誘拐計画の失敗を遠因として、一五九八年四月のナントの勅令に終結するユグノー戦争は、宗教改革以後のカトリックとユグノーとの間の神学的対立から開始された。両者間の神学的対立は、一五六一年夏に開催されたポワシー会談において、決定的になった。同会議では、教会の権威と聖体秘跡の二つの問題が提起され、また、聖職者の結婚も論争課題になった[11]。

図47　サン・バルテルミーの虐殺

この神学的対立が、絶対王政が成立する時期に、フランス国内の諸侯間の政治的対立へと発展していった。

フランス国内においては、フランソワ二世の下で政権を掌握したギーズ公がカトリック側に立った。これに、枢機卿シャルル・ド・ロレーヌ（Charles de Lorraine, 一五二四—七四年）、元帥アンヌ・ド・モンランシー等が加わった。他方、ユグノー側は、ブルボン家のナヴァール王アントワーヌ、コリニー総督（Gaspard de Coligny, 一五一九—七二年）、摂政母后カトリーヌ・ド・メディシス（Catherine de Médicis, 一五一九—八九年）等であった。社会階層から見ると、カトリック側は主に、上層貴族、聖職者、富裕階層に支持され、ユグノー側は、南フランスを拠点として主に、知識人、ブルジョワ、中下層貴族、手工業者、農民に広がった。

政府の弾圧にもかかわらずユグノーは急成長し、カトリーヌ・ド・メディシスと大法官ロピタルは、ユグノーに信仰の自由を認めて両陣営の均衡を計ろうとしたが、一五六二年のユグノー虐殺事件を契機に内乱状態になった。戦争は八回に及んだ。

両陣営の均衡の上に、ヴァロワ朝はしばらく維持されていたが、一五七二年八月二十四日に発生したサン・バルテルミーの虐殺事件により、対立は激化した。この時期に宗教上の寛容や政治による国内統一を求めるポリティーク勢力が、新たに台頭した。その支持の下、一五八九年にヴァロワ朝が断絶した後、ブルボン家のアンリ四世がカトリックに改宗して、一五九八年のナントの勅令により、ユグノーに信仰の自由を認めて宗教的対立に終止符が打たれ、国内統一が実現した。

このように、ユグノー戦争は、神学的対立に端を発するが、本質的には王権をめぐる貴族間の政治的権力抗争であったということができる。

戦争が長期にわたったことについては、第一に、ユグノーの神学であるカルヴィニズムには社会改革を実行する傾向があり、政治活動を含めた社会の総体を神の栄光のためのものになるように改革しようとしたことが指摘される。

第二に、ユグノーは終末論を採用し、カトリックは終末に出現する「反キリスト」であるとされた[12]。そのために過激な宗教運動になっていったと考えられる。

第三に、経済的社会的危機状況が挙げられる。十六世紀初頭以後、新大陸からの金と銀が大量に西欧に流入し、それが国際的貨幣流通を大きく変えた。フランスではとくに、貨幣インフレが到来し、物価騰貴と食糧危機が広がった。このような経済的危機状況は、都市と農村の対立を深め、さらに都市内部における階層間対立も強めた。さらに、凶作、戦乱による被害も加わり、民衆の蜂起へと繋がった[13]。

ところで、ユグノー戦争は、アンリ四世の即位後に対外戦争へと発展した。これは、国内に戦場が限定されたフス戦争やシュマルカルデン戦争とは異なる。ユグノー戦争において、カトリック側を支援したのは、ローマ教皇庁とフェリペ二世のスペインであり、ユグノー側を支持したのは、ドイツのプロテスタント諸侯と、スペインに敵対するイギリスであった。このような状況下、イタリア、オランダをも巻き込む国際的紛争に発展した。

F オランダ独立戦争（一五六八―一六〇九年）

ネーデルラントは、中世以来、都市が発達し、商業や手工業も盛んであり、ヨーロッパ経済の一大中心地であった。十六世紀には、改革派（カルヴァン派）信仰が浸透したが、一五一六年以後は、カトリック教国スペイン領になった。スペイン王フェリペ二世は、厳格なカトリック政策を執行し、改革派を弾圧した。これに対して、改革派の貴族と市民が、諸特権を擁護する抵抗運動を開始した。一五六四年には、司教区制の改革をめぐる紛争が生起したが、フェリペ二世はこれを鎮圧した。翌年には、改革派が貴族同盟を締結して、宗教迫害の停止を求める請願書を提出した。

十六世紀後半、貨幣流通の変化に伴う物価騰貴と食糧危機という経済的危機状況の中、改革派の主体は、下級貴族と下層市民に移行した。一五六六年には乞食党が結成され、聖像破壊運動を西フランドル地方から各地へと展開した。改革派を弾圧するフェリペ二世に対して、改革派は、一五六八年から有力貴族オラニエ公ウィレム（Willem, 一五三三―八四）を指揮官として、戦争状態に入った。

改革派軍は、スペイン軍と互角に戦い、一五七六年にはガンの和約を締結して、全州が一体となってスペイン軍を撃退することを約した。しかし、南部のカトリックと北部の改革派との間に宗教的対立と経済的利害の不一致が生じ、一五七九年一月以降は、南部アラス同盟と北部ユトレヒト同盟との間の戦争に発展する。最終的には、一五八一年にフェリペ二世への忠誠破棄を決議して、ユトレヒト同盟がネーデルラント連邦共和国の独立を宣言した。その後も戦争は継続したが、一六四八年のヴェストファーレン条約により、同共和国は国際的承認を獲得した。

このように、オランダ独立戦争は、経済的危機と政治的危機を背景として、カトリックと改革派との間の教派対立に始まり、権力抗争、さらには国の独立運動へと発展していった。

G 三十年戦争（一六一八―四八年）

最後にして最大規模の宗教戦争が、三十年戦争である。この戦争は、ボヘミア・ファルツ戦争（一六一八―二三年）、デンマーク戦争（一六二五―二九年）、スウェーデン戦争（一六三〇―三五年）、フランス・スウェーデン戦争（一六三五―四八年）より成る。宗教的政治的紛争が、フランス、スウェーデン、デンマーク等、ほぼ全ヨーロッパ諸国を巻き込む国際的戦争へと展開したのである。

一五五五年のアウグスブルクの宗教和議以降、フス派は消滅してルター派に吸収された。一六〇九年に神聖ローマ皇帝ルドルフ二世（Rudolf II, 在位一五七六―一六一二年）は、ボヘミアにおける信仰の自由を承認したが、一六一七年、ボヘミア王となったフェルディナント（Ferdinand）は、ボヘミアのフス派を弾圧して、カトリックの対抗宗教改革に基づく政策をとり、ハプスブルク家によるボヘミア支配を目指した。これに対して、翌年、プラハにおいてボヘミア貴族が、皇帝代理を窓から突き落とす事件が発生した。これが三十年戦争の起点となった。

ボヘミア・ファルツ戦争において、カトリック側は、皇帝となったフェルディナント二世（在位一六一九―三七年）の軍に、カトリック同盟指揮者バイエルン公マクシミリアン（Maximilian）が合流し、

図48　三十年戦争における処刑図（Jacques Callot, 1633年）

ハプスブルク家のスペインも支援した。一方、プロテスタント側には、ボヘミア議会と反乱軍にトランシルヴァニア公が合流し、カルヴァン派のファルツ選帝侯フリードリヒ五世（Friedrich V. 在位一六一〇―二三年）をボヘミア王に選出した。しかし、フリードリヒ五世は、一六二〇年のヴァイサー・ベルク（白山）の戦いでフェルディナント二世に敗れ、オランダに亡命した。ボヘミアは、再びハプスブルク家支配となり、プロテスタントは抑圧された。

デンマーク戦争において、プロテスタント側のデンマーク王クリスティアン四世（Christian IV. 在位一五八八―一六四八年）は、ドイツに侵入した。ドイツ国内のプロテスタント諸侯、さらにイギリスとオランダがこれに加わった。カトリック側の総司令ヴァレンシュタイン率いるカトリック諸侯と皇帝軍は、プロテスタント軍を破った。一六二九年のリューベック条約で和約が成立し、クリスティアン四世はドイツに介入しないことを約した。皇帝はルター派以外を公認しないことを布告した。

スウェーデン戦争においては、プロテスタント側は、ルター派のスウェーデン、ブルボン家のフランス、ブランデンブルク

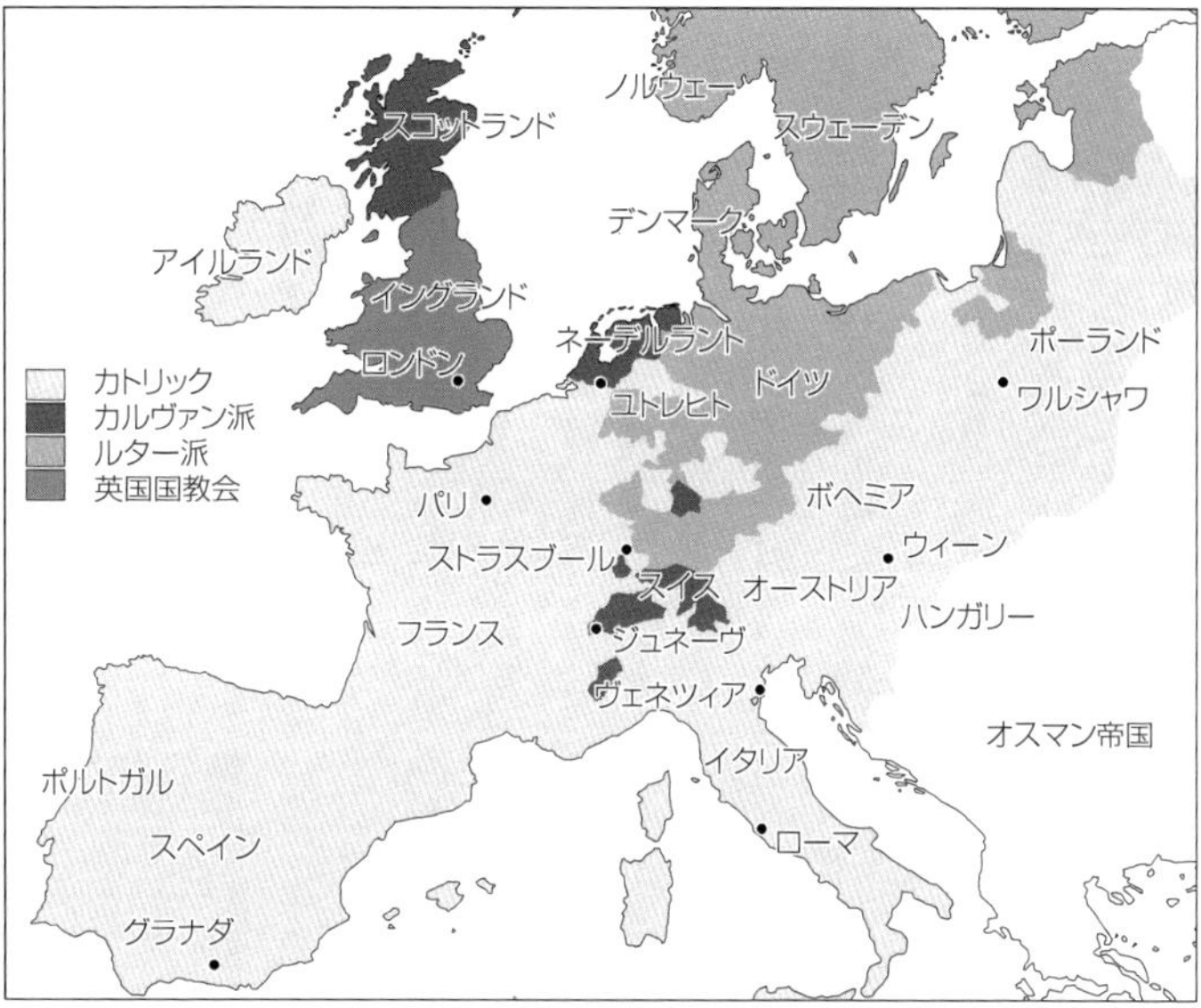

地図9　16世紀末の宗教分布図
（参考：『キリスト教の歴史』BL出版、152頁）

選帝侯、ザクセン選帝侯であり、カトリック側は、皇帝軍とスペイン軍であった。スウェーデン王グスタフ・アドルフ（Gustav Adolf, 一五九四―一六三二年）率いる軍は、一六三〇年にフランスから援助を受けて、ドイツに侵入して皇帝軍と戦い、西南ドイツまで進んだが、グスタフ・アドルフは戦死した。一六三五年に、皇帝とプロテスタント諸侯の間にプラハの和約が締結された。

　フランス・スウェーデン戦争は、ブルボン家のフランスが、カトリックではあるが、反ハプスブルクの立場からプロテスタント側を援助して、スウェーデンとオランダとヴェネツィアと結び、ハプスブルク連合軍と皇帝軍に対して宣戦を布告した。この戦争ではオスマン帝国軍も介入した。

三十年戦争が開始された十七世紀初頭は、信仰に重点が置かれた時代であった[14]。プロテスタント内部ではルター派とカルヴァン派、カトリック内部では対抗宗教改革を行うイエズス会とカプチン会とが対立していた[15]。イエズス会はスペインとオーストリア、カプチン会はフランスに勢力を保持していた。このように、三十年戦争は、教派対立を背景として、政治的権力抗争へと発展し、最終的には、ハプスブルク家とブルボン家の対立という、宗教とは無関係の国際的な政治的抗争になったということができる。戦争の結果、最大の打撃を被ったのは、ハプスブルク家のオーストリアとスペインであり、他方ブルボン家のフランスは最大の利益を得た。

一六四八年に締結されたヴェストファーレン条約は、各領土を確約し、オランダとスイスの独立を承認するとともに、アウグスブルク宗教和議の原則が再確認された。これにより、カトリック、ルター派、カルヴァン派の権利の平等が確立し、これらの宗派に属さない者にも、私的礼拝と良心の自由、移住の権利が認められた。

ヴェストファーレン条約により、西欧における宗教戦争は終結する。

2　宗教戦争発生のメカニズム

宗教戦争を、発生順、対立構造、背景、性格から分類すると、三類型を設定することができる。宗派対立型宗教戦争、教派対立型宗教戦争、政治対立型宗教戦争である（表6を参照）。宗派対立型宗教戦争には十字軍運動とレコンキスタが、教派対立型宗教戦争にはフス戦争、シュマルカルデン戦争、ユグノー戦争、政治対立型宗教戦争には、オランダ独立戦争、三十年戦争があてはまる。

これらの類型はあくまでも純粋培養的な理念型であるために、実際の戦争は、複数の型の性格を有している。各類型の特徴は以下になる。

宗派対立型宗教戦争

キリスト教、イスラーム、ユダヤ教等の異なる宗教間における戦争の類型である。異なる文明間の戦争とも言える。相手側の宗教を攻撃し、比較的広い地域において戦争が展開され、国際紛争になりうる。宗教的対立から開始されるが、同時に、通商拡大や領土獲得等の経済社会的動機も含まれる。宗教的危機、経済的危機、社会的危機をも背景とし、排他的民族主義の介在が見られる。

教派対立型宗教戦争

教会の権威、聖餐論、信仰告白の内容等の神学的諸命題の正当性が批判され、特定教派を信奉する集団、社会階層、領邦、国家の間における対立へと発展するのが、この型の宗教戦争である。背景としては、宗教的危機、社会的危機、政治的危機、経済的危機がある。主に権力抗争になるが、民族自治を求める運動にもなる。

政治対立型宗教戦争

教派対立よりも政治的対立としての要素のほうが強い型である。宗教的危機や社会的危機や政治的危機、経済的危機を背景として、教派の異なる政治権力間の抗争が、さらに発展して、領土を獲得する政治抗争、独立運動や国際紛争にもなりうる類型である。この戦争において、宗教は、特定集団を他と区別する外面的表示になる傾向にある。

これら三類型を比較すれば、以下の四点が指摘される。

第一に、宗教戦争の背景としては、共通して危機的状況が指摘される。それは、宗教的危機、経済的危機、政治的危機、社会的危機に分類できる。

第二に、宗派対立型宗教戦争が、その期間においても地域においても規模が最も大きく、次に、国際的紛争へと発展した政治対立型宗教戦争が挙げられ、教派対立型宗教戦争は、最も規模が小さい。

第三に、宗教戦争における神学的な教派対立は、時代を経るに従い、弱くなる傾向がある。これは、宗教や教派についての相互理解が進んだこと、政治的傾向が強まったことの結果だと考えられる。

第四に、すべての型にほぼ共通するものは、宗教に、排他的民族主義が融合していることである。

これらから、宗教戦争が発生するメカニズムは以下のようになる（図49も参照）。

宗教、政治、社会、経済面における危機的状況において、特定宗教を奉じる国家あるいは集団に民族主義が融合し、それが排他的宗教運動に変容して、宗教戦争へと展開する。すべての場合において、排他的宗教運動に変容するのではない。排他的な教説が採用されない場合には、排他的宗教運動や宗教戦争には変容しない。

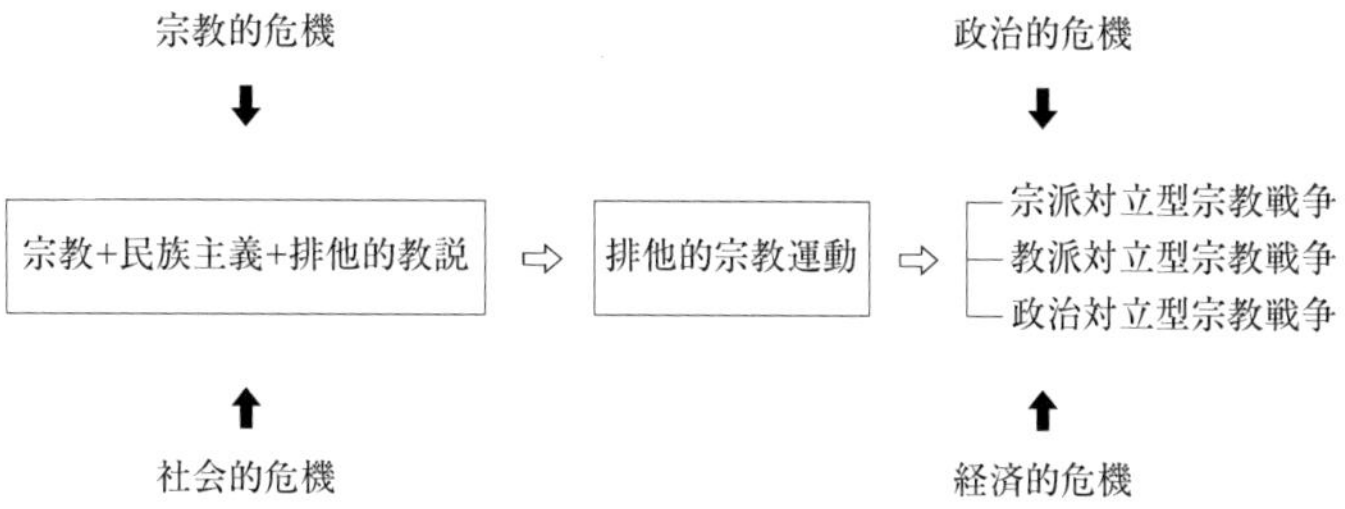

図49　宗教戦争発生のメカニズム

		対立構造	背　景	性　格
宗派対立型	十字軍運動 (1096-1272)	カトリック×イスラーム ×ユダヤ教 ×ギリシア正教会	経済的危機 宗教的危機 社会的危機	宗教対立 領土獲得
	レコンキスタ (718-1492)	カトリック×イスラーム ×ユダヤ教 ×ギリシア正教会	経済的危機 宗教的危機 社会的危機	宗教対立 領土獲得
教派対立型	フス戦争 (1419-39)	カトリック×フス派 (ドイツ人)　(チェコ人)	宗教的危機 社会的危機 政治的危機	教派対立 政治抗争
	シュマルカルデン戦争 (1546-47)	カトリック×プロテスタント (ルター派)	宗教的危機 政治的危機	教派対立 政治抗争
	ユグノー戦争 (1562-98)	カトリック×プロテスタント (ユグノー)	宗教的危機 政治的危機 経済的危機 社会的危機	教派対立 権力抗争 国際紛争
政治対立型	オランダ独立戦争 (1568-1609)	カトリック×プロテスタント (改革派)	宗教的危機 経済的危機 政治的危機	教派対立 権力抗争 独立運動
	三十年戦争 (1618-48)	カトリック×カトリック ハプスブルク家×ブルボン家	宗教的危機 政治的危機 経済的危機 社会的危機	教派対立 権力抗争 国際紛争

表6　宗教戦争の三類型

3　排他的教説

宗教戦争は、キリスト教、イスラーム、ユダヤ教という一神教を奉じる集団間で生起した。これらは、旧約聖書を共通の正典とする宗教である。神への愛と平和を教える宗教が、排他的な戦争に発展した背景には、第一に、宗教に民族主義が融合したことが考えられる。十字軍運動には西欧キリスト教民族主義が、レコンキスタにはイベリア・キリスト教民族主義が、フス戦争にはチェコ民族主義が、それ以外の宗教戦争にも、ドイツ、フランス、オランダ、スウェーデン等の民族意識や民族主義が介入していた。宗教的違いや神学論争や教派対立を端緒として開始された事件が、やがて戦争へと発展していくのに、民族主義が深く関係していることが指摘される。

すべての民族主義が宗教と関係して排他的な戦争へと促すわけではない。民族主義は、他民族との平和共存を志向する協和的民族主義と、そうではない排他的民族主義に区分される。宗教と協和的民族主義が結合しても排他的戦争にはなりえない。しかし排他的民族主義はそうではない。排他的民族主義がとられた場合、関係する宗教に排他的教説が提起される。

宗教戦争において、いかなる排他的な教説が標榜されて、それが排他的民族主義となって民衆の中に広がったのだろうか。キリスト教に焦点をあてて考察する。

A　悪魔との聖戦

キリスト教は、本来、一元論であるが、宗教戦争においては、神と悪魔もしくは反キリストという二元論的戦争論が登場した。悪魔との戦いは「聖なる戦い」とされた。

一〇九五年の教皇ウルバヌス二世の十字軍宣言において、イスラームは、「神の信徒」としてのキリスト教徒に対して、「あの邪悪な種族」「あまりにも軽蔑され、堕落した、悪魔の奴隷化した者たち」「野蛮人」と呼ばれている。[16] また、第四回十字軍がコンスタンティノープルを攻撃する前日、すなわち、一二〇四年四月十一日の日曜日礼拝において、複数の司教と修道院長は、ギリシア正教会信徒を「裏切り者の人殺しで正当な主君を殺めた不忠者揃い、ユダヤ人より悪い輩」「神の敵」と呼んでいる。[17] さらに、十字軍は、アウグスティヌスの考えに基づき、異教徒から強奪されたものを取り返すべき正しい戦争であるとともに、悪魔との「聖なる戦い」であるとみなされた。[18]

レコンキスタも、イスラームとの戦いを、悪魔との「聖なる戦い」だとみなした。D・W・ローマックスは「レコンキスタを聖戦とみなし、自分たちには保護聖人がついているという信念に励まされた」と記している。[19] 保護聖人としては、聖ペトロ、聖ミカエル、聖ガブリエル、聖ドミンゴ・デ・シーロスがあり、従軍司祭は、戦闘の前にミサを捧げた。[20]

ユグノー戦争においては、ユグノーにとり、カトリックは黙示録の「大淫婦」、教皇は「反キリスト」であった。一方、カトリックにとり、ユグノーは、「異端」「反逆者」であった。[21]

三十年戦争は、神学的には、カルヴィニズム神学とイエズス会神学との戦いであった。C・V・ウェッジウッドは「ジェスイット〔イエズス会〕がカトリックの軍事的右翼を形成したとすれば、カルヴァン派は、プロテスタントの軍事的右翼をなした」と述べている。[22] イエズス会は、一五三四年に結成され、軍隊的統制とローマ教皇への絶対的忠誠を基本理念としている。そのため、シュマルカルデン戦争以後の宗教戦争、特に三十年戦争において、プロテスタントへの攻撃に、主要な役割を果たした。

一方、カルヴィニズム神学は、社会そのものを変革しようとするものであり、ドイツ、ポーランド、ボヘミア、オーストリア、ハンガリー等に広がった。これは、神学上の変革にとどまらず、政治的運動、さらには戦争に展開しうるものであった。イエズス会同様、カルヴィニズムも、排他的であり、他を「異端」とみなした。特に、カルヴィニズムには、恩寵と予定論に基づいた、神によって救いに予定された者か滅びに予定された者かの二項対立的人間観がある。それにより敵か味方かを明確に区別した。みずからは「救われる者」で、カトリックは「滅びる者」であった。

このように宗教戦争は、神学上、カトリック側からもプロテスタント側からも、悪魔との聖戦であった。

B 終末における戦い

聖書の預言にしたがい、地上に千年王国を形成する時に生起する終末における戦い、という戦争観も、宗教戦争において、いくつか見受けられる。

十字軍運動とレコンキスタには、終末論はとられなかった。フス戦争において、タボル派は、タボル山地域に終末論にもとづく厳格な規律による財産共有制、武器による神の王国という自治共同体を建設しようとした。

ユグノー戦争においては、カトリック教会が、終末に現れる「反キリスト」だとされた。だがこれは、ルターによる宗教改革の時代から継承されたカトリックやローマ教皇に対するプロテスタントの見方でもある。

政治的対立型宗教戦争では、終末論は出現しなかった。

聖書解釈にもとづいて、この世を「神と悪魔との戦いの場」とみなして、特定諸国や特定集団を「悪魔の手先」と定義していく。これは、ユルゲンスマイヤーの「コスミック戦争」に類似する戦争である。(23) このような二項対立的な見方が、宗教と民族主義とが関係し合って形成されていく。宗教的に熱心であればあるほど、二項対立的見方をより堅持する傾向がある。

危機的状況にあるとき、排他的教説を特定国家や集団が政策として採用して、敵を設定し、宗教戦争へと発展していく。もし採用しなければ、宗教戦争には至り得ないと考えられる。

4　宗教と民族主義

宗教戦争において、宗教と民族主義とはいかなる関係になるのか。

宗教戦争の起点は、宗派間あるいは教派間における宗教対立にあった。そして、危機的状況に陥ったときに、排他的教説が標榜され、それが排他的民族主義、そして宗教戦争へと変容していった。宗教そのものが排他的宗教運動、宗教戦争へと変容したと考えられる。その変容の過程をキリスト教の観点から見る（図50を参照）。

すでに見たように、キリスト教の神学において、最後の審判で「救われる民」か「滅びる民」かが峻別される。カトリックには「煉獄」の概念があるが、これは暫時的なものにすぎず、最終的に、人

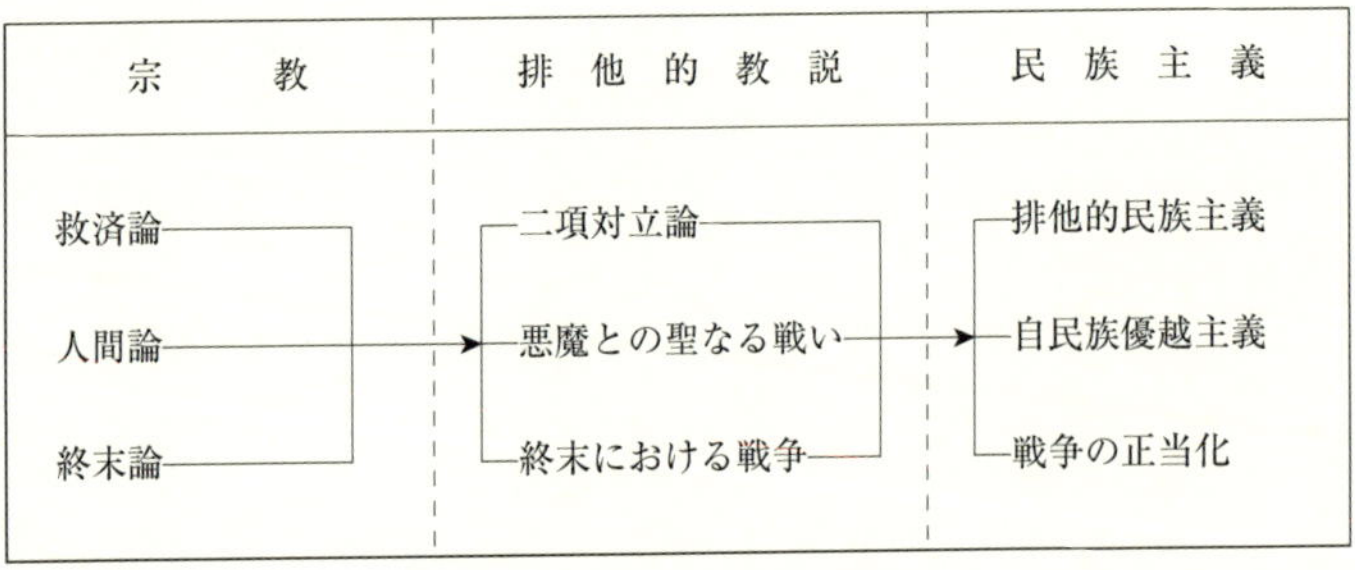

図50　宗教戦争と民族主義

は天国か地獄のどちらかに行く。人は「救われる民」か「滅びる民」かに分けられる。このような、救済論と人間論と終末論にもとづく概念が、神か悪魔か、正義か不義かという二項対立論、悪魔との「聖戦」論、終末における戦争論に変容していく。これらの変容した排他的教説が、民族主義に融合し、排他的民族主義と自民族優越主義と戦争の正当化へと大きく変容する。

宗教戦争においては、このような変容論が提起されると考えられる。

5　結　論

社会的危機、経済的危機、政治的危機、宗教的危機などの危機的状況になったときに、宗教に、排他的民族主義が融合して排他的教説が唱えられ、宗教が変容する。そして、排他的教説が国家や諸集団に採用されて、政策となり、戦争へと発展していったものが宗教戦争である。キリスト教の場合、排他的教説は、その救済論と人間論と終末論から生起したと考えられる。今後、この変容過程を分析すると共に、イスラームとユダヤ教の排他的教説からも分析して、キリスト教の変容過程と比較する必要がある。

第五章　信仰復興とアメリカ独立革命

図51　説教をするジョージ・ホイットフィールド
(John Collet, 1775 年頃)

コネチカット州ニューヘヴンにあるエール大学のキャンパス内には「エドワーズ通り」や「ドワイトホール」があり、十二のカレッジの中にも「ティモシー・ドワイト」校がある。さらに郊外にも「エドワーズ」を名にしたレストランやスーパーマーケットがある。これは、エール大学を中心に起きた「大覚醒」(Great Awakening)とも呼ばれる信仰復興運動に因んだ名である。

本章では、三波にわたるニューイングランドにおける信仰復興運動とアメリカ独立革命、そして同時期に設立された信仰共同体の事例を扱う。

キリスト教の活動	社会・経済状況
一六〇七　ジェームズタウンに移民公認教会 一六一九　ピューリタンの国教会員、植民地に移住 一六二〇　メイフラワー号でライデンから**ピルグリム・ファーザーズ約百名がプリマスに入港** 　　　　　メイフラワー契約 一六二六　多数のピューリタンがセイラム、ボストンに移民 一六二九　セイラムに会衆派の教会設立 一六三一　マサチューセッツで公認宗教・神政政治 一六三六　ハーヴァード大学創設	一六三九　コネチカット基本法

バプテスト派の教会設立
一六四八　『ケンブリッジ綱領』
一六六一　インディアン語聖書発行
一六七四　ペンシルヴァニアがクウェーカーの避難所に
一六九二　**セイラム魔女事件**
一七〇一　エール大学創設
一七〇六　フィラデルフィアに長老派教会設立
一七二七　J・エドワーズ、ノーサンプトン教会牧師就任
　　　　　アーミッシュ、ペンシルヴァニアへ移住開始
一七三三　ユダヤ人ジョージア州に移民
　　　　　J・エドワーズ、説教による覚醒
　　　　　第一次信仰復興運動
一七三九　G・ホイットフィールド、運動に参加
一七四一　運動が分裂して終息
一七四三　D・ブレイナード、インディアン伝道活動
一七四六　プリンストン大学創設
一七五四　エドワーズ『自由意志論』
一七六六　オランダ改革派、ラトガース大学設立

一六九〇　ボストンで新聞発行
一七三二　ジョージア植民地建設
　　　　　英国植民地十三州に
一七五五　英仏植民地戦争（―六
　　　　　三）
一七六四　砂糖法
一七六五　印紙法

キリスト教の活動	
一七七五	クウェーカー、奴隷廃止運動促進、ペンシルヴァニア協会組織
一七八六	ヴァージニア宗教自由法成立
一七八七	カトリックの礼拝の自由を認める
一七九五	T・ドワイト、エール大学学長に　説教による覚醒
	第二次信仰復興運動
一八〇一	ケンタッキー州の野外集会に二万数千人参加
一八〇二	エール大学の三分の二の学生が信仰告白
一八〇七	T・キャンベル、ディサイプル教会創設
一八〇八	アンドーヴァー神学校設立
一八〇九	アーミッシュ共同体、ペンシルヴァニアに設立

社会・経済状況	
一七六七	タウンゼント諸法
一七七〇	ボストン虐殺事件
一七七三	ボストン茶会事件
一七七五	コンコードの戦い
	アメリカ独立革命
一七七六	独立宣言
一七八三	パリ条約でアメリカ独立承認
一七八八	合衆国憲法
一七八九	第一回連邦議会、初代大統領ワシントン
一七九一	合衆国国立銀行創設
一七九七	ジョン・アダムズ大統領
一八〇一	ジェファソン大統領
一八〇九	マディソン大統領

一八一〇　アメリカン・ボード成立
　　カンバーランド長老派教会、長老派から独立
一八一一　四百回におよぶ野外集会
一八一四　バプテスト派海外伝道宣教師総協議会設立
一八一六　アメリカ聖書協会設立
　　週刊キリスト教雑誌発行開始
一八一九　W・E・チャニング、「ユニテリアンキリスト教」宣言
一八二五　アメリカ・ユニテリアン協会設立
一八二六　禁酒協会結成
一八三〇　ジョゼフ・スミス、モルモン教会組織
一八五七　**第三次信仰復興運動**（C・フィニー、D・L・ムーディ、I・D・サンキら）

一八一二　米英戦争（—一四）
一八一七　モンロー大統領
一八二三　モンロー宣言
一八二五　アダムズ大統領
一八二九　ジャクソン大統領（—三七）

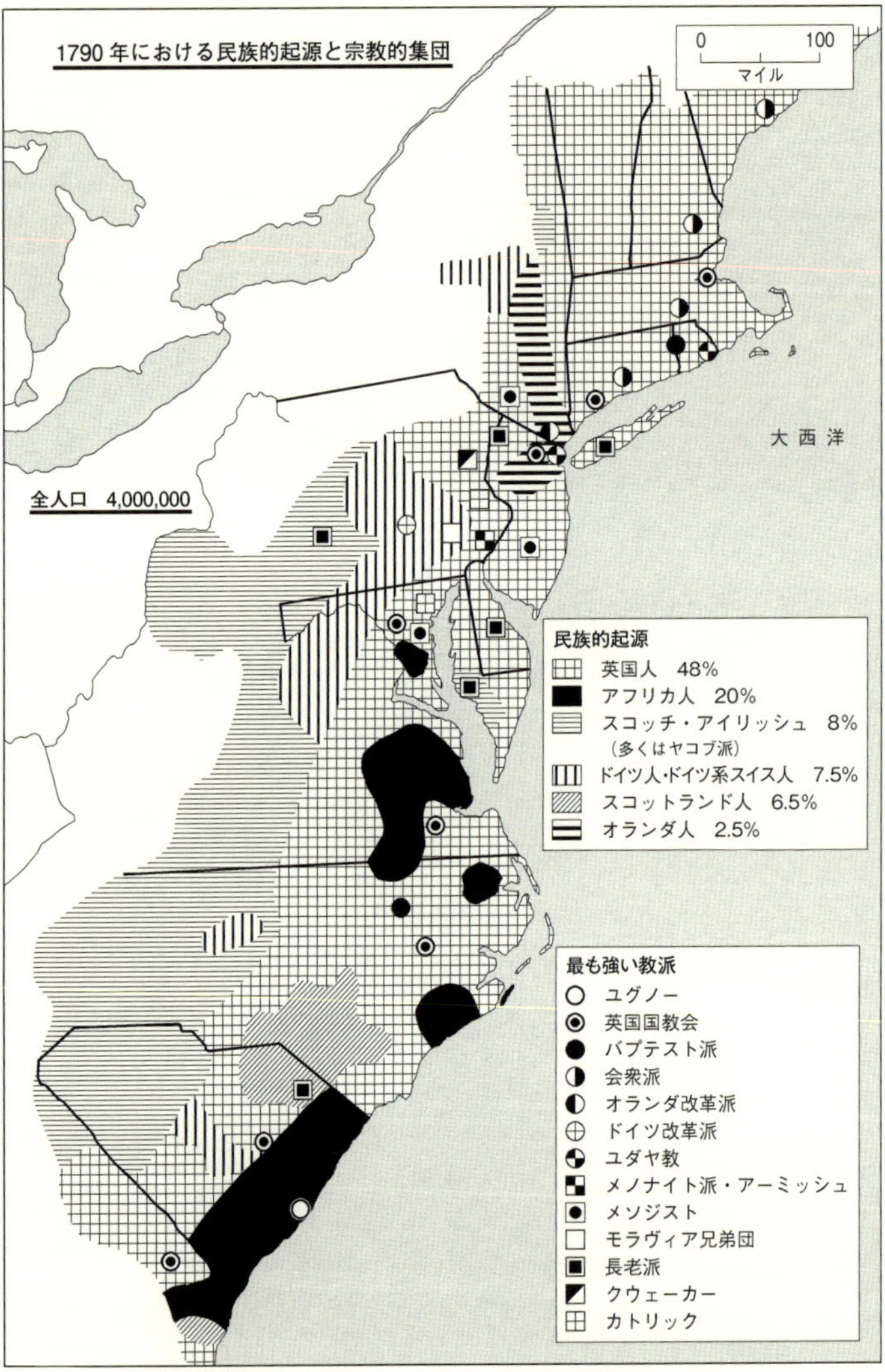

地図10　ニューイングランドにおける信仰集団分布（1790年）
(M. Gilbert, *Routledge Atlas of American History*, 2005, p. 30)

第一節　第一次信仰復興運動とアメリカ独立革命

1　背　景

一六二〇年に、メイフラワー号に乗りライデンからプリマスに到着したピューリタンたちは、その後セイラムに会衆派の教会を形成した。さらに一六三六年には、プロヴィデンス地方を中心に、バプテスト派の教会が形成された。これら二つが、米国二大プロテスタントとして進展していく。ヨーロッパからアメリカに移住した者は、教派ごとに信仰による共同体を形成した（地図10参照）。一六四八年には、ウェストミンスター信仰告白を採用した「ケンブリッジ綱領」が制定され、マサチューセッツ地方においては、信仰に基づく神政政治が実行される。この神政政治の行き過ぎが、一六九二年のセイラムにおける魔女事件であった。

占いに興じて言動に異常をきたした少女たちの証言に従い、セイラムにおいて数か月間に約百五十名が魔女として逮捕された。そのうち十九名が有罪になり処刑された。不当な裁判が明らかになった時、セイラムの人々は反省を余儀なくされ、信仰心そのものも、うすらぐ状況にあった。

政治的背景としては、イギリスのアメリカ植民地に対する圧迫がますます強化され、本国が王権支配下になったこともあり、ピューリタニズムは植民地においても制圧される状況にあった。

他方、植民地経営で財を築き上げる者がしだいに多くなり、彼らはその物質的繁栄のために、信仰を顧みなくなり、信仰よりも物質的富に集中するようになった。教会員の中から、一定収入以上の者に選挙権を与えることになったのが、この典型的な例といえよう。

このように十八世紀になると、ピューリタニズムの衰退がアメリカ植民地にみられた。

2　J・エドワーズ

ジョナサン・エドワーズ（Jonathan Edwards, 一七〇三―五八年）は、コネチカットのイースト・ウィンザーに生まれた。父親はハーヴァード大学出身の会衆派の牧師であり、母親は名門の出であった。彼は十三歳の時に劇的な回心の経験をした。後に彼は以下のようにこの回心について記している。

"I began to have a new kind of apprehensions and ideas of Christ, and the work of redemption, and the glorious way of salvation by Him."

私はキリストとキリストの贖いの御業と、救いの栄えある方法に対して新たなる理解と考えとをもち始めた。

エドワーズは、回心して、エール大学卒業後はニューヨークの長老派教会牧師になった。二年間牧会した後、しばらくエール大学で教えた。一七二七年以降、祖父が牧会していたコネチカットのノーサンプトン教会の牧師になった。

この頃、キリスト教信仰から外れて、理神論の影響も受け、「罪意識のない神を恐れない人々」が同市の市民の大半であることを知る。彼はこういう市民を相手にして、大胆に人間の無価値と罪に対する神の裁きを主題とした説教を展開した。

特に、一七三三年の夏に行った「霊的光の真実性」という題の説教によって、同市の多くの者が悔い改めた。その後数か月で、三百人以上の者が信仰を告白し、同市は道徳的にも急速に改善されていった。

一七三四―三五年が、第一次信仰復興運動の頂点であった。

一七四一年に行われた説教「怒りの神の御手にある罪人」には、以下の内容がある。

あなたがたの邪悪は鉛のように重い。その非常な重さと圧力で地獄に落ち込もうとしているのだ。もしも神が落とそうとするなら、あなた方は直ちに沈み、たちまち墜落して底なしの淵に投げ込まれてしまうのである。あなた方の健康な体力、心労、思慮、最上の工夫、そしてすべての義《ただ》しさも、あなた方を地獄から救い出すことはできないのだ。それはちょうど蜘蛛の巣が落下する岩を止めることができないようなものだ。……

おお！　罪人たちよ！　あなたがたがいかにおそるべき危険な状態にあるかを反省しなさい。……キリストの外にある人々は、即刻目を覚まし、やがて来るであろう怒りを逃れなさい。全能の神の怒りは今や疑いもなくこの会衆の大部分を覆っているのである。(1)

エドワーズ自身は、説教の完全原稿を、冷静な口調で一語一語、読み進んでいった。聴衆の中には説教の内容に圧倒されて、恐怖を覚える者もおり、自殺者さえも出した。

3　G・ホイットフィールド

イギリスでは、一七二九年以来、ジョン・ウェスレー（John Wesley, 一七〇三―九一年）とチャールズ・ウェスレー（Charles Wesley, 一七〇七―八八年）兄弟によって形成されたオックスフォード大学のホーリー・クラブを中心に、信仰復興運動が展開されていた。彼らはメソジスト（Methodist）と呼ばれて、英国国教会を内部改革していき、一七三九年にはブリストルに最初のメソジスト教会を設立した。

図52　J. エドワーズ

ホイットフィールド（George Whitefield, 一七一四―七〇年）は貧しい家庭に生まれ、オックスフォード大学在学中にウェスレー兄弟と知り合い、影響を受けた。彼は、アメリカのジョージア植民地で伝道活動に従事した。一七三六年には聖職者になり、説教家として知られるようになった。その後帰国して、イギリスの地方の炭鉱夫相手に、積極的な伝道活動をくり広げた。

彼はアメリカの信仰復興運動を知り、一七三九年に再びアメリカに渡り、ペンシルヴァニアを中心に、馬に乗り伝道旅行と野外礼拝を行った。北はニューイングランド、南はジョージア、西はケンタッキーにまで活動を広げた。

ノーサンプトンにおいてはJ・エドワーズを助け、一七四〇年九月、ボストンにおいては一万数千人の聴衆に対して説教をした。ホイットフィールドはメソジストではあるがカルヴィニストになったために、教義をめぐって一七四一年に、ウェスレーと決別した。

信仰復興運動は、このようにして、カルヴィニズム神学のJ・エドワーズとG・ホイットフィールドに指導された。会衆派、長老派、メソジスト、クウェーカー、そして後にはバプテスト派も加わり、超教派運動として展開され、多くの実を結んだ。

4　カルヴィニズムと信徒伝道

さてここで注目すべきことは、エドワーズも、またメソジストの指導者でありながらホイットフィールドも、強力なカルヴィニストであったことである。

カルヴァンの改革主義信仰に立つ者は、ともすれば特定の神学者の思想に傾倒してしまい、聖書よりも神学に強調を置く誤りを犯す。「宣教の愚かさ」よりも論理的な神学を知っていることに誇りをもち、神学に無知な他の信者をさばくことになる。

しかし、ニューイングランドの信仰復興運動は、神学を聖書理解の補助とする正統的なカルヴィニズムの神学を有していた。感情に溺れないしっかりとした教理。これがリヴァイヴァルの第一の原因ということができる。

第二の原因は、信徒伝道にあった。この点について、F・H・リッテルは以下のように述べている。

両者〔エドワーズとホイットフィールド〕とも福音宣教は決心をせまり、決心は信徒の自発性を求めるという事実をさけることはできなかった。信徒の自発性とは任意的規律と経済的責任という方向に向かい、宗教を単に人生の諸相の一要素とみなすのではない[2]。

確かに信仰復興運動を指導した多くの牧師は、ホイットフィールドを除いて、J・エドワーズをはじめとするエール大学卒業生であった。いわゆるエリート階級出身の牧師であった。しかし、彼らは信徒の説教活動を認めた。そして、しばしば信徒の説教が、信仰復興に大きな成果をもたらすのであった。

しかし、同時にこれが、教会分裂の原因にもなった。

5　分　裂

悲しいことではあるが、大覚醒運動は進展するにつれて、教職者の中で、それに参加する者と反対する者とに分裂するに至った。前者は「新しい光」(New Lights)、後者は「古い光」(Old Lights)と称せられた。この分裂の背景について見ることにする。

曽根暁彦氏は分裂について、以下のように述べている。

しかし、ニューイングランドにおける信仰復興の波はイェール大学の出身牧師の多いコネティカット、ならびにマサチューセッツの西部に広がり、自由主義的傾向にあったハーヴァード大学出身牧師の多い、マサチューセッツ東部にあってはチャールズ・チョーンスィ (Charles

Chauncy, 一七〇四―八七年）らアルミニウス主義者（Arminians）たちは真っ向から反対し、会衆派は事実上二分され、エドワーズら信仰復興運動を促進した牧師たちを「新しき光」（New Lights）、チョーンスィらその反対者たちを「古き光」（Old Lights）と呼び、感情主義と理性主義の対立はまた倫理主義と教理主義の対立でもあった。(3)

このように、「感情主義」／「倫理主義」と「理性主義」／「教理主義」という神学上の差、すなわち、カルヴィニズム神学とアルミニズム神学の対立だと曽根氏は述べている。両者の教義上の大きな違いは、救済論にある。神の絶対恩寵を唱えるカルヴィニズム神学に対して、アルミニズム神学では救済における神人協力説を主張する。したがって、アルミニズム神学では一度救われた者が救済からもれることがありうるとされる。

一方、H・R・ニーバーは、別の観点から分裂について説明している。

アメリカ的土壌での最初の宗教復興の特徴は、しばしば描かれてきたので、よく知られている。熱烈な説教、イメージの豊富さ、神経の撹乱、人から人、町から町への伝播、心の平安が突然得られること――これらは、それとほぼ同時代のイギリスにおけるメソジストの信仰復興の現象に非常によく似ている。覚醒は聖職者による指導の下に留まったが、この指導者はフロンティアの牧師館とイエール大学で養成されたものであった。信徒説教は、それほどたびたび実施されたわけではない。しかし、運動全体が回心を強調した結果、必然的にセクト的組織が生じた。(4)

ニーバーによると、「古い光」の教職者は、運動の「セクト的組織」にある「回心者の情緒的粗雑さと説教師の策略抜きの熱狂」に不快を覚えた。そして、一七四一年のコネチカット総連盟と一七四三年のマサチューセッツ湾大会において、「新しい光」の教職者に対して「彼らは誰一人として回心したわけではなく、ただ、自分が回心しそれがいつのことであったのかを知っているかのように思っているだけである」と抗議し、「抑制されない激情」と信仰復興運動に見られる「無秩序な騒ぎと無作法な行動」を非難した。

特に、巡回説教者の出現を、「古い光」に属する教職者がいかに嫌悪したか、以下のようにニーバーは述べている。

彼らは……己れのことしか顧みず、しかも無教育で知識の上でも福音の偉大な教理の上でも大した才能を持たない者が牧師になっていることに衝撃を受けた。さらに、分離へ向かう精神と実践によって牧師職が侵犯され、人々が自分が所属している固有の集まり〔教会〕を離れて、信徒訓戒者や巡回説教の仲間に加わり、彼らを支持するようになっていったことに驚き、また嫌悪を覚えた。コネティカットでは、支配的な「旧派」が立法機関を説き伏せて、「教会業務における悪習を規制し、無秩序を正す法」を通過させた。この法は、巡回説教者と「教会員としての資質や説教する資格を持たない」訓戒者による信徒説教に反対して設けられたものである[5]。

このように、ニーバーはこの分裂の原因を、カルヴィニズム神学に対するアルミニズム神学者の非難といった教理上の問題というよりむしろ、牧師の権限に、さらには、教会の秩序維持といった実際的な問題にみている。

F・H・リッテルも、ニーバーと同様に、この分裂を「自発性と任意主義を指向する福音伝道主義と伝統的キリスト教世界に依存する教区制度との、避けがたい対立」だとして、以下のように述べている。

この対立は、しばしば、アルミニウス主義と正統主義との対立というように神学的な言葉だけで表わされるので、組織上の状況が不明瞭にされている。(6)

以上から、分裂の背景には、確かに、「新しい光」のカルヴィニズム神学と「古い光」のアルミニズム神学といった神学上の対立がある。だが、それよりも、旧来の教区を超えて自発的に展開され、信徒説教を認めて信徒を主体としてくり広げられ、大きな成果を挙げた信徒運動に対する、教区に固執し自らの牧師としての権威を守るために、信徒説教、巡回説教者といった信徒の活動を極力押さえようとした伝統主義的な牧師の反対運動だと性格づけることができる。

この分裂の結果、「新しい光」は一時的に活動を押さえられた。しかし、下層階級を中心に広まり、会衆派、特にバプテスト派の中に信徒運動として生き続け、やがては米国の福音的運動として展開した。さらにプロテスタントの一致を強め、独立革命のエネルギーへと転化したと考えられる。

一方、「古い光」側は、アルミニズム神学を奉じ、さらにはユニテリアンとなり、伝統的神学から逸脱した。ユニテリアンは、三位一体説を否定し、キリストの神性を認めず、聖霊は神の現存と理解する。以後、自由主義神学を受容して、ハーヴァード大学を中心に社会改革運動を展開した。

6　神学上の対立

分裂を神学の観点からみると、一方で啓蒙主義／自由主義／アルミニズム神学、他方で正統主義／カルヴィニズム神学との間における対立であったということができる。

十七世紀末までに、既にニューイングランドには、理神論に基づく合理主義の傾向がみられた。それは、聖書や特別啓示によらなくても被造物、自然を通して人間は善を知ることができ、神は人間を合理的存在として創造されたとする考えである。特に東部マサチューセッツのボストン近郊の教職者は、この立場に立ち、公然とカルヴィニズム神学の多くを否定していた。ジョナサン・メイヒュー(Jonathan Mayhew, 一七二〇―六六年)、チャールズ・チョンシーらは、このような理神論に立ち、啓示よりも理性を強調した。そして一八二五年にはユニテリアン協会が設立され、一二五の教会がそれに加わった。

十九世紀の初めには、ボストンにある十の会衆派教会のうち九までが、自由主義神学の立場にあった。これらの教会の牧師は、ほとんどハーヴァード大学卒業者であった。

一方、正統派は、エドワーズ派、または彼の門弟の名前をとってホプキンス派とも呼ばれた。その教職者の大部分は、エール大学で教育を受けた者であった。彼らは一七七九年にマサチューセッツ宣教協会を設立し、自由主義神学に対抗した。彼らの正統派の神学は「ニューイングランド神学」と呼ばれ、以後、米国の主要な神学として継承されていく。

二者の争点は、信仰復興を神学的に神の御業と見るか否かという点にもあった。一七四三年頃においては、第一次信仰復興運動にはたしかに教理上、実践上における誤りがあったことが広く認められていた。それにもかかわらず、この運動を神の御業とするのが正統派であり、反対したのが自由主義神学側であった。前者の立場には、その終末論において特徴があった。そこで、エドワーズの終末論を、次に概観することにしよう。

7　楽観的千年王国思想

自由主義神学のチョンシーが、大覚醒運動をその過度の熱狂状況のために神の霊の働きではないと結論したのに対して、エドワーズは、過度な熱狂状況の中にも神の真の御業が存在すると考えた。さらに、エドワーズは、大覚醒運動を、神の栄光のわざの序曲だと考えた。そこには彼の千年王国思想が影響している。

一七七四年に出版された『贖いの御業の歴史』（*A History of the Works of Redemption*）と題する説教集に、エドワーズの終末論が述べられている。

エドワーズは、キリスト以後の歴史を、以下の七つの時代に区分する。(7)

①キリストの復活からエルサレム陥落

②エルサレム陥落からコンスタンティヌス帝

③コンスタンティヌス帝から教皇（反キリスト）
④教皇から宗教改革
⑤宗教改革から現在（十八世紀）
⑥現在から反キリストの崩壊
⑦千年王国、地上の教会の黄金時代の到来

さらに、エドワーズによれば、⑥の反キリストの滅亡により、黄金時代が開始されるとし、また、③の反キリスト（教皇）は一二六〇年にすでに崩壊したとする。そして、⑦の教会の黄金時代は、歴史の中に実際に出現すると考えた。しかもその直前にはキリストの再臨もなく、世界の終末も起こらず、逆に、福音が世界に行きわたり、祝福の千年王国の後にキリストが再臨するという、いわゆる「後千年王国論」を彼はとっていた。したがって、大覚醒運動は、千年王国が地上にさし迫っていることを示す運動であると彼は考えた。

さらに、一七四二年に出版された『ニューイングランドにおける現在の宗教復興に関する諸考察』（*Some Thoughts Concerning the Present Revival in New England*）においては、千年王国の栄光は、ニューイングランドにおいて始まることが述べられている。

彼は、イザヤ書六〇章九節の「それは島々がわたしに向けて送るもの、タルシシュの船を先頭に金銀をもたせ、あなたの子らを遠くから運んで来る。あなたの神、主の御名のため、あなたに輝きを与える。イスラエルの聖なる神のために」の「島々」をアメリカであると考えた。また、同書四三章二〇節、「荒れ野に水を、砂漠に大河を流れさせ、わたしの選んだ民に水を飲ませるからだ」の「荒れ

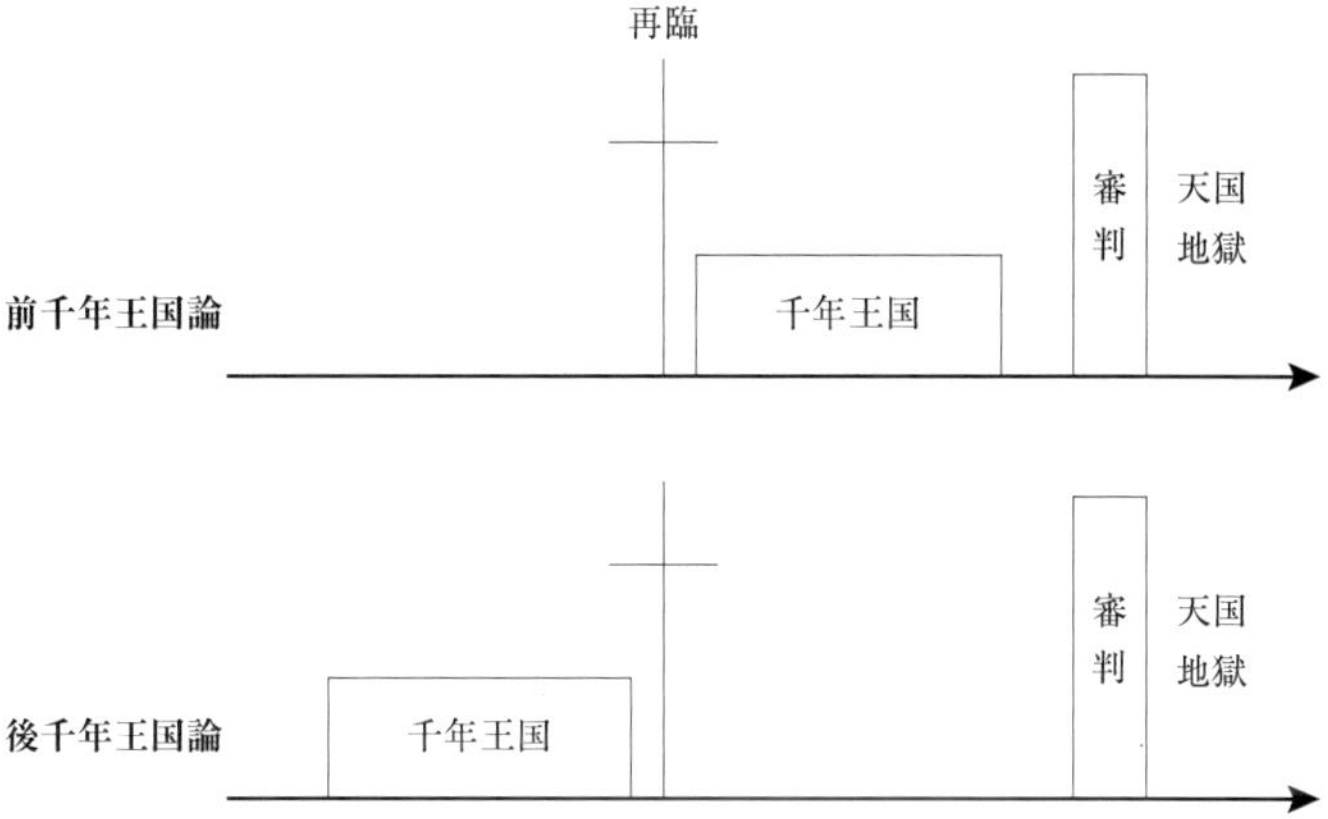

図53　前千年王国論と後千年王国論

野」もアメリカを示すと考えた[8]。さらに、エゼキエル書四七章一節の「すると見よ、水が神殿の敷居の下から湧き上がって、東の方へ流れていた」を、福音がアメリカのニューイングランドから、東の旧世界、すなわち、ヨーロッパへ、逆に伝えられることの預言だと解釈した。そして、ニューイングランドこそが、千年王国とキリストの再臨の舞台になると論じた[9]。

柳生望氏は、エドワーズのこの結論について、以下のように論じている。

> こうして彼〔エドワーズ〕は大覚醒に現われた聖霊の業が、ニューイングランドにおける世界創造の霊の誕生の前兆であることを望んだ。彼の見解では、マサチューセッツのノーサンプトンがキリストの王国の首都となる筈であり、エドワーズは神の国の備えをしていると感じていたと思われる。……かくてエドワーズはアメリカの終末思想を破局的再臨主義（前千年王国説）から漸進的神の国の発展（後千年

王国説）に変えたのである[10]。

このように、ニューイングランドにおいて開始された大覚醒運動の背景を神学的観点からみると、後千年王国思想の楽観主義にあったということができる。この運動の後も、アメリカにおいて千年王国への期待は強まった。人々は教会の繁栄と進歩は福音宣教によって達成されると純粋に信じていた。

8　アメリカ独立革命

独立革命と多数派

一七六五年に、イギリスは印紙法を発布して、植民地の公文書、新聞、パンフレットに印紙を貼る義務を課すことにした。これは税収入を目的とするものだが、植民地の反対により撤回された。一七六七年には、タウンゼント諸法を制定し、ペンキ、ガラス、紙を税の対象とした。これらは植民地側の抵抗を招いた。一七七〇年には、ボストン虐殺事件が起きた。この時、植民地の牧師は、説教において政治問題を扱い、植民地の権利を守ろうとした。一七七三年には、茶法をめぐりボストン茶会事件が起きた。この時にも教会における説教は、大きな影響を与えた。

その後、王党派と愛国派に分かれて、一七七五年のコンコードの戦いにより、アメリカ独立革命が開始された。

王党派は、植民地役人、富裕層から成り、教派としては、英国国教会とメソジスト派が参加した。他方、愛国派は、中・下層商人と開拓農民から成立し、プロテスタント諸派がこれに参加した。カトリック教会は中立的位置にいた。

独立革命は、イギリス本国の内戦の延長にあった。したがって、アイルランドとスコットランドから移住してきた長老派が中心となって、展開した。一方、良心の完全な自由と政教分離を求めて、バプテスト派も積極的に参加した。メソジスト派は、一七九五年に国教会から独立するので、それまでは国王を支持した。クウェーカー教徒は、絶対的平和主義を唱え、戦争に反対して中立を保持した。そのために王党派からも愛国派からも迫害された。一七七七年には、逮捕されて軟禁されている。

独立宣言

愛国派が独立革命に勝利し、一七七六年七月四日に、東部十三州の独立宣言が発布された。ジェファソン（Thomas Jefferson, 一七四三―一八二六年）、フランクリン（Benjamin Franklin, 一七〇六―九〇年）らが独立宣言の起草委員であったが、長老派教会牧師のJ・ウィザースプーン（John Witherspoon, 一七二三―九四年）も起草委員であった。

ウィザースプーンの母方は、J・ノックスの子孫である。ウィザースプーンは、スコットランドのエディンバラ大学卒業後、長老派牧師として活動した。一七六八年にアメリカに渡り、プリンストン大学学長となり、終生、大学教育に貢献して、多くのカルヴィニズム神学にたつ牧師を送り出した。また、大陸会議の議員にも選ばれ、アメリカ独立のために努力した。

独立宣言は、以下の内容であった。

われわれは、自明の真理として次のことを信ずるものである。すなわち、人間はすべて平等につくられ、創造主によって一定の犯しがたい天賦の権利を与えられ、その中に生命、自由及び幸福の追求が含まれる。また、これらの権利を確保するために、人類の間に政府が組織され、そして、その正当な権力は被治者の同意に由来するものであること。また、いかなる政府の形態といえども、もし上記の目的を破壊するものとなった場合には、人民はそれを改変もしくは廃止し、その安全と幸福を確保し得る可能性の最も大きいと思われるような原理を基礎とし、このような形態の元に権限を構成する新しい政府を組織する権利を有することである。

独立宣言には、第一に、「創造主によって」「天賦の権利」とあるように、創造主である神が明記されている。第二に、抵抗権、革命権も明記されている。したがって、聖書に基づく宗教的民主主義と自然法の理念がその基礎にあるということができる。

ただし、人間解放宣言は白人のみに当てはまり、黒人は対象外であったことに、独立宣言の限界をみることができる。

一七八六年に制定されたヴァージニア宗教自由法は、政教分離の世界最高の法律だとされている。

第二節　第二次信仰復興運動

1　背　景

独立革命以後、政治問題に人々の関心が集中した。一七八九年にフランス革命が勃発すると、フランス啓蒙思想がアメリカでも受け入れられて、伝統的なキリスト教信仰や道徳は、一時すたれた。しかし、フランス革命が進展して、ロベスピエールによる恐怖政治の実状がアメリカに報知されると、フランス革命に疑問を持つ者が増加し、人々はふたたび教会に戻り始めた。そういう時に、第二次信仰復興運動が展開した。

2　T・ドワイト

ティモシー・ドワイト（Timothy Dwight, 一七五二―一八一七年）は、第一次信仰復興運動を推進したジョナサン・エドワーズの娘の子供であった。ノーサンプトンに生まれ、エール大学を卒業した後、フェアフィールドの会衆派牧師になった。ドワイトは、コネチカット会衆派のリーダーとして頭角を現すが、同時に文学研究家でもあり、ハーヴァード大学から名誉博士号を授与された。

一七九五年には、母校エール大学の学長として招かれた。ドワイトは、学長として大学を改革する一方、神学部教授として、祖父のカルヴィニズム神学を継承して、説教に力を入れた。

写真9　ドワイトが説教したエール大学旧キャンパスのドワイト・ホール（筆者撮影）

ドワイトの説教によって、学生たちが次々と信仰を表明するようになり、第二次信仰復興運動が開始された。

一八〇二年には、エール大学の三分の二の学生が信仰を持つようになり、卒業後、その多くは牧師になって信仰復興運動に加わっていった。このようにしてエール大学からダートマス大学、ウィリアム・アンド・メアリー大学へと運動は広がっていった。

3　野外集会

七十年間も継続した第二次信仰復興運動は、野外集会（キャンプ・ミーティング）という伝道方法を生み出し、多くの実が結ばれることになった。

教会が存在せず、人口密度の低い広大な西部開拓地において、伝道集会は必然的に野外集会の形態をとらざるを得なかったといえる。人々は食料を手にして、何日も旅をして、野外集会に集まっ

図54　野外集会（キャンプ・ミーティング）の様子

た。集会は何日も続けられ、夜にも、かがり火がつけられて行われた。人々は並べられた丸太の上や、持参した毛布の上に坐した。説教者は天幕の下で講演台に立ち、地元の牧師を背にして、そこで大衆に向けて説教した。

記録によると、一八〇一年八月、ケンタッキー州のケンリッジにおける集会は、二万数千名の人々が参加し、一週間、夜も昼も続けられた。説教者は長老派の牧師が十八名、他にバプテスト、メソジストの牧師もいた。

一八一一年には、四百回の野外集会が開かれたと記録されている。

野外集会はこのように、地元の教会の牧師を中心に、教派を超えた運動として拡大されていった。教派の中でもメソジスト派とバプテスト派とが、積極的にこの運動を推進し、西部開拓とあいまり、急速にその教勢を伸ばしていった。

野外集会は、現在の米国にも生きている。超教派による協力を求めて、米国各地を「巡業」する伝道団体がそれである。数台のバスやトラックで、伝道大会に必要な物資と人員を運び、人々の最も集まる劇場、野球場などで舞台を設営し、そこで伝道大会を開く。講壇上では、地元の教会指導者が椅子に座り、説教者の背後に控える。説教者は、派手なジェスチャーを用いて、大衆に説教する。十九世紀の野外集会を描いた図は、このような現在の伝道大会と多くの類似点があるといえよう。

キリスト教の伝統があり、地理的要因等のために、超教派の協力が実行しやすい米国だからこそ、この野外集会は大いに用いられた。したがって、キリスト教の伝統がなく、狭い教派主義に立つ傾向にある日本においては、この方法によっては米国ほどの効果は期待できないと思える。一時的な「お祭り」になりかねない。

4　ドワイトの終末論

第一次信仰復興運動は、エドワーズのアメリカ中心の楽観的終末思想（後千年王国論）の下にくり広げられたと既に述べた。第二次信仰復興運動の指導者、ドワイトも同様であった。

ドワイトは、一七七六年、エール大学の卒業式において、以下のように講演している。

すでに語ったことから先ず、北アメリカの帝国は地上の最も栄光あるものとなろう。この地で、地上の物事の完全への進歩が、必ず成就するだろう。この地で人間の偉大さはその機会を見るであろう。終末の千年間の支配の時には、〔創造の〕はじめの週末のごとく、平和と清潔と繁栄の栄光ある安息の日となるとの、ユダヤの伝統が成就されるであろう。……この大陸はいと高きものの聖徒に与えられる、あの新しき、あの特異な王国の首座となり、全領域のうちで最後の最も偉大な最も幸いなるものとなるであろう。これこそその歌と幸福がイザヤを歓喜で鼓舞した（イザヤ書二四・一六）地の果てである。これはバラのように喜び花咲き、レバノンの栄光が与えられ、カルメルおよびシャロンの麗しさが与えられる荒野である。(11)

アメリカこそが、救いの中心地となることが、明確に述べられている。

ドワイトは、ダニエルが夢に見た四つの王国の後に興隆する第五の王国が、アメリカであり、アメリカは、コロンブスが発見するまでは、神が人間に隠されていた千年王国であると考えた。アメリカの使命について以下のように述べている。

アメリカの使命は、全世界――アジアを含めて――に、神の栄光を広めることにある。もはや地上には怒りも無秩序もなく、それは嫉妬とともに元の奈落へと落ちゆく、かくて天国はくだり来て、光と栄光は全世界に及ぶ。(12)

ドワイトは、エドワーズと同様に、カトリック教会を「大いなるバビロン」「大淫婦」とみなし、千年王国の到来直前に滅亡すると考える。千年王国は、突然到来するのではない。漸進的に地上に現れてくる。そしてアメリカが、まず、この千年王国の賛美に満たされていく国だと、彼は考えた。

このように、信仰復興運動は、一次も二次も、後千年王国論の楽観的終末思想を基礎にしていた。なぜ、このような終末思想が受け入れられたかについては、様々な議論があるであろう。しかし、歴史的観点から見ると、大覚醒運動は、十七、八世紀のイギリスからの独立革命、独立の成就、初期産業資本主義導入、西部開拓といった、アメリカが最も輝かしく発展していった時代を背景として起きている。

したがって、アメリカを中心とする楽観的終末思想は、そういう繁栄の時代に適合したものであったということができる。

本来、終末思想は、その時代の風潮に実に影響されやすい。大覚醒運動期の終末思想も、その例外ではなかったといえる。その証拠に、十九世紀後半から、アメリカの社会状況が悪化すると、人々はアメリカ中心の楽観的終末思想を捨てることになった。その代わりに悲観的な「前千年王国論」が支配的になるのであった。

5 結　果

第二次信仰復興運動の結果は、以下の三点にまとめられる。

A 新しい教会の設立

一八一〇年、長老派教会から独立してカンバーランド長老派教会が創設された。この教会は、信徒を牧師に任命することを認めるのを主張し、野外集会と巡回説教制度を採用した。

トマス・キャンベル（Thomas Campbell, 一七六三―一八五四年）は、特定の信条を持たずに聖書だけを信じ、浸礼を主張するディサイプル教会を一八〇七年に創設して、バプテスト教会から独立した。

一八二五年には、単一神論を信じるユニテリアン教会を統合したアメリカ・ユニテリアン協会が創設された。ヘンリー・ウェア、ウィリアム・E・チャニング（William Ellery Channing, 一七八〇－一八四二年）を指導者とするユニテリアンは、信仰復興運動に反対した。三位一体も否定して、キリストは人間であり、神は人間の心に内在すると説いた。そして、人間は善であり、性格を変えることにより人間は救われるとした。

B　西部地方の道徳の改善

ケンタッキーなどの西部地方に、運動が広がった結果、週日の祈禱会制度が定着し、一八二四年にはアメリカ日曜学校協会が創設された。一八三六年には、禁酒同盟が組織された。

牧師の教育についても、特に長老派と会衆派が積極的であり、ユニテリアンの牙城であるハーヴァード大学に対抗して、アンドーヴァー神学校、プリンストン大学等、十二の大学が創設された。

C　国内外伝道活動

ルーサー・ライス（Luther Rice, 一七八三－一八三六年）は、マサチューセッツに生まれ、ウィリアムズ大学とアンドーヴァー神学校に学んだ後に、会衆派牧師になった。彼は、海外宣教を志望し、一八一二年に、アメリカン・ボード（ABCFM）の最初の宣教師として、インドに派遣された。インドでバプテスト派の信仰をもち、二年後に帰国した。彼は一八一四年に、バプテスト派海外伝道宣教師総協議会を組織して、指導者として活動した。同協議会は、インド、セイロン、ハワイ、中国、アフリカへ宣教師を派遣した。他の教派でも海外宣教委員会が設立され、海外宣教にあたった。一八一六年には、アメリカ聖書協会が設立され、また、週刊キリスト教雑誌が発行された。

信仰復興運動は、その後、チャールズ・G・フィニー（Charles Grandison Finney, 一七九二―一八七五年）、ドワイト・L・ムーディ（Dwight Lyman Moody, 一八三七―九九年）、I・D・サンキ（Ira David Sankey, 一八四〇―一九〇八年）に引き継がれ、一八五七年から七〇年代にかけて、第三次信仰復興運動が展開された。

第三節　アーミッシュ共同体

マンハッタンから車で約四時間で、ランカスターに着く。そこは、フィラデルフィアの西八十キロにある農村地帯である。まず、電線が無いことに気づく。家に備え付けられた風車が、いくつか見える。道路沿いには、黒のシルクハットと黒の背広を着た人たちが、馬車の荷台に積んだ野菜や果物を売っていた。この人たちが、アーミッシュと呼ばれる人たちである(13)。

アーミッシュ共同体は、信仰復興運動の時期に形成された。時代状況を理解する上で、また、具体的な信仰共同体の歴史の一事例として、見ることにする。

1　歴史と理念

アーミッシュの起源は、一六九三年以降ライン川上流地方の寒村に居住していた「スイス兄弟団」

系の再洗礼派にある。アーミッシュは、スイス兄弟団から分裂したセクトである。指導者はヤーコプ・アマン（Jacob Ammann, 一六四四？—一七三〇年頃）である。その名から「アーミッシュ」（アマン派）が生まれ、用いられるようになった。彼はベルン州に生まれ、再洗礼派に加わり、改革運動に従事した。そして、メノナイト派の世俗化を批判して、独自の派を形成した。

アマン派は、ヨーロッパにおいては、スイスから中部ドイツ、スペインのガリシア、ヴォリーニアへと移住したが、その多くはメノナイト派に再度吸収され、十九世紀に、ついには完全に消滅してしまった。

十八世紀にアメリカに移住したアーミッシュは、メノナイト派に吸収されずに、新しい共同体を形成する。移住は、一七二七年から五〇年にかけて行われた。

ヨーロッパの三十年戦争後の経済的貧窮状態と宗教的圧迫を逃れるために、彼らは自由の地アメリカへ移住した。多くは、特に信教の自由が他よりも保護されていたペンシルヴァニア州の東南部に移住した。

十九世紀になると、ペンシルヴァニア・アーミッシュはオハイオ州、インディアナ州等へと移動し、そこにも共同体を設立し始めた。その後、何度かの分裂をくり返して現在に至っている。

アメリカ・アーミッシュは、坂井信生氏によると、以下の三つに分けられる。第一は、十九世紀後半の全教役者会議を契機にしてアーミッシュからメノナイト派に大きく傾斜した急進的グループ、第二は、アーミッシュの名称と伝統的生活様式のかなりの部分を保持しながらも、ある程度の刷新を取り入れているグループ、そして第三は、あくまでも伝統的態度に固執し続けているグループである。

このうち第三のグループは「旧派アーミッシュ」（Old Order Amish）と呼ばれ、一九七四年の時点で、アメリカにおいては教会数四二六、教会員数二万二五五〇、カナダにおいては教会数十六、教会員数六五〇と報告されている[14]。

アーミッシュの理念は、「忌避」にある。この世を罪の世とし、自らを清く保つために、世から分離しようとする思想である。

一八〇九年十月十七日にペンシルヴァニア・アーミッシュにより採択された九条に及ぶ条項の中に、この思想を知ることができる。第一条では「他教会に加入すべくわれわれの許を去ったすべての教会員は、主の言と主の定めとに従って、背教者としてとりあつかわれ、追放に処せられた者として分離さるべきである」、第四条には「忌避（Meidung）はキリストと使徒の教えにしたがい、追放に処せられた者に対して、かれらが再び教会にうけ入れられるまで、飲食、取り引き、交際の面で行使されなければならない」とあり、日本の村八分に類似する厳格な会員規定が述べられている。

この世との関係では、第七条の「髪やあごひげの刈り込みに関して、これが服従の完全な果実であることを立証しないかぎり、教会員としてうけ入れらるべきでない」、第九条「高価な衣服、高価なズボン、帽子、髪の櫛、その他この世的衣服は教会で許されるべきでない」とある[15]。さらに一八三七年三月十八日に採択された十二条の条項では、「服を仕立てる者は教会の兄弟姉妹のために、新しいこの世の服飾にならった衣服を作ってはならない。旧来の服装あるいは教会の教役者や長老によって指示された服装に作るべきである」[16]（第十条）とあり、十六世紀の農民の服装を着つづけているのは、こうした宗教規約によるものであることがわかる。

同条項ではさらに、家屋、馬車についても華美な装飾を禁じており、また、世俗的な役職に就くことをも禁じている。徹底したこの世からの分離を目指していることがわかる。

一九五〇年のある地方のアーミッシュの「教会戒律」の内容を見ると、文化的なものを拒否する思想を見出すことができる。

・ガスや電気器具を利用してはならない。
・トラクターは馬耕が困難な場合にのみ許される。その際、固定エンジン、鉄輪トラクターのみが許される。空気タイヤは許されない。
・ラジオ、トランプ・ゲーム、パーティー、映画、博覧会その他のこの世的な娯楽は禁じられる。
・政府を利する支払い、有害な団体への加入は禁じられる。保険は許されないし、写真撮影も許されない。

いずれも、罪あるこの世で生まれた文明の利器、習慣、制度を否定する思想が、その背景にある。病気の時も医者は薬を用いずに治療するのである。

2　教育と家庭

アーミッシュの教育の目標は、アーミッシュの信仰生活の継承にある。だから、こうした信仰教育は、まず、家庭においてなされるべきであり、それを専門にするものとして、教会および学校があるとされている。[17]

現代文明を異教文化として忌避するために、非アーミッシュの者との共学を避ける。したがって、

図55　アーミッシュの馬車
(Photograph by Melvin J. Horst, *Among the Amish*, 1961, p.7)

図56　アーミッシュの子供たち
(Photograph by Melvin J. Horst, *Among the Amish*, 1961, p.5)

彼ら独自の学校を持つ。それも初等教育のみである。なぜなら高等教育は、アーミッシュの信仰にとって有害であると信じられているからである。

アーミッシュ独自の初等教育は、従来から one-room school と呼ばれ、一部屋だけの小学校においてなされてきた。現在では減少していく傾向にあるが、それでもいくつかは存在している。

これは、小規模で共同体内にあるので、異教社会と文化から守られて教育できる学校である。教育科目は、読み、書き、算数である。他の科目については「この世の知恵は神にとって愚かである」(コリントの信徒への手紙Ⅰ・三・一九)の聖書の言葉を文字通り信じて、学ばない。自らの意志によって初等教育のレベルにとどまっているのである。

現代文明や高等教育を拒否するところには問題があるが、信仰教育を第一にして、まず家庭、そして学校においてそれを行うことに学ばせられる。

アーミッシュ共同体には、三つの要素がある。信仰(faith)、家庭(family)、農作業(farming)である。家庭は、集団による礼拝の場にもなる。

アーミッシュの家庭には、電気が通ってなく、テレビ、ラジオ、冷蔵庫、電話等は備えられていない。床は小さなカーペットのほかには板の間になっている。暖房施設は、台所にあるストーブだけである。夜明けに起き、日没まで働き、早く床に就くために、暖房はそれほど必要ないのである。

アーミッシュは、家庭において礼拝するために、多くの者が入れるように、一階は区切った小部屋が大部屋になるように建てられている。

遊びにおいても、文明拒否の傾向が見られる。彼らは、大きな遊び道具を使用しない。小さな簡素な遊具を用いる遊び、例えば、小さなボールを使うゲーム、縄跳び、かけっこ、ローラースケート等で遊ぶのである。

ほとんどの女の子は、人形やおもちゃを所有せず、編み物や刺繍、カーペット作り等で時を過ごす。なぞなぞ、物語にも打ち興じる。まことに健全な遊びといえよう。

3　定期市と礼拝

定期市は、礼拝と同様に、何度も開かれる。それはアーミッシュの老若男女が参加する社会的活動でもある。彼らは買う意志がなくてもこれに出席し、知人との会話を楽しむのである。定期市では、男性と女性とは別の場所に集まり、売買する。

特にペンシルヴァニアのダッチ・カントリーと呼ばれるアーミッシュ共同体は、定期市で有名である。そこには遠くから何千もの人々が馬車に乗ってくる。そしてあらゆる種類のものを買っていく。野菜、果物、肉、自家製のパイ、ケーキ、パン、そして墓石までも売られている。

礼拝は、すでに述べたように家庭において行われる。彼らは建物を持つ教会を認めない。そのため自らをHouse Armish（家庭のアーミッシュ）と称し、教会を認めるメノナイト派のアーミッシュと区別している。

典型的なアーミッシュ「教会」は、九十人前後の信徒、数人の牧師、一人の長老、そして一人の教会指導者から成る。教会役員は、くじによって選ばれる。

信者の家に集まり、座る席は男女別、未婚者と既婚者別になっている。礼拝は八時三〇分に始まり、楽器伴奏はなく、ユニゾンで古いプロテスタントの賛美歌を歌う。楽譜はなく歌詞だけの賛美歌を、ゆっくりと声を一つにして歌うのである。

賛美の後に短い説教と長い説教、さらに祝禱も行われて礼拝は終わる。礼拝時間は三時間に及ぶ。特別な礼典としては、互いの足を洗う儀式がある。ヨハネ福音書一三章一四節にそのまま従っている。また、幼児洗礼は認めないため、通常十六歳になって洗礼を受けることになっている。

4 納屋作り

アーミッシュの兄弟愛を最も端的に示すのが、共同作業による納屋作りである。火事等のために新しい納屋を建てる時には、友人、親戚、隣人皆が協力する。これは、兄弟愛の実践である。報酬はもちろんない。

何百人もの人が朝早く集まり、一日がかりで大きな納屋を建てていく。電動工具はほとんど使用しないために、人力がこの作業の全てである。婦人たちは食事や飲み物の給仕にあたる。

この納屋作りは、共同作業であるだけでなく参加する者の交流の場でもある。労働しながら互いに話し合い、兄弟愛をさらに深めるのである。

こうして建て上げられるしっかりした骨組みの巨大な納屋は、ペンシルヴァニア州南東部の、いわゆるペンシルヴァニア・ダッチ地方特有のものである。納屋の中には、主な農作物であるタバコ等が貯蔵される。

縁起図（Hex）

ところで、メノナイト派信者以外のアーミッシュの納屋には、しばしば円形の飾り模様が描かれている。これはHexと呼ばれ、幸運を呼ぶための、いわば縁起図とも訳されるものである。明確な信仰を持たない者は、しばしば迷信を信じてしまうことの一つの表れともいえる。

この縁起図は、実に多様である。その代表的なものを見ることにしよう。

①「二重の円花窓」（The Double Rosette）

J・オットによると、縁起図の最古の図案である。[18] 今日の教会堂の窓にもよく用いられる。バラの図案であり、一四五三年のアテネのビザンツ様式教会の入り口脇に石に描かれたものと同じである。

②「十六花弁のバラ」（The Sixteen Pointed Rosette）

ビザンツ時代に教会の黄色の石に刻まれたのと同じ図案。その石には、他に十字架、双頭のワシ、幾何学模様も描かれている。

③「太陽、雨と幸運の星」（Sun, Rain and Lucky Star）

豊作、雨と幸運を祈るためのもの。

④「二重の三組のチューリップ」（The Double Trinity Tulips）

愛のある心、自分自身と自分の行動と、友人への信頼を示すチューリップ、そしてまわりの縁取り図案は、人生が安全に守られることへの希望を示す。「信仰と希望と愛」を示す図である。

図57　アーミッシュの縁起図
(Jacob and Jane Zook, J. Ott, *Hexology*, 1962, pp.8-9)

⑤「双頭のワシ」(The Double Headed Eagle)

ハート形は結婚愛、チューリップは信仰と希望と愛、ワシは力と勇気を示す。

⑥「アイルランド縁起図」(Irish Hex)

独立戦争時にアイルランド軍が所持していた縁起図。中央のシロツメグサはアイルランド人に幸運があること、ハート形は愛、幸運を招く二羽の鳥、自分自身とその行動と友人への信頼を示す三組のチューリップは、人生が安らかであることを祈る縁取り図案となっている。

このように見てくると、縁起図には伝統的なキリスト教思想の影響があることがわかる。

5　結　論

アーミッシュの共同体内においては、規則を守り、互いに助け合う習慣が成立しており、罪の世から清く自らを保っているように思えた。しかし、以下の二点を述べたい。

第一に、全ての歴史を通して神は働かれている故、現代文化の産物も神がよしとされることである。それを否定することは、神の御業を否定することにもなりかねない。科学の成果を神に感謝して使用すべきである。

第二に、世から遠ざかることは、この世の中に「地の塩」として証しすることを拒否することに繋がる。罪あるこの世の中にあって、大胆に証ししていくことこそ、神の望まれる方法ではないだろうか。

イスラエルにかつて留学していた時、エルサレムに「メア・シャリーム」という区域があり、十六世紀の生活をそのまま踏襲している東欧ユダヤ人がいた。彼らは黒い帽子、黒いガウンに身を包み、ひげをはやし、巻き毛をし、女性はかつらをかぶり、ほかのユダヤ人との接触を固く避けていた。部族内婚を守っているために、精神に異常をきたす確率も高く、外見でそうした者を容易に区別することができた。

われわれは現在に生きている。過去に執着することは、現在の生からの退化を促すのではないか。

第六章　フランス革命とキリスト教

図58　「最高存在」の祭典
(Pierre-Antoine Demachy, 1794 年)

革命前のフランス社会は、堅固な中世の身分制と領主制にもとづくものであった。ブルボン朝以来の絶対王政もしかれており、民衆は社会的にも経済的にも不平等な状況にあった。

免税特権のある聖職者と貴族が約五十万人であり、人口約二五〇〇万人の二パーセントしか占めず、残りは約二四五〇万人の平民から成っていた。平民は都市市民層であり、資本主義経済を志向するブルジョワジーと、民衆と、約二千万人の農民から構成されていた。人口の九十八パーセントを占めるこれら平民は、税金を納め、少数の特権階級に「搾取」されていたということができる。

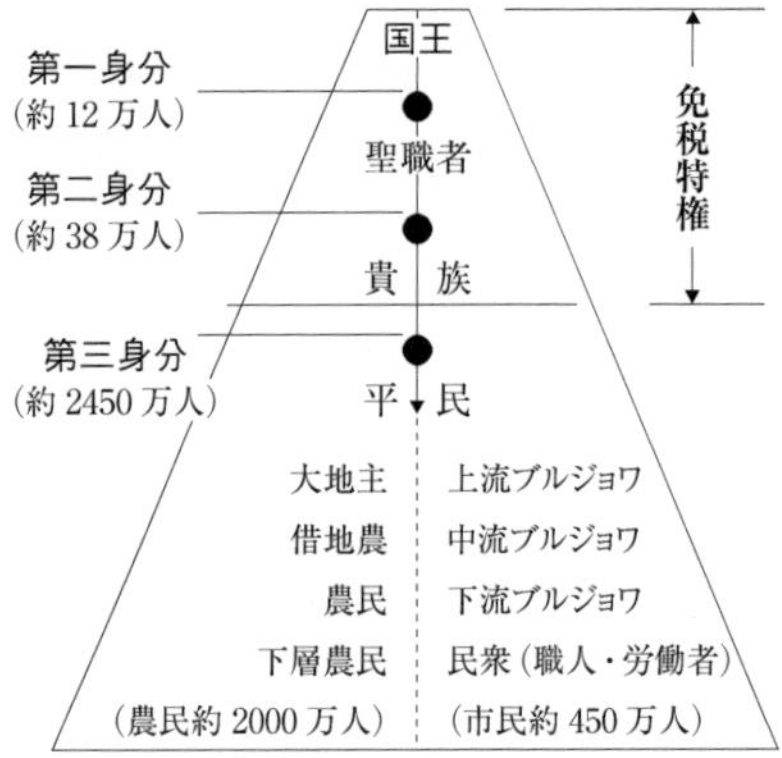

図59　革命前のフランス社会

ブルジョワジーは、資本主義的生産を支え、一方において、貴族階級に属することを求めて旧体制に癒着した。他方では、社会改革を目指していた。具体的には、地方地主、知的階級に進出しており、思想的にも啓蒙主義の影響を受け、革命の主体となった。民衆と農民は、資本主義的生産と対立し、貧窮化していた。

本章では、フランス革命を概観して、その歴史的意義を考察し、さらに革命はキリスト教をどのように扱ったかを検討する。

	社会・経済状況	宗教状況
一七八九 ●国民議会 民衆の革命 農民の革命	五月五日、三部会の招集 六月十七日、**国民議会**に改称 七月十四日、バスティーユ牢獄の襲撃・占領 「大恐怖」農民反乱 八月四日、封建的特権の有償廃止 八月二十六日、**人権宣言**	アラス大聖堂破壊
一七九一 ●立法議会	六月二十日、ヴァレンヌ逃亡事件（―二十一日） 民衆と農民の反乱 反革命貴族の反乱 九月三日、憲法発布 ・一院制議会をもつ王政 ・自由主義経済体制 ・教会国有化 ・新紙幣の発行 十月一日、**立法議会**招集	クリュニー修道院略奪
一七九二 第二の革命 ●国民公会	三月二十三日、ジロンド派内閣成立 四月二十日、オーストリアに宣戦 八月十日、義勇軍とパリ民衆が王政を廃止 九月二十日、**国民公会**招集 九月二十二日、共和政樹立	

	社会・経済状況	宗教状況
一七九三	一月二十一日、ルイ十六世を処刑	J・R・エベールによる非キリスト教化
	第一回対仏同盟	
	ジロンド党とジャコバン党対立	
	ジャコバン党の勝利	
	七月十七日、封建的特権の無償廃止	十月十日、墓地令
恐怖政治	十月十六日、マリー・アントワネットを処刑	十一月十日、理性の祭典
		十一月二十四日、共和暦の開始（―一八〇五年）
	十二月二十三日、ヴァンデの農民反乱殲滅	
一七九四	七月二十七日、テルミドール九日のクーデター（ブルジョワジーの勝利）	六月八日、「最高存在」の祭典
		五月二十日、パリ民衆の最後の蜂起
		礼拝の自由・政教分離の決定
一七九五	八月二十二日、共和暦三年憲法制定	
●総裁政府	十月二十六日、**総裁政府**の成立	
一七九九	十一月九日、ブリュメール十八日のクーデター	
●統領政府	十二月二十六日、**統領政府**成立（―一八〇四）	一八〇一　ナポレオン、教皇と宗教協約（コンコルダート）　カトリック復活・教皇庁と和解

第一節　フランス革命の概略

1　国民議会

アメリカ独立革命にフランスが参加したことは、莫大な出費となり、国家財政の危機を引き起こした。この問題を解決するために、一七八九年五月に三部会が召集された。三部会は、聖職者・貴族・平民から構成され、一三〇二年に召集されたが、その後は国王の課税協賛機関になっており、一六一四年以来、召集されていなかった。三部会は、議決方法の審議で意見が分かれ、閉会し、六月には国民議会に、七月九日以後には、憲法制定議会に改称された。

議会は貴族がほとんどを占めていた。国王ルイ十六世（Louis XVI de France, 在位一七七四―九二年）の特権を擁護する王党派、立憲君主制を主張する立憲派、民衆の利益を擁護する民主派が成立した。立憲派が最大多数であり、民主派はごく少数であった。

七月十四日、パリの民衆は、バスティーユ牢獄を襲撃して占領した。この民衆の蜂起を端緒として革命は全国に広がった。地方農民は、「貴族の軍隊が襲撃に来る」という噂を信じて、自然発生的に暴動を起こした。これを農民の革命という。この暴動は「パニック」（大恐怖）と呼ばれ、全国に及んだ。

八月四日、政府は封建的特権の有償廃止を決定した。その結果、農奴制、領主裁判権、教会への十分の一税等は無償で廃止されたが、貢租の廃止は有償であったので、土地を獲得して自立できた農民は少数であった。

八月二十六日には、人権宣言が採決された。これは、人間の自由と平等、言論の自由、三権分立等の十七条より成っている。第一条に「人は生まれながらにして自由かつ平等の権利を有する」、第二条に「人間の自然にして不滅な諸権利……」と述べられているように、人権宣言は、聖書の思想ではなく、啓蒙思想に基づくものであった

国王ルイ十六世とその家族は、国内における革命の進展を恐れ、一七九一年六月に国外逃亡をくわだてた。しかしそれは未遂に終わった。これはヴァレンヌ逃亡事件と呼ばれ、フランス国民に決定的な影響を与えた。中世以来、フランス国民にとり国王は、父親的存在であった。その父親が我が子たる国民をおいて家出しようとした。国民の国王に対する信頼はこの事件により、根底から覆された。この事件以降、民衆と農民の反乱が続発し、また反革命貴族の反乱も起きた。

2　立法議会

一七九一年九月に憲法が発布された。憲法では、一院制議会をもつ王政が説かれている。また、自由主義経済体制を支持し、新紙幣を発行し、教会が国有化されることを説いていることから、自由主義貴族とブルジョワジーの利益を基盤にして、農民のそれを無視するものであることがわかる。

憲法制定後、議会は解散し、十月に立法議会が成立した。

立法議会の七五四人の議員は、すべてブルジョワジー出身の新人の青年層であった。立憲君主制を

主張する右派のフイヤン党が二六四人、左派のジロンド党が一三六人、そして中間派が三四五人であった。立法議会は、商工業ブルジョワジーの党派であるジロンド党がしだいに優位を占め、一七九二年四月に、オーストリアと開戦した。

一七九二年八月十日、第二の革命が起きた。これは、マルセイユからの義勇軍とパリ市民によるものであり、王政廃止を目指すものであった。

第二の革命は、民衆と農民とブルジョワジーを主体とするものであった。革命の結果、王権は停止され、九月に立法議会は解散し、国民公会に代わった。共和政がここに樹立された。

3　国民公会

国民公会では、ジロンド党は右派へと移り、ジャコバン党が左派を形成した。その間に多数から成る中間派があった。ジロンド党は、商業ブルジョワジーと結んで自由主義経済政策を主張した。一方、ジャコバン党は、手工業者や労働者のサン・キュロット（短ズボン）層の利益を代表して、政府による統制経済政策を支持した。

一七九三年一月に、国民への反逆罪によりルイ十六世が処刑された。この時、ジャコバン党が国王処刑を支持した。その後、十月に王妃マリー・アントワネット（Marie Antoinette Josepha Jeanne de Lorraine d'Autriche, 一七五五－九三年）も処刑された。

六月には、国民公会のジロンド党とジャコバン党との対立が顕在化し、ジャコバン党が勝利してジロンド党を追放した。ロベスピエール（Maximilien François Marie Isidore de Robespierre, 一七五八－九

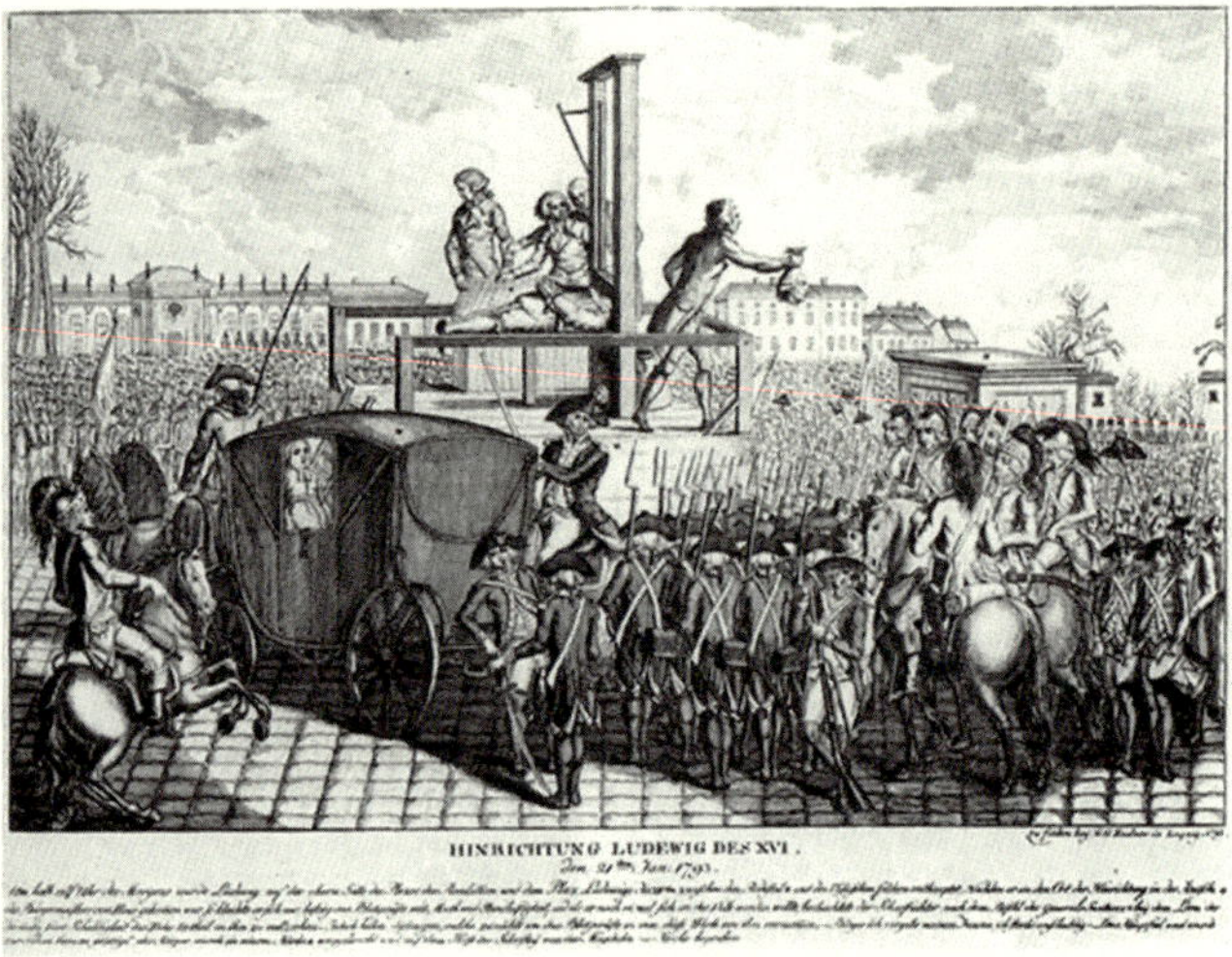

図60　ルイ16世の処刑

四年）率いるジャコバン党は、七月に、封建的特権の無償廃止を実施し、九月から翌年七月にかけて独裁政治を行った。この政治は恐怖政治と呼ばれ、公安委員会・保安委員会・革命裁判所により、次々と反対派が処刑されていった。一七九四年三月までに、ギロチンにより処刑された者は、三万五千人から四万人にのぼった。また、対仏同盟諸国との戦争が進展する中、「最高存在」の祭典、理性の祭典などが行われた。

　国民公会は、経済統制に失敗し、恐怖政治に対する国民の反感を招いた。そして、一七九四年七月の中間派ブルジョワジーによるクーデター（テルミドール九日のクーデター）により、ジャコバン党による独裁は、終焉した。

　一七九五年に憲法が制定され、総裁政府が成立した。これは、五人の総裁が行政権を、制限選挙による二院制議会が立法権を有し、自由主義経済の確立を求めるブルジョワジーの共和政府である。

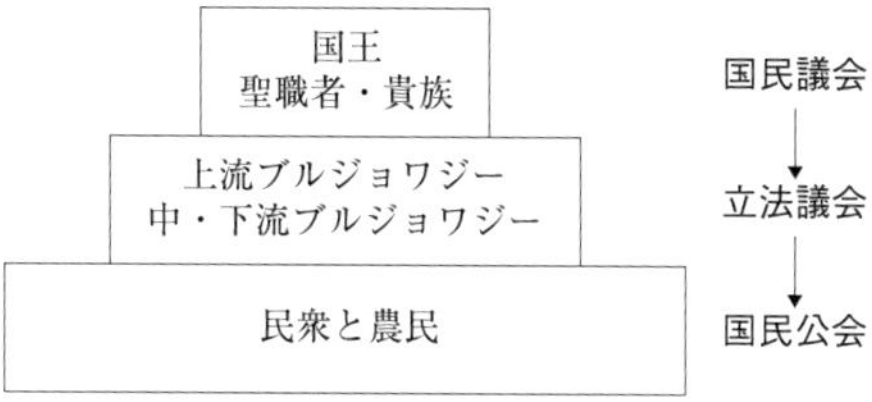

図61　革命の主体の移行

一七九九年、ナポレオン（Napoléon Bonaparte, 一七六九―一八二一年）は、ブリュメール十八日のクーデターにより総裁政府を崩壊させた。

4　革命の構造

フランス革命の構造として、以下の三点が指摘できる。

第一に、民衆や農民による暴動が、革命の発端となっている。

第二に、革命によって樹立した国民議会、立法議会、国民公会の主な担い手は、それぞれ自由主義貴族、自由主義貴族とブルジョワジー、ブルジョワジーと民衆であり、社会階層が上層から下層へと移行している。

第三に、総じてブルジョワジーが革命の主体であったことである。

マルクスは、フランス革命をモデルにして、革命の主体をブルジョワジーとする革命理論を提起した。

第二節　フランス革命の意義

フランス革命の歴史的意義について、ピューリタン革命とアメリカ独立革命と比較して世界史の観点から見、さらに、宗教の観点からも考察する。

1　世界史的意義

フランス革命は、旧制度を打破する市民革命であり、他の革命と比較して、激しい革命であった。それは国民戦争として展開したことからも明らかである。フランス革命が激しい革命であったことの背景として、経済的には、堅固な中世の封建制度が機能していたことが挙げられる。ピューリタン革命が展開したイギリスでは、中世後期には、独立自営農や中小商工業者という新たな社会層が出現していて、封建制度は弱体化していた。アメリカにおいては、中世社会が存在せずに、いきなり近代社会を迎え、封建制度が存在しなかった。革命以前の状況に、大きな違いがあったことがわかる。

政治的側面からみると、フランス革命の主体は、自由主義貴族、ブルジョワジー、民衆と移動し、最終的には下層民が台頭した。さらに革命を鎮圧するために一七九三年、イギリスを中心に対仏同盟が結成されて、国際的戦争へと発展した。これには、プロイセン、オーストリア、スペインも参戦した。一方、ピューリタン革命の主体は、独立自営農から貴族にわたる土地所有者であるジェントリと貴族であり、中産階級上層部が主に参加した。また、ピューリタン革命はイギリス国内に限定して起こり、国際戦争には発展しなかった。アメリカ独立革命の主体は、植民地の中小商工業者であり、西欧からの個人的参加者や各国の支援はあったが、基本的に国際戦争には発展しなかった。

思想的側面から比較すると、ピューリタン革命は、貴族の伝統的価値観とピューリタン信仰に基づくものであった。したがって、権利の請願や権利の章典における自由は、イギリスの伝統と慣習を基礎としたものであり、普遍性を欠いていた。アメリカ独立革命は、ピューリタン信仰と啓蒙思想に基づくものであった。そのために、独立宣言は普遍的な人間の権利を主張しているが、それは白人の権利であり、黒人の権利ではなかった。黒人が法的平等を獲得するのは、一九六〇年代における公民権運動においてであった。一方、フランス革命では、啓蒙主義に基づく革命思想が普及しており、それに基づいて革命が展開した。人権宣言には啓蒙思想に基づく国別、人種別を超えた普遍的な人間の権利が述べられた。ユダヤ人にとっては、歴史上初めて権利を与えられたことになった。

啓蒙思想の宗教論は、理神論である。これがフランス革命の宗教に対する政策に反映した。

2 宗教的意義

フランス革命は、政教分離を徹底的に実行したことに宗教的意義がある。だが、理性を重要視するあまり、理性を神格化するまでに至り、キリスト教を否定する運動に転じた。

A 革命のアレゴリー

理神論は有神論であり、創造主としての神の存在は認めている。だが、この世は人間理性が支配し

図62　「自由」のアレゴリー
（作者不詳、カルナヴァレ美術館所蔵）

ており、理性に基づく新宗教に価値があるとして、伝統的キリスト教を否定する。キリスト教は、啓蒙以前の中世を支配してきた宗教であり、厳しく批判された。フランス革命は宗教的には、非キリスト教の性格を有していた。

カトリック教会は旧体制において支配体制に組み込まれていたから、革命の攻撃対象になった。すでに革命勃発直後の「大恐怖」以後、カンブレ、アラスの大聖堂が、民衆によって破壊された。また、一七九一年には、一七九三年にはクリュニー修道院が民衆により略奪され、破壊の対象になった。

特に、民衆が政治の実権を掌握した国民公会の時代において、それは顕著になった。この時期、啓蒙思想の諸価値が、キリスト教に代わるものとして礼拝された。自由、平等、理性といった価値を「革命のアレゴリー」として、生きた少女の姿で象徴し、民衆は少女を礼拝したのである（図62参照）。

B　理性の祭典

一七九三年の十一月に、パリの旧大司教座において行われた理性の祭典の様子は、以下のように描写されている（図63参照）。

その儀式は、ギリシア・ローマの馬鹿げた儀式とはまったく異なっていた。それは魂に直接訴えるものだった。讃歌は自然の真理をあらわし、神秘的、抽象的な賛辞ではなかったので、民衆は一層よく讃歌を理解した。この厳かな讃歌の間に、白衣をまとい、柏の冠をいただいた乙女たちが二列に並び、手に松明をもって山の斜面を下り、それからまた同じ道を登って行った。美しい女性によって表現された「自由」が哲学の神殿を出て緑の玉座に着き、共和国の男女の誓いを受けた。彼らは女神に手を差し伸べ、彼女のために讃歌を歌った。それが終わると、「自由」は座を下りて神殿に戻ろうとしたが、その前に立ち止まって振り返り、慈悲深いまなざしを彼女の友人たちに投げかけた。彼女が帰ってしまうや否や、熱狂は歓喜の歌となり、また、永久に忠実であるという誓約となって、爆発した(1)。

民衆は、キリスト教の賛美歌ではなく独自の賛歌を歌い、乙女によって表された「理性」や「自由」を礼拝していることがわかる。「神」に代わるものが「最高存在」である。一七九四年六月八日、チュイルリー庭で挙行された「最高存在」の祭典も理性の祭典と同様なものであった（図58参照）。

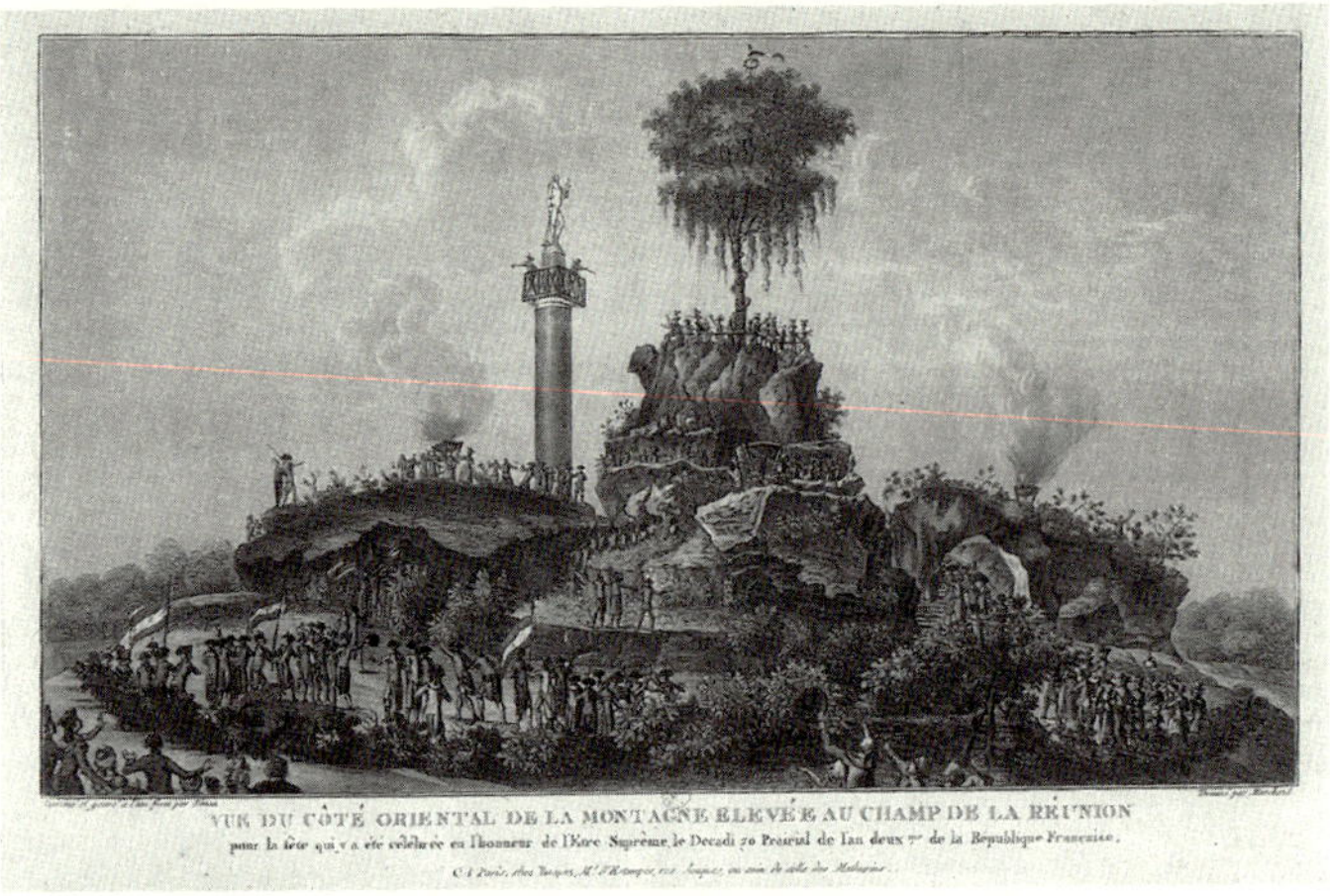

図63　理性の祭典の様子
（作者不詳、フランス国立図書館所蔵）

このように革命のアレゴリーは、徹底的にキリストを否定して、それに代わる啓蒙思想の価値を礼拝するものであった。そこにはキリスト教の影響が見られる。たとえば、平等を表すアレゴリーは、十戒を持つモーセ像の模倣といえよう。

C　共和暦

革命暦ともいわれる共和暦は、一七九三年十月五日に採択され、十一月二十四日から実施された。これは、キリスト教的なグレゴリオ暦に対抗する暦であった。

まず、一年の始まりは太陽信仰に基づいて、秋分の日（共和政樹立の日でもある）とされた。そして一年を十二か月にして各月は三十日とし、残りの五日は、年末にまとめて休日とされた。

さらに、革命前では日付にカトリックの聖人の名が付けられていたが、それを廃止した。月の呼び名も「テルミドール」「ブリュメール」といった非キリスト教的なものとなった。

また、ひと月は十日単位に三分されて、十日目が休日となった。聖書に基づく一週七日の否定である。そして、十日目は休日とされて、教会での礼拝に代わる市民祭典が行われる日とされた。

共和暦は、ナポレオンが廃止するまで、約十三年間、採用された。

D 墓地令

キリスト教では、死は眠りではなくて、信者にとってキリストと会える天国への門である。しかし、フランス革命では、死は「眠り」だとされ、女性像で表された。一七九三年十月十日に公布された墓地令第四条は以下のように述べられている。

各コミューンにおいては、死亡した市民は、いかなる宗派に属そうともすべて、死後二十四時間以内に、急死の場合には四十八時間以内に、「眠り」（女性形で表現される）が描かれた葬儀用のおおいをかけられ、公務員によって同行され、喪服を着た友人及び戦友の一隊によって取りまかれながら、共同墓地に定められた場所に運ばれなければならない。

死が「眠り」と定義され、アレゴリーとして女性像で表されていることと、聖職者ではなく、公務員によって葬儀が執り行われることがわかる。政教分離が徹底している。

第六条の内容は以下の通りである。

死者の霊に対する宗教的畏敬によって捧げられたこの地域の入口には、下記のごとき碑文が刻まれる。すなわち、「死は永遠の眠りである」[2]。

非キリスト教化

このようにフランス革命の最終段階においては、キリスト教が徹底的に除外されて、それに代わり、理神論に基づく理性への崇拝になった。

革命のアレゴリーに対する礼拝は、M・ヴェーバーの指摘した「被造物神化」の典型だとも言える。渡辺信夫は以下のように論じている。

フランス革命が反宗教的であるのは、理性の優位を信じる立場を取っていることである。粗野な反キリスト教的企てはまもなく撤回されたのであるが、七日を一めぐりとする在来の暦を廃止して、十日を一週とする暦の制定をしたり、ノートルダムに理性を祀ったりしたこの思想の系譜は明らかに反キリスト教的である。しかも、その理性の理解と適用は近代的なものであって、理性というよりは理性のおごりと称すべきである[3]。

ジャコバン党が政権をにぎって恐怖政治を行っていたとき、様々な非キリスト教的政策が実施された。一七九四年には、カトリック信仰の強いヴァンデ地方の農民反乱をジャコバン党政府は虐殺した。

フランスにおける非キリスト教化は、一八〇一年、ナポレオンが教皇ピウス七世（Pius VII, 一七四二―一八二三年）との間に宗教協約（コンコルダート）を結び、教皇庁と和解して、カトリック教会が復活することによって終わりを告げた。

ユグノーの果たした役割

フランスにおいてユグノーは、革命と反革命との双方から攻撃を受けた。しかし、革命直前の一七八七年に寛容の勅令が公布されて、ユグノーは正規身分を獲得していた。ユグノーの貴族は個人的に活動した。王党派にも立憲派にもユグノーは所属していた。

ユグノーの牧師たちも、革命期において、宗教の自由を求めて活動した。その結果、集会の自由、出版の自由、言論の自由、思想の自由を、法律による保障をもって確保しようとした。

終章——整理と課題

写真10　ジュネーヴ宗教改革記念碑の中央
左からファレル、カルヴァン、ベーズ、ノックス
（筆者撮影）

歴史とは何であろうか？

この問いに対しては、Ｅ・Ｈ・カーは「過去との対話」、朝河貫一は「熱なき光なり」と答えた。その他「教育と破局のあいだのレース」（Ｈ・Ｇ・ウェルズ）、「まず悲劇として演じられ、次に喜劇として繰り返される」（Ｊ・エリュル）、「人類の犯罪、愚行、不運を記録したもの」（Ｅ・ギボン）、「神の自己啓示以外の何ものでもない」（Ｏ・クロムウェル）、「歴史中いたるところに神を見る」（Ｐ・ショーニュー）、「うなりをあげて動く神の織機」（Ｊ・Ｓ・ホエイル）、「人間の恥辱の豊かな宝庫」（Ｈ・ラコルデール）等とさまざまな答えがある（参照『キリスト教名句名言事典』教文館、一九九九年）。

では、歴史学とは何であろうか。それによって何がわかるのであろうか。

歴史学とは、時の経過によって事物の本質を理解する学問である。

歴史は繰り返さないが、類似する出来事は起こりうる。たとえば、一九八九年六月四日に中国の北京で起きた天安門事件は、一九〇五年一月二十二日にロシアのペテルブルクにおいて発生した「血の日曜日事件」に類似するものである。天安門に集まった進歩的学生や市民は、血の日曜日事件と同様に、軍隊によって、またたく間に鎮圧されていった。

時と場所は違っても、同じような事件は起きる。だから、歴史を研究してその普遍的な特質を理解すれば、少なくとも、現在、そして将来においてそれに類することが発生した場合に、どのように対処すべきかがわかる。歴史を通して得られる教訓は、我々の日々の生活にも通用できるものである。

そこに歴史を学ぶ意義の一つがある。

これまで古代ローマ帝国からフランス革命までの歴史を、キリスト教の観点から扱ってきた。その中で見出された普遍的だと思えることを、以下に挙げる。これらは、感傷的な歴史哲学ではなく、実際的な「歴史の教訓」である。その後、本書で扱った歴史のいくつかの舞台を、実際に訪問して確認したことも列挙する。

歴史から学ぶもの

1　苦難や迫害は、果実を結ぶために必要なものである。

初代キリスト教徒は、みずからの信仰がローマ帝国によって公認されるまで、約三百年間にわたり迫害を耐えてきた。迫害により信仰が深まり、また人々の間に拡がっていった。迫害には、誤解、嫉妬による不当な扱い等、があった。しかし政治権力に対して、暴力や反乱に訴えずに、殉教を信仰の証しとみなして、喜んで処刑されていった。それを見た者が信仰に入っていった。正義を求めて権力に対して抵抗せずに、実質的な宣教活動にエネルギーを費やした。

2　中世において、キリスト教は先住文化を破壊するより、むしろ福音化していった。

先住文化を悪魔の文化として破壊することもあったが、先住文化にキリスト教との共通点を見出し、取り入れ、また先住文化を変えることによってキリスト教化する努力もみられた。敵を破壊するのではなく味方にすることの方が実質的な成果になる。

3　歴史を良き方向へと改革する指導者の多くは、学問に専念する教養深い者である。

宗教改革の主な指導者は、大学教授か知的エリートである。ウィクリフ、フス、ルター、メランヒトン、カートライト、ドワイトは大学教授であり、クロムウェルはケンブリッジ大学、ウェスレー兄弟はオックスフォード大学、エドワーズ、ドワイトはエール大学出身者である。彼らは、恵まれた環境のなかで真理を求め、広い教養を身につけ、そして、伝統や習慣や権力を恐れずに改革していった。

4　教養のない民衆は、政治権力を握るべきではない。

フランス革命末期の国民公会は、教養を欠いた民衆が政治的実権を握った時代であった。彼らは恐怖政治を展開して、正当な手続きも踏まずに数万人をギロチンで処刑した。また、キリスト教を否定して、革命のアレゴリーを作成し、生身の人間を礼拝した。その結果国家も衰退していった。

5　キリスト教徒同士が戦うことが世俗化を促した。

三十年戦争やユグノー戦争等の宗教戦争は、キリスト教徒同士の戦いであった。イエスを神と信じる者同士が殺し合いをすることの結果は、何であったのか。それは、神への信仰を弱め、神よりも人間理性を重視する理神論を生起させ、理神論は、やがては世俗化、そして無神論につらなっていった。神学の違いよりも信仰の共通点に重きを置き、互いに認めあい協力していくことが重要である。

6　英国にも米国にも、自国中心の楽観的終末論があり、それは今も生きている。
ピューリタン革命とアメリカの信仰復興運動はいずれも後千年王国論という漸進的楽観的終末論に基づくものであった。自国を千年王国の魁《さきがけ》であり自国には世界を救いに導く使命がある。この伝統は受け継がれ、湾岸戦争、イラク攻撃、アフガン侵略などにおける米国の覇権主義に現れている。

7　異なる文明や文化と交流することにより文明や文化は豊かに発展する。
十字軍運動以後、西洋はイスラーム文化やギリシア・ローマ文化と交流することによって豊かなものに発展した。他の文化を受け入れずにいたらどうなるか。歴史において、排他的で閉鎖的な運動や組織は、いずれも活力を失い衰退していった。

8　プロテスタントの禁欲倫理は、近代社会の出現に多大な影響を与えたが、それはあくまでも個人のものであり、他に強制するものではない。
個人の救いを確証するために、禁欲倫理に従い、神からの使命である職業に打ち込み、予期せぬ結果として利潤を得た。世俗内的禁欲を徹底し、合理的計画的組織的活動を生み出して、近代社会を築いていった。しかし、ピューリタン革命期に見られるように、禁欲倫理を国家の政策として個人に強要すると、民衆の反発にあう。

歴史の旅から学ぶもの

本書を執筆するために、西欧諸国を旅行して、現地調査を行った。特に宗教改革と市民革命の舞台を実際に踏みしめて、学んだことを確認でき、書物では分からないことを発見することもできた。

1　ルターは神学上の問題を提起したが、それが意図を超えて社会運動へと展開した。

ルターは「九十五か条の提題」をラテン語で書き、城教会の門に貼り付けた。ラテン語は聖職者と学者や学生だけが読むことができた。また、城教会はルターが教授であったヴィッテンベルク大学の付属教会であった。したがって、ルターは所属する大学の教授や学生のために提題を表明したのであって、当時の一般の人々に向けて教会を非難するために表明したのでは決してなかった。ルターの意図を大きく超えて、神学問題が社会運動へと発展していったのである。

2　ルターには多くの支持者がいた。

ルターの意見を支持したのは、ルターをかくまったザクセン選帝侯フリードリヒだけではなかった。ヴィッテンベルク大学教授メランヒトンやカールシュタット等のルターの同僚、そして学生たち、さらにはヴィッテンベルク市民もルターを支持して、宗教改革運動を、時には過激に推進していった。宗教改革は、決してルターだけの力によるものではない。改革に目覚めていた多くの人の支持と協力があって、はじめて断行できたのである。

3　中世後期のドイツの農民は、ドイツ語を読むことができ、知的レベルも高かった。

ヴィッテンベルクのルターの家にある博物館には、免罪符等の貴重な史料が展示されている。宗教改革当時に発行されたドイツ語による絵入りパンフレットが、一部屋すべてに数多く展示されている。農民はドイツ語を読めたので、分かりやすい絵入りパンフレットが多量に使用された。宗教改革は、一大宣伝合戦であったことが確認できる。

4　ルターは宗教改革を開始したが、基本的には中世の人間であった。

聖餐論において、化体説と象徴説との中間的な共在説をルターは主張した。共在説とは、パンの中にキリストの体が、ぶどう酒の中にキリストの血が同時に存在すると考える説である。ルター派の教会である聖トマス教会の礼拝堂内に、十字架にかかるキリスト像があった。これはカトリック的要素を継承したルターの共在説に基づくものと推定される。他方、カルヴァンが牧師であったジュネーヴの聖ピエール教会には、聖像は一切なく、十字架さえも見受けられなかった。

5　西欧文明は、ローマ帝国の遺産の上に築かれている。

ジュネーヴの聖ピエール教会の正門には、ギリシア神殿のようなエンタシスの柱がそびえ立つ。大聖堂の地下は、考古学発掘展示館になっている。大聖堂の起源は、四世紀の建築物にあった。古代ローマ文明の上にキリスト教の教会が建てられたのである。西洋文明は、古代ローマの文明とキリス

写真11　聖ピエール教会正門（黒川愛恵撮影）

ト教を基盤としている。ライン川以西の諸国はローマ帝国の支配下にあったので、共和政の伝統を受け継いで今日も民主主義的な国民性になっている。ライン川以東の国々であるドイツ、東欧、ロシアはローマ帝国の支配を受けず古代ローマの遺産も継承していない。したがって、民主主義的傾向は弱く、後にヒトラーやスターリン等の個人崇拝や独裁体制を受け入れる素地があったと考えられる。

6　クロムウェルに対するイギリス人の評価は、二分される。

イーリー大聖堂には、ピューリタン革命の内戦期に、クロムウェルの軍隊によって首を取り除けられた聖人像が並ぶ礼拝堂がある。同市のクロムウェルの家は博物館になっている。博物館の出口近くに「あなたはクロムウェルを英雄に思うか、悪人に思うか」という質問があり、来訪者がどちらかに投票するようになっている。その統計を見ると、五分五

写真12　聖人像・マリア像などが取り除けられたイーリー大聖堂の礼拝堂
（筆者撮影）

分であった。クロムウェルは、確かにイギリスに近代化をもたらした。だが、国王チャールズ一世を処刑した後、支配者となり圧政をしいて国民にピューリタン道徳を強制した。それに国民は反発して、王政復古になった。このことが、未だにイギリス国民の評価を二分している。

7　中世カトリック教会は、民衆への教化として視聴覚教育を導入した。

パリのノートル・ダム大聖堂の外壁には、いたるところに怪物像が突き出ている。これは先住文化をキリスト教会が取り込み、かつての福音の敵が、今は福音を守ることに変わったことを示している。聖堂内部には、イエスの生涯を物語るレリーフが、かなりのスペースを占めている。中世において民衆はラテン語を知らなかったので、ラテン語聖書（ウルガタ版）を読めなかった。礼拝に出席しても、司祭の語る言葉もラテン語であるために理解できなかった。そのような民衆に向けた教化手段が、聖像であり聖画であり、ステンドグラスやレリーフであった。いわばこれらは、カトリック教会の民衆に対する視聴覚教育であった。これをもって、偶像崇拝として断じることは狭い見方である。

8　フランス革命前における国王と国民の生活の間には、大きな隔たりがあった。

ヴェルサイユ宮殿と庭園とは、実際に現地に行って、宮殿の豪華さ、庭園の広大さに驚く。特に、庭園は、一日中歩いてもすべて巡れないほどの広大さである。湖あり、幾何学的森あり、人工的な村あり、宮殿やオペラ劇場あり。片道を歩くだけでも足にまめが出来、帰りはバスに乗らなければ出口にたどり着けない。困窮する国民と、あまりにかけ離れた贅沢な生活を、国王一家は送っていたことが確認できる。

9　フランス革命における民衆の力は強く、今もそうである。

パリのコンシェルジュリーには、一七九三年八月二日から十月十六日の処刑までマリー・アントワネットの幽閉されていた独房がある。狭くて暗い独房である。「撮影禁止」の張り紙があるが、来訪者は自由に撮影していた。同様なことは、夜訪れたルーヴル美術館においても見られた。ミロのヴィーナスやモナリザを、観光客は自由に撮影している。フラッシュも何度もたかれる。「撮影禁止」と書かれているにもかかわらず。美術館員を見ると、複雑な表情をしている。「民衆には反抗できない」と言っているように見える。

フランス革命は民衆による蜂起で始まり、深化し、そして最後には民衆が実権を掌握して、逆らう者を容赦なくギロチンにかけた。その伝統が今も残っているように思えた。

今後の研究課題

今後の研究課題として、以下の三点を提起する。

第一に、西洋史とキリスト教との関係をフランス革命まで考察したが、それ以後、第一次世界大戦と第二次世界大戦を踏まえて、現代までの歴史とキリスト教について研究する必要がある。

第二に、東欧との比較研究をすることが必要である。東欧とロシアはギリシア正教の世界である。両者の文化の違いと共通するもの――これを比較研究することにより、キリスト教の歴史的影響を、さらに深く考察できると考えられる。

第三に、日本の文化との比較研究が挙げられる。アジアにおいて、比較的急速に近代化をなしとげ、西欧に追いつき、時には凌駕してきた日本のキリスト教の歴史はどうであったのか。日本の近代化と宗教とはどのような関係にあるのか。

以上の研究を今後展開することによって、世界史におけるキリスト教の意義が、より深く理解できるに違いない。

おわりに――歴史学と私

小学校時代、両親が共働きのために鍵っ子だった私は、遊びから帰宅して一人でよくテレビを観た。モノクロの箱型テレビに映る「鉄腕アトム」「8マン」等の人気アニメ番組や、「コンバット!」「ラットパトロール」といった戦争物、さらには「バトルライン」という第二次世界大戦中は敵同士であった二人が過去の戦場を思い返す番組、「タイムトンネル」という自由に過去に戻って歴史上の大事件や人物に遭遇する番組や、アウシュヴィッツのユダヤ人等を扱ったドキュメンタリー番組がなぜか好きであった。そして過去の世界には色彩がないと、しばらく思いこんでいた。

高校二年生の秋にキリスト信仰を持ち、大きく人生が変わった。罪を悔い改め、新生した喜び。毎日、聖書を読むようになった。聖書は生き方を教える書だけでなく、天地創造に始まり終末にも言及する壮大な歴史書でもあった。旧約聖書はユダヤ人の歴史であり、福音書は民衆に視座を置く歴史叙述ではないか。魅力的な新しい世界が広がった。「歴史は英語では His story、神様のストーリーですね」とはアメリカ人宣教師の言葉。確かに歴史の背後には神のみわざがある。たとえ今すべては理解できなくても、起きたことには意味があるのだ。

東京外国語大学ロシア語学科に入学した。二人に一人は留年する厳しい学科であることを入学後に知ってしまった。大学の受け直しに悩む。その結果、私は、「クラスのほとんどの者はモスクワに着いているが、まだカムチャッカにいる」という劣等生だった。最終ロシア語試験にぎりぎりで合格して、留年することのない三年生になり、真の意味での大学生活が始まった。ロシア文学に興味があったのだが、しだいにその背景となるロシアの歴史や宗教に関心を抱くようになった。専攻外の科目は、自分の興味にしたがって選んだ。気がつけば、歴史学、キリスト教史、東洋史、西洋思想史、美術史、インド思想史、日本史、ロシア史等の歴史に関する講義を中心に学んでいた。

ところで、当時の歴史研究は、マルクス史観に基づく研究が主流であった。政治闘争、革命運動や階級闘争の分析。私はそのような研究には関心が持てなかった。おそらく自分がキリスト者であり、信仰が人生を大きく変えた経験があるからであろう。宗教の視点から見た歴史に、私の興味はあった。

「ロシア正教史研究——ニーコン改革と分離派教徒」と題する卒論を一月に提出した時、大学院で歴史を研究したいという思いが、強く与えられた。急いで、大学院の入試要項を求めた。東京大学の院入試は一週間後、東京外国語大学は二週間後であった。時がなかった。そこで、入試までやるべきことの計画を立てた。「実現不可能な計画」と呼んだ。朝八時に起き、三十分間聖書を読み、今日の計画が実行できるように祈る。大学に行き、生協喫茶店でモーニングセットを食べ、九時から午後五時半まで、ひたすら勉学。下宿に帰り、六時から三十分間、テレビの「笛吹童子」を観る。夕食を摂り、七時から十一時まで勉学。そして三十分間聖書を読み、祈って寝る。今考えると、十二時間近く勉強したことになる。このような日が機械的に続いた。さすがに一週間後の東京大学の試験には間に合わなかったが、二週間後にはすべてが不思議なように実行された。「実現不可能な計画」が実現されたのである。

試験当日も、祈りをもって始まった。まずは語学試験。英語問題は難儀したが、ロシア語問題は不思議に難なく訳することができた。歴史用語問題では、出ると予想していた語のほとんどが出題された。驚いたのは、最後の論文問題であった。「国際関係におけるバランスオブパワーについて論ぜよ」という問題。これは、前夜、出ると予想していた問題のひとつであった。鳥肌が立った。ヤマが完全に当たったのである。ほぼ完璧な答えができたと思っている。

一九七八年、二月七日。よく晴れた朝であった。合格者掲示板には、私の名前が誇らしげに書かれていた。神様に感謝した。これが最初の奇跡であった。

東京外国語大学大学院地域研究研究科の第二期生として、私は入学した。この研究科はまだ新しく、文部省に大学が提出した多領域にわたるカリキュラムに従って学ぶことになっていた。大学側はこのために、あまりに多くの単位を取らなければならない院生に同情的であった。しかし、学部時代に他の院生と違って、サッカーや聖書研究会の活動ばかりしていて、さほど学びをしてこなかった私にとって、この状況は好都合であった。私はこれまでの遅れを取り戻すべく、貪欲に学んだ。地域研究方法論、国際関係論、社会人類学、国際政治学、比較文化論、地域論、国際金融論、アジア研究総論、南北アメリカ研究総論、ヨーロッパ研究総論、ヨーロッパ歴史文化論、ヨーロッパ政治論（イギリス）、ヨーロッパ政治論（ソ連）、ヨーロッパ社会論（ソ連）、ヨーロッパ経済論、アジア社会論、ソ連東欧特殊研究、西ヨーロッパ地域特殊研究、ソ連東欧地域特殊研究、ソ連事情特殊研究を受講して、すべて「優」を取得した。修士課程の二年間は、私の人生の中で最も研究に集中した時期のひとつでもあった。実に、楽しい学びの時でもあった。神様が奇跡的に開いてくださった大学院の道であるから、時間を無駄にせずにひたすら学んだ。

この頃、私にヴィジョンが与えられていた。それを私は「トロイカ人生計画」と呼んだ。「トロイカ」とは、ロシアの三頭だての馬車のことである。①研究者、学者として学問に従事すること、②牧師、伝道者として福音を伝えること、③文学者として小説を書くこと、これら三つの働きを、神を証しし神の栄光を現すためにするという人生計画であった。壮大なヴィジョンである。しかし、神様の御心なら神様がそのように導かれるであろう。また、そのために私も信仰をもって、努力しなければならない。気落ちした時などは、この人生計画を何度も思い返して、励みとした。

あなたのしようとすることを主にゆだねよ。そうすれば、あなたの計画はゆるがない。
（箴言一六・三、新改訳聖書）

ところで、当時の東京外国語大学大学院には、山之内靖先生と長幸男先生という大塚久雄門下の経済学者がおられた。修士二年の時、山之内先生のゼミで初めて、マックス・ヴェーバーの作品を読んだ。『プロテスタンティズムの倫理と資本主義の精神』がそれである。私は、五月の連休に下宿に閉じこもり、この書のすべての内容をカードにまとめた。カードは七十六枚になった。この書に感動した。そこに、私がこれからやろうとしている研究の方法論を見出したからである。マルクス的な方法がまだ支配的であった当時、宗教と経済との二観点から、理念型を設定し、実証的に歴史を研究するヴェーバーの方法を知り、歴史研究者として生きていく確信を与えられた。なおこの書は現在、私の西洋史ゼミの必読書にしている。

私の修士論文は、ヴェーバーの方法を用いて、帝政ロシアにおいて発生したユダヤ人に対する迫害運動（ポグロム）の背景を、経済的利害状況と宗教思想から究明するものであった。歴史研究は、史料と方法論によりなされる。いくら立派な方法論をもっていても、具体的な史料がなければ何もできない。それまで海外から多くの英語文献を手に入れたが、ポグロムの史料はなかなか見つからない。そこで、先駆的研究をされていたH先生の助言を求めて名古屋の大学へ行った。H先生から東大の中央図書館にその史料があることを教えられた。

修士二年目の八月に本郷に行き、中央図書館の中で、ついに、茶色に変色した一八八一年ポグロムのロシア語史料を手にした。公的機関による第一次史料。これで修士論文は書けると思った。

翌年の一月までに修士論文を書き上げることは無謀であった。四か月しかない。しかし、あえてそれに挑戦した。神様が力をくださると信じて。

この時、私は、ひとつの作戦を立てた。それは、できる限り多くの先生に論文の草稿を見てもらって完成するという作戦であった。歴史学、国際経済学、社会主義経済学、国際政治学、社会人類学、経済史、社会思想史、ロシア史、ロシア文学、ソ連政治学をそれぞれ専門にされている十名の教授に個人的に会い、プリントで修士論文の構想を説明して、意見を伺った。それを元にして草稿を修正した。このようにして、いかなる観点からみても批判に耐えうるであろう論文が出来上がっていった。

私の修士論文は、歴史学、社会思想史、ソ連政治学の三名の先生が審査された。口頭試験において、いろいろと論議した後に、尊敬している山之内靖先生から、「君の論文には、文句のつけようがない」と言われたのを今も鮮明におぼえている。さらに「ところで君はここを終えてどうするのかね？」と聞かれた。私は、「イスラエルかアメリカの大学院に留学するか、日本の他大学の博士課程に進学したいと思っています」と答えた。先生は、「日本の大学院なら、一橋大学に阿部謹也という先生がいて、君の研究に近いだろう。しかし、外部の者が一橋大学の博士課程にいきなり入ることはむずかしく、まず無理だろう。前例がない」と言われた。

口頭試験が終わり、次にとるべき進路を考えた。いかに困難な道でも神様の御心ならば開かれる。すでにそのことを体験していたので、平安をもって考えることができた。

一橋大学大学院博士後期課程の入試要項を手に入れた。見ると担当教授名が記されている。東京外大では学部の時にも修士の時にも東大からの先生の講義を取って学ぶことはあったが、一橋大学からの先生はいなかった。本の著者として、名前だけ知っている先生が数名そこに記されていた。一橋大学大学院修士課程に進学していた同級の友人に電話をして、博士課程の試験の内容について聞いた。それによると、試験は三名の面接官によって行われ、主に、修士論文の内容について質疑応答がなされる。その後、外国語のプリントを渡され、その場でそれを辞書なしで訳すということであった。

いったいどのような内容のプリントが配られるのか？　誰が私の面接官になるのか？　考えれば考えるほど不安がつのった。緊張のために試験前の数週間は食欲もなくなった。そのため体重が極度に減り、五十八キロにもなっていた。これほど痩せたことはそれまでにはなかった。

森に囲まれた一橋大学。国立大学らしい簡素で汚れた小教室で私の口頭試験が始まった。三名の教員が窓を背にして待っていた。どの顔も知らない。

最初に私が修士論文の要約をして、質疑応答が始まった。様々な観点からの質問に答えていった。最後に右側に座っていた鋭い目をした眼鏡の教員に、「君の論文は、史料批判さえもっとしておけば完璧な論文です」と言われた。一抹の安堵感。

質疑が終わり、語学試験になった。コピーを一枚手渡され、「これをまず読んで、準備ができましたら訳していってください」と真ん中の主査の教員から言われた。幸いにも、それほど難解なロシア語の文章ではなかった。胸ポケットからボールペンを取ろうとしたが胸にはなかった。それを右側に座っていた教員が目敏く見つけて、席を立って私に歩み寄り「これをお使いください」と言って、シャープペンシルを貸してくださった。ありがたく思った。それを使って書き込みをして、何とか無難に訳すことができた。

「君は、うちの博士課程に入れば、誰を指導教官とする予定ですか?」と聞かれた。

「東欧のユダヤ史をも扱っておられるR先生か、言語と文化の面から研究されているT先生ですが、社会史の研究方法を学びたいために、阿部謹也先生に指導されたいとも思っています」と答えた。

「実は、君の研究を指導する教員はいないと思っていたのですが、それならよいですね」と初めて主査の教員に笑みが浮かんだ。私は直感的に、合格したと思った。

かくして三十分前後の口頭試験は終わった。後にわかったことだが、主査の教員はソビエト経済史の研究者、左の教員はドイツ文学の研究者。そして、私にペンを貸してくださった鋭い眼差しの教員が、阿部謹也先生であった。

一九八〇年二月七日。一橋大学大学院社会学研究科博士後期課程入試に合格した。「快挙だ、奇跡だ」と言われた。入学金免除と日本育英会奨学金も得た。やはり研究者、学者になることが私の使命のひとつであることを、しみじみと確認した。

その頃私は「三段ロケット計画」という名の計画を立てていた。これは、国内の大学院の博士課程に進学し（第一段）、イスラエルに一年間留学し（第二段）、その後アメリカに留学する（第三段）という計画であった。親からの経済的援助は修士課程までと約束していたので、いずれも奨学金獲得を前提とする。すでに「実現不可能の計画」を立てて、奇跡的に大学院の道が開かれた経験があるために、まず理想を高く掲げて、祈りをもって勤勉に努力すれば実現できるという確信を持っていた。信仰とは経験である。一度、不可能なことが、信仰により可能となった経験がある者は、人間的常識で全てを判断しなくなる。より高い目標を掲げるようになる。どんなに不可能なことでも、神様は可能としてくださる。それが神様の御心ならば。

イスラエル政府奨学金給費生への挑戦は二度目であった。今回は、大学教員で受ける人はいなくて、国立大学の大学院博士課程の学生は私とT大学の院生だけであった。彼は四度目の挑戦であった。予想通りに二人とも合格した。郷里香川県のロータリー財団のアメリカ留学奨学生試験にも、難なく合格した。「三段ロケット計画」は、かくして全て実現したのであった。

一年間遊学したエルサレムのヘブライ大学では、ヘブライ語やイディッシュ語とユダヤ民族史を幅広く学んだ。さらには、ほとんどすべての聖書の舞台を訪れ、人々の生活の中に宗教が生きていることを確認した。歴史学で名高いエール大学では、ロシア史、ユダヤ史、日本史を専攻して三年間、著名な歴史学者のゼミや講義で西洋史を中心に学んだ。毎年夏にはニューヨークのコロンビア大学夏期集中講義で、イディッシュ語と東欧ユダヤ史を学んだ。一橋大学では、社会史研究の旗手であられた阿部謹也先生から、西洋中世の歴史と民衆に視座をおく社会史の方法を学んだ。さらには研究者としてのあり方も、厳しく学ばされた。

＊＊＊

本書は、東京基督教大学の「世界史概説」に始まり、慶應義塾大学の「西洋史概説」、愛知教育大学の「外国史概説」の講義において用いられた講義ノートに、私の連載記事や論文を加えて書かれた。基本的には学生のための教科書であるが、西洋キリスト教史に関する私の研究集成でもある。

各章の構成は、以下の通りである。

・第一章　ローマ帝国とキリスト教
書き下ろしに以下を加えた。

「中間時代における福音の準備」『無教会研究』（無教会研修所）第七号、二〇〇四年。
・第二章　西洋中世の世界
書き下ろしに以下を加えた。

「西洋中世の世界」『羊群』一九九二年七月〜一九九三年九月連載。

「『修道院と霊性』の歴史と思想――カトリック教会と正教」『福音主義神学』（日本福音主義神学会）第三七号、二〇〇六年。

・第三章　宗教改革の時代
書き下ろしに以下を加えた。
「カルヴァンの生涯」『羊群』一九九四年一月〜一九九六年二月連載。
・第四章　英国宗教改革とピューリタン革命
書き下ろしに以下を加えた。
「宗教戦争の本質構造」『宗教研究』（日本宗教学会）第三六五号、二〇〇五年九月。
・第五章　信仰復興とアメリカ独立革命
書き下ろしに以下を加えた。
「ニューイングランド大覚醒運動」『羊群』一九八八年五月〜十月連載。
・第六章及び終章は書き下ろしである。

＊　＊　＊

二年前に文化庁から依頼があり、この四年間、ロシアの宗教調査をすることになった。また昨年には、ある学会からの要望があり、ロシア文明論をも考察しつつある。十年ぶりにロシア研究にも従事している。十年前に「ロシアとユダヤ」三部作を出版し、今後「キリスト教」三部作を発表した後は、私なりのロシア文明論をも発表したい。思うに、私は、「若い時には実証的な歴史研究をし、年をとれば普遍史研究へと変わる」ひとつの例であろう。

残された生涯、研究と教育だけでなく、聖書の解釈と説教にも力を注ぎたいし、また創作、特に歴史小説を書きたいとも思っている。研究と教育・聖書・創作のバランスがとれて、私は生きがいを感じる。

本書を出版するにあたり、ワープロ入力作業等で協力していただいた榎本寛子氏（豊川小学校教諭）、永守沙織氏（愛知教育大学生）、井垣要一郎氏（愛知教育大学院生）、祈りで支えてくださった母と、聖書キリスト教会・我孫子教会、町田教会、前橋教会の皆様、また、フランス、イギリス、スイス、ドイツの現地調査旅行に喜んで同行して撮影等で協力してくれた愛する家族（妻と理科系の娘たち）に感謝する。また、信頼して忍耐強く原稿提出を待ってくださった教文館社長渡部満氏と、私の苦手な細やかな編集作業をしてくださった住谷美都子氏に感謝したい。

これらのことが彼らに起こったのは、戒めのためであり、それが書かれたのは、世の終わりに臨んでいる私たちへの教訓とするためです。（コリント人への手紙I・一〇・一一、新改訳聖書）

二〇〇九年十一月二十八日　次女愛香の誕生日に

黒川知文

参考文献・註

〔基本文献〕

・『世界の歴史』全一七巻、中央公論社、一九六〇―六二年。
・『キリスト教大事典』（改訂新版）教文館、一九六八年。
・『キリスト教人名辞典』日本基督教団出版局、一九八六年。
・『新カトリック大事典』全四巻、研究社、一九九六―二〇〇九年。
・荒井献、出村彰監修『総説キリスト教史』全三巻、日本基督教団出版局、二〇〇六―〇七年。
・ウィリストン・ウォーカー（竹内寛監修）『キリスト教史』全四巻、ヨルダン社、一九八四―八七年。
・大貫隆ほか編『岩波キリスト教辞典』岩波書店、二〇〇二年。
・フスト・ゴンサレス（石田学、岩橋常久訳）『キリスト教史』上下巻、新教出版社、二〇〇二―〇三年。
・ハンス・フォン・シューベルト（井上良雄訳）『教会史綱要』新教出版社、一九六三年。
・上智大学中世思想研究所編訳・監修『キリスト教史』（改訂版）全一一巻、平凡社、一九九六―九七年。
・ポール・ジョンソン（別宮貞徳訳）『キリスト教の二〇〇〇年』上下巻、共同通信社、一九九九年。
・半田元夫、今野國雄『キリスト教史Ⅱ』（世界宗教史叢書Ⅱ）山川出版社、一九七七年。

・ドナルド・K・マッキム(高柳俊一、熊澤義宣・古屋安雄監修)『キリスト教神学用語辞典』日本基督教団出版局、二〇〇二年。
・ヴァルター・フォン・レーヴェニヒ(赤木善光訳)『教会史概論』日本基督教団出版局、一九六九年。

第一章

〔参考文献〕

・『朝日百科・世界の歴史』第二巻、朝日新聞社、一九九一年。
・A・アマン『初代キリスト教徒の日常生活』山本書店、一九七八年。
・W・イェーガー(野町啓訳)『初期キリスト教とパエディア』筑摩書房、一九六四年。
・M・ウェーバー(内田芳明訳)『古代ユダヤ教』全二巻、みすず書房、一九六二―六四年。
・H・G・キッペンベルク(奥泉康弘、紺野馨訳)『古代ユダヤ社会史』教文館、一九八六年。
・T・F・グラッソン(中道政昭訳)『ユダヤ終末論におけるギリシアの影響』新教出版社、一九八四年。
・M・コリンズ、M・A・プライス(間瀬啓允、中川純男監修)『キリスト教の歴史』BL出版、二〇〇一年。
・H・コンツェルマン(田中勇二訳)『原始キリスト教史』日本基督教団出版局、一九八五年。
・S・サフライ、M・シュテルン(長窪専三ほか訳)『総説・ユダヤ人の歴史』上中下巻、新地書房、一九八九―九二年。
・ダニエル゠ロプス(波木居斉二訳)『イエス時代の日常生活』第三巻、山本書店、一九六四年。

・J・ニューズナー（長窪専三訳）『パリサイ派とは何か』教文館、一九八八年。
・蛭沼寿雄ほか『原典新約時代史』山本書店、一九七六年。
・D・フルッサルほか（手島勲矢訳）『ユダヤ人から見たキリスト教』山本書店、一九八六年。
・M・ヘンゲル（大島征二訳）『ユダヤ人・ギリシア人・バルバロイ』ヨルダン社、一九八四年。
・――――（長窪専三訳）『ユダヤ教とヘレニズム』日本基督教団出版局、一九八三年。
・M・メッガー（山我哲雄訳）『古代イスラエル史』新地書房、一九八三年。
・Y・ヤディン（田丸徳善訳）『マサダ』山本書店、一九七五年。
・――――『バル・コホバ』山本書店、一九七九年。
・D・S・ラッセル（八田正光訳）『聖書の中間時代』ヨルダン社、一九六八年。
・Bickerman, E. J. *The Jews in the Greek Age*, Cambridge, 1988.
・Schurer, E. *The History of the Jewish People in the Time of Jesus Christ*, Edinburgh, 1885-90.
・Gilman, S. L. (ed.), *Anti-Semitism in Times of Crisis*, New York, 1991.

〔註〕

（1）後期ローマ帝国の歴史を衰亡の時代ではなく、独特な一時代として「古代末期」とする研究が昨今提出されている。これは、ゲルマン民族の侵入を破壊的行為ではなく平和裡に定住した行為だとみなす立場である。以下を参照。『西洋史学』第二三四号、二〇〇九年。

（2）E・E・ケアンズ『基督教全史』聖書図書刊行会、一九五七年、五〇―六二頁。

(3) Toy, C. H., *Introduction to the History of Religions*, Boston, 1913, p. 546.

第二章

〔基本文献〕

・阿部謹也『よみがえる中世ヨーロッパ』日本放送出版協会、一九八六年。
・石坂昭雄ほか『西洋経済史』有斐閣、一九七六年。

〔参考文献〕

・朝倉文市『修道院にみるヨーロッパの心』山川出版社、一九九六年。
・阿部謹也『ドイツ中世後期の世界』未来社、一九七四年。
・――――『ハーメルンの笛吹き男』平凡社、一九七四年。
・――――『中世を旅する人びと』平凡社、一九七八年。
・――――『刑吏の社会史』中央公論社、一九七八年。
・――――『中世の窓から』朝日新聞社、一九八一年。
・――――『中世の星の下で』影書房、一九八三年。
・――――『世界子どもの歴史3　中世』第一法規出版、一九八四年。
・――――『歴史と叙述』人文書院、一九八五年。
・――――『逆光のなかの中世』日本エディタースクール出版部、一九八六年。

・―――「死者の社会史――中世における死生観の転換」『社会史研究』第四号、日本エディタースクール出版部、一九八四年。
・フィリップ・アリエス（杉山光信、杉山恵美子訳）『〈子供〉の誕生』みすず書房、一九八〇年。
・―――（伊藤晃、成瀬駒男訳）『死と歴史』みすず書房、一九八三年。
・P・イバニエス『恵みを貫くもの』ドン・ボスコ社、一九九二年。
・荻野弘之ほか『神秘の前に立つ人間』新世社、二〇〇五年。
・R・W・サザーン（森岡敬一郎、池上忠弘訳）『中世の形成』みすず書房、一九七八年。
・高橋保行『聖なるものの息吹』教文館、二〇〇四年。
・豊田浩志編『キリスト教修道制』上智大学、二〇〇三年。
・C・H・ハスキンズ（野口洋二訳）『十二世紀ルネサンス』創文社、一九八五年。
・ハワード・ロリン・パッチ（黒瀬保ほか訳）『異界』三省堂、一九八三年。
・ユルジス・バルトルシャイティス（西野嘉章訳）『幻想の中世』リブロポート、一九八五年。
・K・S・フランク（戸田聡訳）『修道院の歴史』教文館、二〇〇二年。
・マルク・ブロック（新村猛ほか訳）『封建社会』全二巻、みすず書房、一九七三―七七年。
・増田四郎『ヨーロッパの都市と生活』筑摩書房、一九七五年。
・G・マーセル監修（青山学院大学総合研究所訳）『キリスト教のスピリチュアリティ』新教出版社、二〇〇六年。
・山形孝夫『砂漠の修道院』平凡社、一九九八年。

〔註〕

（1）H・デンツィンガー編（浜寛五郎訳）『カトリック教会文書資料集』エンデルレ書店、三一四頁、一九七四年。

（2）中世における反ユダヤ主義は宗教的な性格が強くあった。拙著『ユダヤ人迫害史』教文館、一九九七年、第二章を参照。

（3）魔女の弾圧のもっとも古い例は紀元前一二〇〇年のエジプトにあり、ギリシアではデモステネスの時代（紀元前四世紀）に一人の魔女が処刑されており、ローマではネロ帝やカラカラ帝により迫害され、コンスタンティヌス帝やフランク王国シャルル大帝も呪術を禁ずる法令を発布している。森島恒雄『魔女狩り』岩波書店、一九七〇年、一二頁。

（4）魔女の概観については以下を参考にした。*Encyclopedia Britannica*, Vol. 23, pp. 604-605; *Encyclopedia America*, Vol. 29, pp. 83-84;『社会科学大事典』第一七巻、鹿島出版会、一九七〇年、二一四―二一六頁。

（5）スピリチュアリティの最近の研究動向に関しては、さしあたり以下を参照。伊藤雅之『現代社会とスピリチュアリティ』（溪水社、二〇〇三年）、湯浅泰雄監修『スピリチュアリティの現在』（人文書院、二〇〇三年）。

（6）本節においては以下を基本文献として使用した。朝倉文市『修道院にみるヨーロッパの心』イバニエス『恵みを貫くもの』、荻野弘之ほか『神秘の前に立つ人間』、高橋保行『聖なるものの息吹』、豊田浩志編『キリスト教修道制』、フランク『修道院の歴史』、山形孝夫『砂漠の修道院』、マーセル『キリスト教のスピリチュアリティ』。
（7）エリシャの時代に、ベテルとエリコにおいて複数の預言者が集団で生活していたと推定される。列王記下二章を参照。
（8）K・S・フランクは、テラペウタイについて「紀元後一世紀のアレクサンドリアに生きた教養あるユダヤ人フィロンは、人里はなれたところで共同生活を送ったユダヤ人たち、すなわち、禁欲的な放棄を自らに課し、観想を生活の目標とした」人々と定義している。フランクは、キリスト教修道性の起源を①新約聖書の解釈、②ユダヤ教における禁欲、③ヘレニズム哲学の禁欲、④古代の異教的禁欲の四点にあると述べ、「キリスト教的禁欲を成立させた決定的要因は、福音が最初に向かっていった世界が、禁欲的生活を既に知っていた世界であり、禁欲にとって好都合な環境が保たれうる世界だった」と結論する。フランク『修道院の歴史』一六頁。
（9）砂漠と居住地域の境あたりで隠者的生活を行ってきた、とある禁欲者に合流したことから、隠者的生活様式であった。前掲書、三五頁。
（10）「共同の修道院生活の創造はエジプト人パコミウスの名と結び付けられている」。前掲書、三七頁。
（11）アウグスティヌスは、修道制の理想像を使徒の働き（使徒言行録四・三二―三五）から把握した。前掲書、五五頁。
（12）同、四六頁。
（13）西欧において修道院が普及した理由は、①古代末期において貴族層に禁欲的・修道的理想に対する肯定的態度が広くあったこと、②司教と修道院の密接な結びつき、③初期の修道制の理解、であるとフランクは論じている。前掲書、六〇―六二頁。

(14) ベネディクトゥスは、修道院だけでなく、宣教、教育、学問、産業など、あらゆる事業に従事して発展させる修道士を生み出し、「キリスト教文明の光で、かつて暗黒を逐斥し、平和の賜物を輝かせた彼は、今もなおヨーロッパに君臨し、彼のとりつぎによって文化は発達し、ますます拡大していく」と教皇パウロ六世の回勅に述べられた。朝倉文市『修道院にみるヨーロッパの心』一六頁。

(15) クリュニー修道会は、ベネディクトゥスの戒律を守ったが、修道士の生活を満たしたのは、典礼であった。「典礼は『戒律』で求められている度合いを遙かに超えて、修道院での一日を律するものになった」。フランク『修道院の歴史』七五頁。

(16)『新カトリック大事典』第三巻、一五三―一五五頁を参照。

(17)「彼らの独居の伝統が時代の求める個人主義的傾向にもうまく対応していた」。マーセル『キリスト教のスピリチュアリティ』一一九頁。

(18) シトー修道会は、クリュニー修道会がベネディクトゥスの戒律よりも典礼を重視していることを非難して、戒律遵守を主張した。「共同生活を強調したことから、シトー会は、隠修士生活が高く評価された当時にあって、共住制の救済者となった」。フランク『修道院の歴史』八五頁。

(19) フランチェスコが一二二三年に書いた規則には、「小さき兄弟」たちの規則と生活とは「従順と無私と貞潔とに生きつつ、我らの主イエス・キリストの聖なる福音を遵守することである」とある。前掲書、一〇九頁。フランシスコ会は、都市における司牧活動、北アフリカと中近東のイスラームへの宣教活動、大学での教育活動にも従事した。

（20）一五四〇年に教皇パウルス三世から承認を受けた時の共同体の目標は「十字架の旗のもとで神のために争い、主にのみ、また地上におけるその代理人である教皇様に、奉仕すること」であった。前掲書、一四五頁。

（21）この時期に創設された修道院については、拙著『ロシア・キリスト教史』六七―七八頁を参照。

（22）久松英二は、「静寂主義は、孤独と静寂のうちに神観想を追求するという性格上、隠修士的修道環境の中で育まれ、受け継がれてきた」と述べる。豊田浩志編『キリスト教修道制』一〇九頁。

第三章

〔基本文献〕

・『宗教改革著作集』全一五巻、教文館、一九八三―二〇〇三年。
・中村賢二郎編訳『原典宗教改革史』ヨルダン社、一九七六年。
・渡辺信夫『カルヴァン』清水書院、一九六八年。

〔参考文献〕

・今井晋『ルター』（人類の知的遺産、第二六巻）講談社、一九八二年。
・M・ウェーバー（梶山力、大塚久雄訳）『プロテスタンティズムの倫理と資本主義の精神』上下巻、岩波書店、一九五五、六二年。
・G・R・エルトン（越智武臣訳）『宗教改革の時代』みすず書房、一九七三年。

・久米あつみ『カルヴァン』（人類の知的遺産、第二八巻）講談社、一九八〇年。
・R・シュトゥッペリヒ（森田安一訳）『ドイツ宗教改革史研究』ヨルダン社、一九八四年。
・R・ストーフェール（森川甫訳）『人間カルヴァン』すぐ書房、一九七七年。
・エミール・ドゥメルグ（益田健次訳）『カルヴァンの人と神学』新教出版社、一九七七年。
・出村彰『カステリョ』清水書院、一九九四年。
・徳善義和編『ルター』（世界の思想家、第五巻）平凡社、一九七六年。
・E・トレルチ（内田芳明訳）『ルネサンスと宗教改革』岩波書店、一九五九年。
・成瀬治『ルターと宗教改革』誠文堂新光社、一九八〇年。
・浜林正夫『イギリス宗教史』大月書店、一九八七年。
・半田元夫『イギリス宗教改革の歴史』小峰書店、一九六七年。
・G・フランツ（寺尾誠ほか訳）『ドイツ農民戦争』未来社、一九八九年。
・P・ブリックレ（田中真造、増本浩子訳）『ドイツの宗教改革』教文館、一九九一年。
・R・フリーデンタール（笠利尚ほか訳）『マルティン・ルターの生涯』新潮社、一九七三年。
・R・H・ベイントン（出村彰訳）『宗教改革史』新教出版社、一九六六年。
・松田智雄編『ルター』（世界の名著、第一八巻）中央公論社、一九六九年。
・八代崇『イギリス宗教改革史研究』創文社、一九七九年。
・J・R・H・ムアマン（八代崇ほか訳）『イギリス教会史』聖公会出版、一九九一年。
・G・リヴェ（二宮宏之、関根素子訳）『宗教戦争』白水社、一九六八年。

〔註〕

(1) 中村賢二郎『原典宗教改革史』三六〇頁。
(2) 同、三六一頁。
(3) ドゥメルグ『カルヴァンの人と神学』一七頁。
(4) 同、一八頁。
(5) 中村賢二郎『原典宗教改革史』三六一頁。
(6) 同、三六三頁。
(7) 同、三六二頁。
(8) 同、三六四頁。
(9) 同、三六五頁。
(10) 同、三六六頁。
(11) 同、三六七頁。
(12) 同、三六七―三六八頁。
(13) 同、三六六頁。
(14) 同、三六九頁。
(15) ストーフェール『人間カルヴァン』三九頁。
(16) 中村賢二郎『原典宗教改革史』三八二―三八三頁。

(17) 同、三七〇頁。
(18) 同、三七一頁。
(19) 同、三七二頁。
(20) 原題 "Ein Gewissen Gegen die Gewalt"、邦訳は『ツヴァイク全集』第一五巻、みすず書房、一九六三年に所収。
(21) 前掲邦訳書(高杉一郎訳)、九一頁。
(22) 同、一〇三頁。
(23) 同、一一二頁。
(24) 同、一一四頁。
(25) 中村賢二郎『原典宗教改革史』三九〇—三九四頁。
(26) 同、三九〇頁。
(27) 同、三九五頁。
(28) 同、三九七頁。
(29) 同、四〇〇頁。
(30) 同、四〇二頁。
(31)『宗教改革著作集』第一〇巻(出村彰訳)、二一〇頁。
(32) 同、三〇五頁。
(33) 同、三四—三五頁。

(34) 中村賢二郎『原典宗教改革史』四〇〇頁。
(35) 同、四〇五―四〇八頁。
(36) 同、四一〇―四一一頁。
(37) 同、四一一―四一二頁。
(38) 『宗教改革著作集』五三頁。
(39) 同、六五頁。
(40) 出村彰『カステリョ』一九九頁。
(41) カルヴァン『キリスト教綱要　第一篇・第二篇』(改訳版) 新教出版社、二〇〇七年、一六一―一六二頁。
(42) 出村彰『カステリョ』二〇五頁。
(43) 中村賢二郎『原典宗教改革史』三八四頁。
(44) 同、三八六頁。
(45) ストーフェール『人間カルヴァン』一二六頁。
(46) 中村賢二郎『原典宗教改革史』三八六頁。
(47) 同、三八四―三八五頁。

第四章

〔基本文献〕

・『世界大百科事典』平凡社、一九八八年。
・池上岑夫ほか監修『スペイン・ポルトガルを知る事典』（新訂増補版）平凡社、二〇〇一年。
・京大西洋史辞典編纂会編『新編西洋史辞典』（改訂増補版）東京創元社、一九九三年。
・松村赳、富田虎男編『英米史辞典』研究社、二〇〇〇年。
・ヨーロッパ中世史研究会編『西洋中世史料集』東京大学出版会、二〇〇〇年。
・『世界史辞典』（改訂新版）旺文社、一九七八年。

〔参考文献〕

・青柳かおり『イングランド国教会』彩流社、二〇〇八年。
・岩井淳『千年王国を夢みた革命』講談社、一九九五年。
・C・V・ウェッジウッド（瀬原義生訳）『ドイツ三十年戦争』刀水書房、二〇〇三年。
・ロベール・ド・クラリ（伊藤敏樹訳）『コンスタンチノープル遠征記』筑摩書房、一九九五年。
・R・グルッセ（橋口倫介訳）『十字軍』白水社、一九五四年。
・薩摩秀登『プラハの異端者たち』現代書館、一九八九年。
・P・F・シュガーほか編（東欧史研究会訳）『東欧のナショナリズム』刀水書房、一九八一年。
・R・W・スクリブナー、C・スコット・ディクスン（森田安一訳）『ドイツ宗教改革』岩波書店、二〇〇九年。
・R・ストーフェール（森川甫訳）『人間カルヴァン』すぐ書房、一九七七年。
・田村秀夫編『イギリス革命と千年王国』同文館出版、一九九〇年。
・――――『クロムウェルとイギリス革命』聖学院大学出版会、一九九九年。
・塚田理『イングランドの宗教』教文館、二〇〇四年。
・浜林正夫『イギリス宗教史』大月書店、一九八七年。
・山中謙二『フシーテン運動の研究』（改訂二版）、聖文舎、一九七四年。
・S・ランシマン（和田広訳）『十字軍の歴史』河出書房新社、一九八九年。
・G・リヴェ（二宮宏之、関根素子訳）『宗教戦争』白水社、一九六八年。
・J・リシャール（宮松浩憲訳）『十字軍の精神』法政大学出版局、二〇〇四年。
・D・W・ローマックス（林邦夫訳）『レコンキスタ』刀水書房、一九九六年。
・若原英明『イギリス革命史研究』未来社、一九八八年。

〔註〕
（1）ピューリタン革命と終末論に関しては岩井淳『千年王国を夢みた革命』を参照。
（2）宗教と民族紛争等との関係に言及するものとして、以下の書がある（出版年順）。M・K・ユルゲンスマイヤー（阿部美哉訳）『ナショナリズムの世俗性と宗教性』（玉川大学出版部、一九九五年）、中野毅ほか編『宗教とナショナリズム』（世界思想社、一九九七年）、E・ゲルナー（加藤節監訳）『民族とナショナリズム』（岩波書店、二〇〇〇年）、酒井啓子編『民族主義とイスラーム』（アジア経済研究所、二〇〇一年）、E・J・ホブズボーム（浜林正夫ほか訳）『ナショナリズムの歴史と現在』（大月書店、二〇〇一年）、M・K・ユルゲンスマイヤー（立山良司監修）『グローバル時代の宗教とテロリズム』（明石書店、二〇〇三年）。

（3）『旺文社世界史辞典』には「宗教改革期の十六―十七世紀のヨーロッパで、新教・旧教の対立を含んで行われた国内的・国際的諸戦争」（三三〇頁）と定義されている。『世界大百科事典』（平凡社）には「広義には、宗教をめぐって起こったすべての戦争をさすが、特に西洋史の分野では、宗教改革後の十六―十七世紀にカトリック、プロテスタント両派の対立を大きな原因として起こった一連の戦争をさして用いられる」（第一三巻、四八頁）とある。なお、各宗教戦争の原因、経過、結果等の基本的知識に関しては、定説にもとづいて概説的に叙述された以下の基本文献を主に使用した。京大西洋史辞典編纂会編『西洋史辞典』、池上岑夫ほか監修『スペイン・ポルトガルを知る事典』、伊東孝之ほか監修『東欧を知る事典』（平凡社、一九九三年）。

（4）R・グルッセは、フランス諸侯の土地征服欲、イタリア海事共和国の通商の利潤欲を挙げている。

（5）ドイツ民衆十字軍によるユダヤ人迫害については、以下に詳しい記述がある。ランシマン『十字軍の歴史』一一一―一一二頁。グルッセ『十字軍』一三六頁。

（6）グルッセ『十字軍』一三四頁。

（7）ローマックス『レコンキスタ』二六―二九頁を参照。

(8) ウトラキスト派指導者ヤン・ロキツァナ（一三九〇?―一四七一年）は以下を主張した。①神の言葉の自由な説教、②平信徒によるパンとぶどう酒の聖体拝領、③聖職者の無一物の使徒的生活と道徳的高潔さ、④当局者の大罪を犯した者に対する処罰の提示。これらはプラハ四箇条としてフス派の神学的主張となった。薩摩秀登『プラハの異端者たち』一二一頁。

(9) J・F・ザツェフ「チェコスロバキアのナショナリズム」『東欧のナショナリズム』所収、一四〇頁。

(10) 同、一四一頁。

(11) リヴェ『宗教戦争』五一頁。

(12) リヴェは以下のように述べている。「改革派にとって見れば、カトリック信仰は誤謬と虚偽の表現に他ならない。ローマは『黙示録』の大淫婦、教皇は反キリストであり、キリストとベリアールのあいだ、光と闇の間にはいかなる連合もありえないのである」。前掲書、五四頁。

(13) ユグノー戦争における経済的危機に関しては、前掲書、八四―一一三頁を参照。

(14) 神学論争は、すべての階級の日常的な読み物となっており、説教は彼らの政策を指示し、道徳的冊子は彼らの余暇を紛らわしてくれるものであったと、この時代の状況についてウェッジウッドは記している。ウェッジウッド『ドイツ三十年戦争』一五頁。この信仰の復活は、ルネサンスの物質主義に対する反動であり、カトリックの間では、聖人崇拝、奇跡譚、薔薇十字団、イルミニズム（霊覚主義）、魔女信仰、悪魔信仰、黒魔術があったとされている。

(15) 前掲書、二一頁。

(16) ヨーロッパ中世史研究会編『西洋中世史料集』二一七頁。

(17) ロベール・ド・クラリ『コンスタンチノープル遠征記』八七頁。
(18) リシャール『十字軍の精神』一二四頁。
(19) ローマックス『レコンキスタ』一四二頁。
(20) 同、一四三頁。
(21) リヴェ『宗教戦争』五四頁。
(22) ウェッジウッド『ドイツ三十年戦争』一一一頁。
(23) ユルゲンスマイヤーは、以下の三つをコスミック戦争の特徴としている。①争いが基本的なアイデンティティと尊厳を守るためのものとみなされる、②争いに負けることなど考えられない、③争いが行き詰まり、現時点で、あるいは現実問題として勝利できない。なお、コスミック戦争に関しては以下を参照。ユルゲンスマイヤー『グローバル時代の宗教とテロリズム』二七二―三〇四頁。

第五章

〔**基本文献**〕

- 斎藤眞ほか監修『アメリカを知る事典』(新訂増補版)平凡社、二〇〇〇年。
- 松村赳、富田虎男編『英米史辞典』研究社、二〇〇〇年。

〔**参考文献**〕

- 大下尚一編『ピューリタニズムとアメリカ』(講座アメリカの文化、第一巻)、南雲堂、一九六九年。

・大西直樹『ニューイングランドの宗教と社会』彩流社、一九九七年。
・斎藤眞『アメリカ革命史研究』東京大学出版会、一九九二年。
・坂井信生『アーミシュ研究』教文館、一九七七年。
・曽根暁彦『アメリカ教会史』日本基督教団出版局、一九七四年。
・園部不二夫『図説キリスト教史』創元社、一九七三年。
・H・R・ニーバー（柴田史子訳）『アメリカ型キリスト教の社会的起源』ヨルダン社、一九八四年。
・野村達朗『アメリカ合衆国の歴史』ミネルヴァ書房、一九九八年。
・C・ハンセン（飯田実訳）『セイレムの魔術』工作舎、一九九一年。
・J・C・ブラウァー（野村文子訳）『アメリカ建国の精神』玉川大学出版部、二〇〇二年。
・増井志津代『植民地時代アメリカの宗教思想――ピューリタニズムと大西洋世界』上智大学、二〇〇六年。
・森本あんり『ジョナサン・エドワーズ研究』創文社、一九九五年。
・――――『アメリカ・キリスト教史』新教出版社、二〇〇六年。
・柳生望『アメリカ・ピューリタン研究』日本基督教団出版局、一九八一年。
・F・H・リッテル（柳生望・山形正男訳）『アメリカ宗教の歴史的展開』ヨルダン社、一九七四年。

〔註〕

（1）曽根暁彦『アメリカ教会史』一〇二―一〇三頁。

(2) リッテル『アメリカ宗教の歴史的展開』五七頁。

(3) 曽根暁彦『アメリカ教会史』一〇四頁。

(4) ニーバー『アメリカ型キリスト教の社会的起源』一四〇頁。

(5) 同、一四一頁。

(6) リッテル『アメリカ宗教の歴史的展開』五七頁。

(7) Edwards, J., 'A History of the Works of Redemption', *The Works of Jonathan Edwards*, Andover, 1842.

(8) Edwards, J., 'Some Thoughts Concerning the Present Revival of Religion in New England', *The Works of Jonathan Edwards*, 1842, p.131.

(9) Ibid., p. 132.

(10) 柳生望『アメリカ・ピューリタン研究』二九一―二九二頁。

(11) 同、三六〇頁。

(12) 同、三六四頁。

(13) アーミッシュについては、坂井信生『アーミシュ研究』、アーミッシュの歴史教育については、以下を参照。小島静「アーミッシュの歴史教育」『グローバル教育』第一二号、二〇一〇年。

(14) 坂井信生『アーミシュ研究』二四―二五頁。

(15) 同、九四―九五頁。

(16) 同、九八頁。

（17）Smith, E. L., *Among the Armish*, Applied Arts Publishers, 1961を参照。

（18）Ott, J. *Hexology: the History and Meanings of Hex Signs*, Jacob and Jane Zook, 1962, pp. 8-9.

第六章

〔参考文献〕

・M・ヴォヴェル（立川孝一訳）「フランス革命における心性の変化」『思想』第七六九号、岩波書店、一九八八年。
・M・オズーフ（立川孝一訳）『革命祭典』岩波書店、一九八八年。
・桑原武夫編『フランス革命の研究』岩波書店、一九五九年。
・柴田三千雄『パリのフランス革命』東京大学出版会、一九八八年。
・立川孝一『フランス革命と祭り』筑摩書房、一九八八年。
・―――『フランス革命』中央公論新社、一九八九年。
・L・ハント（松浦義弘訳）『フランス革命の政治文化』平凡社、一九八九年。
・前川貞次郎『フランス革命史研究』創文社、一九五六年。
・G・リューデ（前川貞次郎ほか訳）『フランス革命と群衆』ミネルヴァ書房、一九六三年。
・G・ルフェーヴル（二宮宏之訳）『革命的群衆』創文社、一九八二年。
・Vovelle, M., *La Revolution française, Images et Recit*（*1789-1799*）, 5 vol., Paris, 1986.

〔註〕

(1) 立川孝一『フランス革命』二一二—二一三頁。

(2) 同、二〇六—二〇七頁。

(3) 渡辺信夫「フランス革命とキリスト教」『クリスチャン新聞』一九八九年八月二十日号。

索　　引

＊地図中の地名および註はのぞく

カ　行

サ　行

タ　行

ナ　行

ハ　行

マ　行

ヤ　行

ラ　行

ワ　行

図・表・地図・写真一覧

◆著者紹介

黒川知文（くろかわ・ともぶみ）

1954年に香川県小豆島に生まれる。

東京外国語大学卒業後、一橋大学大学院博士後期課程において西洋社会史、東京大学大学院博士課程において宗教史、米国エール大学大学院歴史学研究科博士課程において西洋史を学び、イスラエル・ヘブライ大学にも政府奨学生として留学し、ユダヤ史を学ぶ。

文学博士（東京大学）。専攻は西洋近代史と宗教史。

現在、愛知教育大学教授、東京外国語大学・慶應義塾大学講師。

著書に『ユダヤ人迫害史』『ロシア・キリスト教史』『日本史におけるキリスト教宣教』（教文館）、『ロシア社会とユダヤ人』（ヨルダン社）、『内村鑑三と再臨運動』『歴史観とキリスト教』（新教出版社）、『ユダヤ学のすべて』（共著、新書館）、『一神教文明からの問いかけ』（共著、講談社）、『岩波キリスト教辞典』『世界史への問い』（共著、岩波書店）、『海外の宗教事情に関する調査報告書』（共著、文化庁）等がある。

西洋史とキリスト教――ローマ帝国からフランス革命まで

2010年 6 月25日　初版発行
2016年 3 月15日　4版発行

著　者　黒川知文
発行者　渡部　満
発行所　株式会社　教文館
〒104-0061　東京都中央区銀座4-5-1
電話 03(3561)5549　FAX 03(5250)5107
URL　http://www.kyobunkwan.co.jp/publishing/

印刷所　大日本印刷株式会社
配給元　日キ販　〒162-0814　東京都新宿区新小川町9-1
電話 03(3260)5670　FAX 03(3260)5637

ISBN978-4-7642-6928-6　Printed in Japan

©2010　Tomobumi Kurokawa　落丁・乱丁本はお取り換えいたします。

【コンパクト・ヒストリーシリーズ】

C. リンドバーグ　木寺廉太訳

キリスト教史

四六判 336頁 2,000円

神学・思想面の要点を押さえ、偏り無く書かれたキリスト教の通史。ボストン大学教授である著者が、学生のために、歴史上の人物たちの生き生きとしたエピソードを交えて描く、ユニークかつ充実の1冊。

G. R. エヴァンズ　木寺廉太訳

異端信仰

四六判 262頁 1,600円

「異端」とは何か、なぜウィクリフやフスは断罪されたのか？　現代の原理主義につながる問題として、「異端」とされた者の声に耳を傾け、キリスト教会における光と闇の歴史を検証する。

J. ゴンサレス　金丸英子訳

これだけは知っておきたいキリスト教史

四六判 196頁 1,800円

2000年にわたる歴史の流れが分かる！ローマ帝国、十字軍、宗教改革、ピューリタン革命など、世界史と密接な関係にあるキリスト教の歴史を鮮やかに描く。これまで見過ごされがちだった地域にもスポットを当てた画期的な書。

A. H. M. ジョーンズ　戸田 聡訳

ヨーロッパの改宗

コンスタンティヌス《大帝》の生涯

A 5判 272頁 2,800円

ローマ皇帝コンスタンティヌスのキリスト教への改宗によって、以後1600年にわたるヨーロッパ世界のキリスト教化が始まった。誕生以前から死後の評価まで、世界の歴史を決定づけた《大帝》の生涯と当時の教会史を生き生きと描いた名著。

A. E.マクグラス　高柳俊一訳

宗教改革の思想

A 5判 412頁 4,200円

近代世界の黎明、プロテスタンティズムの原点である宗教改革。ルター、ツヴィングリ、カルヴァンの中心思想は何か。またカトリック教会はそれにどう対応したか。宗教改革の中心思想とその歴史的文脈を分かりやすく解説。

P. ブリックレ　田中真造／増本浩子訳

ドイツの宗教改革

B 6判 406頁 2,913円

農民戦争を視野に入れ、政治史・社会史的研究資料をふまえた新しいドイツ宗教改革入門。農民は改革者たちと同じ要求をかかげて戦争を起こしたが、改革者たちは、領邦君主と結びついてかえって農民戦争を鎮圧した。

上記価格は本体価格（税別）です。